HANS-ULRICH BÄCHLE

Die Rechtsstellung der Richter
am Gerichtshof der Europäischen Gemeinschaften

Schriften zum Öffentlichen Recht

Band 6

Die Rechtsstellung
der Richter am Gerichtshof
der Europäischen Gemeinschaften

Von

Dr. Hans-Ulrich Bächle

DUNCKER & HUMBLOT / BERLIN

Inhalt

Zweites Kapitel

Beginn und Beendigung der Tätigkeit

Drittes Kapitel

Besondere Pflichten der Richter

Viertes Kapitel

Besondere Vorrechte und Befreiungen der Richter

Fünftes Kapitel

Weitere Garantien der richterlichen Unabhängigkeit

Sechstes Kapitel

Die Stellung der Richter innerhalb des Gerichtshofes

Abkürzungsverzeichnis

A.A. (a.A.)	= Anderer Ansicht
a.a.O.	= am angeführten Ort
AbkGemOrg.	= Abkommen über die Gemeinsamen Organe für die Europäischen Gemeinschaften (BGBl. 1957 II, S. 1165)
ABl.	= Amtsblatt der Europäischen Gemeinschaft für Kohle und Stahl bzw. der Europäischen Gemeinschaften
Abs.	= Absatz
AdV.	= Archiv des Völkerrechts
a. F.	= alter Fassung
n. F.	= neuer Fassung
AöR	= Archiv für öffentliches Recht
ArbGG.	= Arbeitsgerichtsgesetz vom 3. 9. 1953 (BGBl. I, S. 1267)
Art.	= Artikel
Bd.	= Band
BFHE	= Amtliche Sammlung von Entscheidungen des Bundesfinanzhofs
BGBl.	= Bundesgesetzblatt
BVerfG.	= Bundesverfassungsgericht
BVerfGE.	= Amtliche Sammlung von Entscheidungen des BVerfG.
BVerfGG.	= Gesetz über das Bundesverfassungsgericht vom 12. 3. 1951 (BGBl. I, S. 243)
BVerwG.	= Bundesverwaltungsgericht
BVerwGE.	= Amtliche Sammlung von Entscheidungen des BVerwG.
BVerwGG.	= Bundesverwaltungsgerichtsgesetz vom 23. September 1952 (BGBl. I, S. 625)
C.E.C.A.	= Communauté Européenne du Charbon et de l'Acier
C.P.D.J.I.	= Cour Permanente de Justice Internationale
DRiZ	= Deutsche Richtersitzung
DVBl.	= Deutsches Verwaltungsblatt
EA	= Europa-Archiv, herausgegeben von Wilhelm Cornides
EAG	= Europäische Atomgemeinschaft

EGH	= Gerichtshof der Europäischen Gemeinschaften
EGKS	= Europäische Gemeinschaft für Kohle und Stahl
Euratom-Vertrag	= Vertrag zur Gründung der Europäischen Atomgemeinschaft (BGBl. 1957 II, S. 1014)
EWG-Vertrag	= Vertrag zur Gründung der Europäischen Wirtschaftsgemeinschaft (BGBl. 1957 II, S. 766)
GG	= Grundgesetz für die Bundesrepublik Deutschland vom 23. Mai 1949 (BGBl. 1949, S. 1)
GVG	= Gerichtsverfassungsgesetz vom 27. Januar 1877 (RGBl. 41) in der Fassung der Bekanntmachung vom 12. September 1950 (BGBl. I, S. 513)
IGH	= Internationaler Gerichtshof im Haag
JW	= Juristische Wochenschrift
JZ	= Juristenzeitung
MDR	= Monatsschrift für Deutsches Recht
m. E.	= meines Erachtens
NJW	= Neue Juristische Wochenschrift
ProtImmEGKS	= Protokoll über die Vorrechte und Immunitäten der Gemeinschaft für Kohle und Stahl (BGBl. II 1952, S. 479)
ProtImmEWG/Euratom	= Protokoll über die Vorrechte und Befreiungen (Immunitäten) der EWG (BGBl. II 1957, S. 1182) und der EAG (BGBl. II 1957, S. 1212)
RabelsZ	= Zeitschrift für ausländisches und internationales Privatrecht
Règlement IGH (StIGH)	= Verfahrensordnung des Internationalen Gerichtshofs bzw. des Ständigen Internationalen Gerichtshofs
RGSt	= Entscheidungen des Reichsgerichts in Strafsachen
RGZ	= Entscheidungen des Reichsgerichts in Zivilsachen
Rspr.	= Rechtsprechung
S. (p.)	= Seite
S_1	= Satzung des Gerichtshofs der EGKS
S_2	= Satzung des Gerichtshofs der EWG
S_3	= Satzung des Gerichtshofs der Euratom
SGG (BSozGG)	= Sozialgerichtsgesetz vom 23. August 1957 (BGBl. I, S. 614)
StIGH	= Ständiger Internationaler Gerichtshof im Haag
StatIGH	= Statut des IGH

StatStIGH	= Statut des StIGH	
suiv. = ff.	= folgende	
T. = Tome	= Band	
usw.	= und so weiter	
VerfO.	= Verfahrensordnung des Gerichtshofs der Europäischen Gemeinschaften vom 3. März 1959 (ABl., S. 349)	
Vgl. (vgl.)	= vergleiche	
ZaöRVR	= Zeitschrift für ausländisches öffentliches Recht und Völkerrecht	
z. B.	= zum Beispiel	
ZPO	= Zivilprozeßordnung	
ZStrW	= Zeitschrift für die gesamte Strafrechtswissenschaft	
z. T.	= zum Teil	
z. Zt.	= zur Zeit	

Einleitung

Die Bedeutung des Gerichtshofs der Europäischen Gemeinschaften

I. Die Funktion des Gerichtshofs

1. Der am 18. April 1951 in Paris unterzeichnete, am 25. Juli 1952 in Kraft getretene Vertrag über die Gründung einer Europäischen Gemeinschaft für Kohle und Stahl[1] hat einen alten Traum[2] Wirklichkeit werden lassen, nämlich die Verbindung der westeuropäischen Kohle- und Stahlindustrie zur Schaffung eines Gemeinsamen Marktes innerhalb der sechs Mitgliedstaaten.

Art. 7 des Vertrages zählt vier Organe auf, die Hohe Behörde, die Gemeinsame Versammlung, den Besonderen Ministerrat und den Gerichtshof. Die Funktionsverteilung auf die verschiedenen Organe entspricht ungefähr der eines inneren Staatsaufbaus. Danach kommt der Hohen Behörde im wesentlichen die Rolle eines Exekutivorgans, dem Gerichtshof die eines Rechtsprechungsorgans zu. Beide Organe sind mit weitreichenden Kompetenzen ausgestattet worden[3]. Beide stehen in einem gewissen Spannungsverhältnis zueinander.

Dieser Gerichtshof ist errichtet worden und hat am 4. Dezember 1952 seine Tätigkeit aufgenommen, nachdem die Vertreter der Regierungen der Mitgliedstaaten der Europäischen Gemeinschaft für Kohle und Stahl am 1. und 2. Dezember 1952 die Richter ernannt hatten[4]. Als vorläufiger Sitz des Gerichtshofs wurde Luxemburg bestimmt.

2. Eine ganz ähnliche Struktur weisen die beiden anderen Europäischen Gemeinschaften, die Europäische Wirtschaftsgemeinschaft und die Europäische Atomgemeinschaft auf[5]. Auch sie sollten über einen eigenen Gerichtshof verfügen[6].

---

[1] BGBl. II 1952, S. 447.

[2] Vgl. dazu William *Diebold*, The Schuman Plan, New York-Oxford 1959, S. 21 ff.

[3] Vgl. *Breitner*, Zwei Jahre Montangerichtsbarkeit, EA 1955, S. 7243.
Die ursprünglichen französischen Vorschläge sahen nur eine schwache Ausbildung der Richterlichen Gewalt vor und wollten sich mit einem einfachen Schiedsgericht begnügen (vgl. *Steindorff*, Die Nichtigkeitsklage im Recht der Europäischen Gemeinschaft für Kohle und Stahl, Frankfurt 1952, S. 12, Anm. 6).

[4] ABl. 1953, S. 16.

[5] Vertrag zur Gründung der Europäischen Wirtschaftsgemeinschaft, BGBl. 1957 II, S. 766, Vertrag zur Gründung der Europäischen Atomgemeinschaft (EURATOM), BGBl. 1957 II, S. 1014.

[6] Art. 4, Abs. 1, EWG-Vertrag; Art. 3, Abs. 1, Euratom-Vertrag.

Zu einer Errichtung der beiden Gerichtshöfe kam es aber nicht, sondern es wurde in dem „Abkommen über die Gemeinsamen Organe für die europäischen Gemeinschaften"[7] in Art. 3 bestimmt, daß die Zuständigkeiten des Gerichtshofs der Europäischen Wirtschaftsgemeinschaft und des Gerichtshofs der Europäischen Atomgemeinschaft durch einen einzigen Gerichtshof ausgeübt werden; dieser Gerichtshof sollte an die Stelle des Gerichtshofs der Europäischen Gemeinschaft für Kohle und Stahl treten und auch dessen Aufgaben übernehmen[8]. Dieser „einzige" Gerichtshof ist am 7. Oktober 1958 gebildet worden und hat seine Tätigkeit nach Vereidigung seiner Mitglieder am selben Tage aufgenommen[9]. Als vorläufigen Sitz haben die Regierungen der sechs Mitgliedstaaten wiederum Luxemburg bestimmt.

Damit besteht für die drei Europäischen Gemeinschaften ein einheitliches rechtsprechendes Organ. Der neue Gerichtshof ist de jure nicht mit dem der EGKS identisch, sondern übt als gemeinsames Organ der drei Europäischen Gemeinschaften diejenigen Funktionen aus, die ihm durch jeden der drei Verträge übertragen wurden[10].

II. Der Aufbau des Gerichtshofs

1. Der Gerichtshof der Europäischen Gemeinschaften besteht, ebenso wie der Gerichtshof der EGKS, aus sieben Richtern[11]. Die Zahl der Richter ist damit erheblich geringer als die der Richter am IGH (15)[12]. Es gab

---

[7] BGBl. 1957 II, S. 1165.

[8] Art. 4, AbkGemOrg. Aus diesem Artikel ergibt sich jedoch nicht, wie *Daig* (Die Gerichtsbarkeit in der Europäischen Wirtschaftsgemeinschaft und der Europäischen Atomgemeinschaft, AöR Bd. 83, 1958, S. 147) meint, daß *hierdurch* die Bestimmungen des Montanvertrages und der Satzung₁ „insoweit geändert oder aufgehoben (werden), als sie den neuen Organisationsnormen widersprechen". Vielmehr bestimmt Art. 4, daß der neue Gerichtshof die Funktion des alten Gerichtshofs gemäß dessen Bestimmungen übernimmt. Welche Artikel im einzelnen aufgehoben und durch andere Bestimmungen ersetzt werden, ist in Art 4, Abs. 2, AbkGemOrg. enumerativ aufgeführt. Nur soweit die alten Bestimmungen den Art. 32—32c widersprechen, sind sie aufgehoben (Art. 4, Abs. 2, AbkGemOrg.).

Im Gegenteil gibt Art. 232, EWG-Vertrag zu ernsten Zweifeln Anlaß, ob das allgemeine Prinzip: lex posterior derogat legi priori überhaupt gelten kann. Darum kann von einer Positivierung dieses Grundsatzes in Art. 4, AbkGemOrg. nicht die Rede sein.

[9] ABl. 1958, S. 453.

[10] Amtliche Begründung, Anlage C zur Bundestagsdrucksache 3440/57, S. 146.

[11] Art. 32, EGKS-Vertrag in der Fassung des AbkGemOrg.; Art. 4, Abs. 2a; Art. 165, EWG-Vertrag; Art. 137, Euratom-Vertrag.

[12] Art. 3, Abs. 1, StatIGH; aber auch die Juristenkommission, die mit dem Entwurf der Satzung des StIGH beauftragt war, beriet über die Zahl der Richter des zu bildenden Gerichtshofes. Die meisten Pläne für einen internationalen Gerichtshof sahen eine Zahl von 15 Richtern vor. Mehrere Mitglieder der Kommission waren jedoch der Ansicht, daß eine Zahl von sieben oder neun Richtern vorzuziehen sei, weil man schwerlich eine höhere Zahl qualifizierter Richter finden würde und weil ein geringer besetztes Gericht besser arbeiten würde (Statut et Règlement de la Cour Permanente de Justice Internationale, herausgegeben vom Institut für ausländisches öffentliches Recht und Völkerrecht, Berlin 1934,

bisher nur ein Gericht internationaler Prägung, das noch aus einer geringeren Anzahl von Richtern bestand: Der Mittelamerikanische Gerichtshof von 1907 bestand aus fünf Richtern[13]. Der Gerichtshof kann aber auch schon mit einer Besetzung (Quorum) von fünf Richtern entscheiden. In jedem Fall muß jedoch die Zahl der Richter ungerade sein, weil dem Präsidenten – anders als beim IGH – kein Stichentscheid bei Stimmengleichheit zusteht. Beim IGH bilden neun Richter das Quorum[14]. Wenn man den großen Aufgabenbereich des Gerichtshofs berücksichtigt, sind sieben Richter eine geringe Zahl. Offenbar sollte damit die Bedeutung des Gerichts und des Richteramts herausgestellt und die Einheit der Rechtsprechung gewahrt werden[15]. Andererseits war damit die Möglichkeit geboten, daß alle sechs Mitgliedstaaten einen ihrer Staatsangehörigen im Richterkollegium haben konnten, ohne den Eindruck zu erwecken, es handle sich um ein Kollegium von Vertretern der Mitgliedstaaten[16]. Vereinzelt dachte man daran, den siebten Richter aus einem Nichtmitgliedstaat zu nehmen. Das war aber weder beim Gerichtshof der EGKS der Fall, noch ist heute ein „Gemeinschaftsfremder" Richter[17].

S. 22). – Der geplante Gerichtshof der Europäischen (Politischen) Gemeinschaft sollte aus höchstens 15 Richtern bestehen (Entwurf eines Vertrages über die Satzung der Europäischen Gemeinschaft, angenommen von der ad-hoc-Versammlung in Straßburg am 10. März 1953. Art. 39, § 1, EA 1953, S. 5669).

[13] Art. 6 der Konvention vom 20. Dezember 1907, zitiert nach Manley O. Hudson, La Cour Permanente de Justice Internationale, Ed. Française 1934, S. 46.

[14] Art. 18, Abs. 2, S. 1; Art. 15, S. 2; Art. 25, Ziff. 3; Stat IGH.

[15] Ophüls, Gerichtsbarkeit und Rechtsprechung im Schumanplan NJW 1951, S. 694. Bezüglich des IGH sprach sich schon Wehberg (Das Problem eines internationalen Staatengerichtshofs, Das Werk vom Haag, Bd. I,2, herausgegeben von Walter Schücking, München 1912, S. 55/56) für einen Gerichtshof von fünf oder sieben Richtern aus, um die Verantwortlichkeit des einzelnen zu heben; vgl. ferner Breitner, Der Gerichtshof der Montangemeinschaft und seine Anrufung bei fehlerhaften Organakten, Hamburg 1952, S. 16 (herausgegeben von der Forschungsstelle für Völkerrecht und ausländisches öffentliches Recht der Universität Hamburg).

[16] Anik, Antoine, La Cour de Justice de la C.E.C.A. et la Cour Internationale de Justice, Revue Générale de Droit International Public, avril-juin 1953, No. 2, S. 212 (Paris); amtliche Begründung, Anlage C zur Bundestagsdrucksache 3440/57, S. 146; Jean de Richmont, La Cour de Justice § 6. („La Cour ayant un caractère supranational, il est indispensable qu'elle ne constitue pas une simple réprésentation des six Etats membres . . .").

[17] Schlochauer (AdV, 3. Bd., 1951/52, S. 389) hat schon darauf hingewiesen, daß sich die Regierungen auf eine gewisse Aufschlüsselung der Richtersitze einigen werden. Weiter sei man bei den Vertragsverhandlungen davon ausgegangen, daß die siebente Richterstelle mit dem Angehörigen eines an der Gemeinschaft nicht beteiligten Staates zu besetzen sei und die Regierungen möglicherweise übereinkommen würden, aus dem Kreis der Benelux-Länder nur zwei Richter zu wählen, um zwei Richterstellen für Angehörige außerhalb der Gemeinschaft stehender Länder freizuhalten und dadurch das neutrale Element im Gerichtshof zu stärken. Die letztere Annahme hat sich nicht bestätigt. Im Gegenteil wurden vier Richter aus den Benelux-Ländern gewählt, zwei davon waren Niederländer; gegenwärtig gehören dem Gerichtshof zwei Italiener an.

2. Der Gerichtshof wird von zwei Generalanwälten unterstützt[18]. Ihnen obliegt es, „in völliger Unparteilichkeit und Unabhängigkeit mündliche und begründete Schlußanträge zu den dem Gerichtshof unterbreiteten Streitsachen öffentlich zu stellen". Diese Einrichtung ist der deutschen Gerichtsverfassung fremd. Sie wurde angeregt durch das Beispiel der „commissaires du gouvernement" beim „Conseil d'Etat" in Frankreich. Auch Belgien und Luxemburg kennen ähnliche Einrichtungen. Die Generalanwälte haben jedoch mit ihren Vorbildern nur den Namen gemeinsam. Jene sind, ähnlich wie in Deutschland der „Vertreter des öffentlichen Interesses", das Sprachrohr der Regierung und der Verwaltung und daher weisungsgebunden. Auf Grund ihrer Stellung sind die Generalanwälte beim Gerichtshof der Europäischen Gemeinschaften berufen, eine wichtige Rolle bei der Entwicklung der Rechtsprechung des Gerichtshofs zu spielen.

Diese Einrichtung hat sich beim Gerichtshof der EGKS so bewährt, daß sie auch bei dem neu errichteten Gerichtshof beibehalten wurde, und zwar ohne Änderung der personellen Besetzung. Die Ausführungen der Generalanwälte stellten auch dann, wenn der Gerichtshof ihnen nicht oder nicht in allen Punkten gefolgt ist, ein so wertvolles Material dar, daß der Gerichtshof mit Recht beschlossen, hat, sie in seiner Entscheidungssammlung jeweils im Anschluß an das Urteil mit zu veröffentlichen[19].

3. Eine weitere in Deutschland unbekannte Einrichtung stellt der Kanzler („greffier") dar. Seiner Funktion nach könnte man ihn als „höheren Urkundsbeamten" bezeichnen. Er führt die Register, nimmt Schriftstücke entgegen und ist für das Archiv verantwortlich. Er ist unter der Aufsicht des Präsidenten Chef des Personals (Art. 11 ff., VerfO.).

4. In der Regel tagt der Gerichtshof in voller Besetzung als Plenum. Er kann jedoch aus seiner Mitte Kammern mit je drei oder fünf Richtern, bilden, die bestimmte vorbereitende Aufgaben erledigen oder bestimmte Gruppen von Rechtssachen entscheiden. Klagt aber ein Organ der Gemeinschaften oder ein Mitgliedstaat, dann entscheidet stets das Plenum[20].

Diese Regelung ist zur Arbeitserleichterung und Vereinfachung getroffen worden. Der Gerichtshof hat zwei Kammern mit je drei Richtern gebildet (Art. 24, § 1 VerfO.). Bei Streitigkeiten zwischen den Bediensteten und den Gemeinschaften entscheidet nicht das Plenum, sondern eine in jedem Jahr vom Gerichtshof neu zu bestimmende Kammer (Art. 95 VerfO.).

---

[18] Art. 10, 11 Satzung₁; Art. 166, EWG-Vertrag; Art. 138, Euratom-Vertrag.

[19] *Riese*, Erfahrungen aus der Praxis des Gerichtshofs der Europäischen Gemeinschaft für Kohle und Stahl, DRiZ 1958, S. 270 (271).

[20] Art. 18, Abs. 3, Satzung₁. Art. 32b, EGKS-Vertrag; Art. 165, EWG-Vertrag; Art. 137, Euratom-Vertrag; vgl. zum Verfahren im einzelnen *Riese*, Die Verfahrensordnung des Gerichtshofs der Europäischen Gemeinschaften für Kohle und Stahl, NJW 1953, S. 521 ff.

Die Bedeutung des Gerichtshofs läßt sich am besten an Hand einer kurzen Darstellung seiner ihm durch die Verträge zugewiesenen Funktionen skizzieren. Aus der Natur und der Aufgabe der drei verschiedenen Gemeinschaften ergibt sich, daß auch die Tätigkeit des Gerichtshofs auf den drei Zweigen verschieden ist. Seine Haupttätigkeit wird der Gerichtshof vorerst noch auf dem Gebiete der EGKS entfalten. Es sind auch bereits vier Bände der Entscheidungssammlung des Gerichtshofs veröffentlicht.

Nach Art. 31 des EGKS-Vertrags sichert der Gerichtshof die Wahrung des Rechts bei der Auslegung und Anwendung des Vertrages und seiner Durchführungsvorschriften. Eine ähnliche Grundsatzbestimmung enthalten die beiden anderen Verträge[21]. Demnach stellen die Verträge und ihre Anhänge die wichtigste Rechtsquelle dar[22].

III. Der Gerichtshof als internationales Gericht

1. a) In dieser Eigenschaft ist der Gerichtshof berufen, Streitigkeiten zwischen Völkerrechtssubjekten[23] zu entscheiden. Die Zuständigkeit ist auf diesem Gebiet einerseits zwingend, andererseits fakultativ. Sie ist bezüglich der Auslegung und Anwendung der Verträge zwingend, da die Mitgliedstaaten sich verpflichtet haben, sich nicht auf Verträge, Abkommen oder Erklärungen zu berufen, die zwischen ihnen bestehen, um einen Streitfall über die Auslegung der Verträge in anderer Weise, als in den Verträgen vorgesehen, zu regeln[24].

Im Gegensatz hierzu bestimmt Art. 95 der UN-Charta, daß die Mitglieder der UN nicht gehindert seien, ihre Streitigkeiten einem anderen Gericht zu unterbreiten.

Eine Generalklausel enthält Art. 89 EGKS-Vertrag, wonach jeder Streit unter den Mitgliedstaaten über die Anwendung des Vertrages beim Gerichtshof anhängig gemacht werden kann[25].

b) Dagegen ist die Zuständigkeit fakultativ, wenn Mitgliedstaaten einen Streit, der im Zusammenhang mit dem Gegenstand der Verträge steht, auf

---

[21] Art. 164, EWG-Vertrag; Art. 136, Euratom-Vertrag.

[22] Was unter dem Begriff „Vertrag" zu verstehen ist, erläutert für die EGKS Art. 84 des EGKS-Vertrages.

[23] Als solche kommen hier nur Staaten und in erster Linie die Mitgliedstaaten in Frage.

[24] Art. 87, EGKS-Vertrag; Art. 219, EWG-Vertrag; Art. 193, Euratom-Vertrag. Eine Berufung gegen Urteile des Gerichtshofs etwa an den IGH ist damit ausgeschlossen und könnte nur durch eine Änderung der Verträge ermöglicht werden.

[25] *Ophüls* (Gerichtsbarkeit und Rechtsprechung im Schumanplan NJW 1951, S. 654, 2. Spalte) sieht dieses Verfahren eher als ein verfassungsrechtliches, als ein internationales an; ebenso *Breitner* (Der Gerichtshof der Montanunion und seine Anrufung bei fehlerhaften Organakten). Forschungsstelle für Völkerrecht und ausländisches öffentliches Recht an der Universität Hamburg, Hamburg 1953 (1954).

Grund eines Schiedsvertrags beim Gerichtshof anhängig machen[26]. Hier zeigt sich der Gerichtshof in der typischen Rolle eines internationalen Schiedsgerichts[27]. In diesem Falle findet auch kein Vorverfahren vor der Kommission statt[28]. Keiner der Verträge gibt aber Auskunft darüber, wann ein „Zusammenhang mit dem Gegenstand des Vertrages" besteht. Offenbar sollte die Auslegung, die notwendigerweise weit sein muß, der Rechtsprechung des Gerichtshofs überlassen bleiben. Diese Bestimmung kann im Rahmen der EWG zu einer beträchtlichen Ausdehnung der Zuständigkeit des Gerichtshofs führen, die nur dadurch gebremst wird, daß in jedem Fall ein Schiedsvertrag notwendig ist.

2. Als Schiedsgericht wird der Gerichtshof im Falle des Art. 42 EGKS-Vertrag (Art. 181 EWG-Vertrag; Art. 153 Euratom-Vertrag) tätig. Danach kann die Zuständigkeit des Gerichtshofs auf Grund einer Schiedsklausel, die in einem von der Gemeinschaft oder für ihre Rechnung abgeschlossenen öffentlich-rechtlichen oder privatrechtlichen Vertrag enthalten ist, begründet werden, eine Möglichkeit, die es bei den bekannten internationalen Gerichten nicht gab. In diesem Falle können auch Staaten außerhalb der Gemeinschaften der Rechtsprechung des Gerichtshofs unterworfen sein.

3. Bei einem Streit unter Mitgliedstaaten hat der Kanzler des Gerichtshofs die anderen Mitgliedstaaten zu unterrichten. Jeder dieser Staaten hat das Recht, sich an dem Verfahren zu beteiligen[29]. Eine gleiche Bestimmung enthalten weder Satzung$_2$ noch Satzung$_3$; diese gewähren jedoch ein allgemeines Interventionsrecht[30].

Welches die Wirkung der Intervention ist, ist nicht ganz klar. Art. 42 Satzung$_1$ bestimmt, daß „die in dem Urteil gegebene Auslegung auch gegen ihn wirkt". Damit dürfte nichts anderes gemeint sein wie beispielsweise in § 68 ZPO.

IV. Der Gerichtshof als Verfassungsgericht

1. Die Verträge stellen in erster Linie die Verfassung der Gemeinschaften dar. Der Gerichtshof hat über die Einhaltung der verfassungsmäßigen Schranken durch die Organe der Gemeinschaften zu wachen. Insoweit ist er daher Verfassungsgericht[31]. Er wacht aber nicht nur über

---

[26] Art. 89, Abs. 2, EGKS-Vertrag; Art. 182, EWG-Vertrag; Art. 154, Euratom-Vertrag.

[27] Vgl. dazu etwa Art. 95, UN-Charta.

[28] Art. 170, Abs. 2, EWG-Vertrag; Art. 142, Abs. 2, Euratom-Vertrag; Der Vertrag über die EGKS kennt ein solches Vorverfahren überhaupt nicht.

[29] Art. 41 Satzung$_1$.

[30] Art. 37 Satzung$_2$; Art. 38 Satzung$_3$; vgl. auch Art. 34 Satzung$_1$.

[31] *Hallstein*, Der Schumanplan, Frankfurter Universitätsreden, Heft 5, Frankfurt 1951, S. 22.

die Einhaltung der den Organen durch die Verträge auferlegten Schranken und Pflichten, sondern auch darüber, daß die Mitglieder selbst ihren Verpflichtungen nachkommen. Verfahrensmäßig handelt es sich in diesem Fall um einen Streit zwischen dem betreffenden Mitgliedstaat und der Hohen Behörde[32] oder der Kommission[33]. Der Gerichtshof stellt in einem solchen Fall fest, ob der Mitgliedstaat gegen eine Vertragsverpflichtung verstoßen hat. Eine weitergehende Entscheidung trifft der Gerichtshof nicht[34]. Einen besonderen Fall enthält Art. 225, Abs. 2, EWG-Vertrag, wonach der Gerichtshof bei Verfälschung von Wettbewerbsbedingungen durch einen Staat direkt, das heißt ohne Zwischenschaltung der Kommission, angerufen werden kann. Ausnahmsweise entscheidet hier der Gerichtshof unter Ausschluß der Öffentlichkeit. Das erscheint ohne weiteres verständlich, da hier wesentliche Staatssicherheitsinteressen auf dem Spiele stehen.

2. Einen typischen Fall einer verfassungsrechtlichen Streitgkeit betrifft Art. 10, Abs. 11, EGKS-Vertrag. Der Gerichtshof kann auf Antrag eines Mitgliedstaates das Veto eines anderen gegen die Wahl eines Mitglieds der Hohen Behörde für mißbräuchlich und daher unwirksam erklären.

Auch die Beschlüsse des Rates unterliegen hinsichtlich der Beachtung wesentlicher Formvorschriften und der Zuständigkeit der Nachprüfung durch den Gerichtshof. In gleichem Umfang sind auch die Beschlüsse der Versammlung nachprüfbar[35]. Während nach Art. 38, EGKS-Vertrag nur ein Mitgliedstaat klagen kann, ist in den neuen Verträgen das Klagerecht ziemlich ausgedehnt worden. Hiernach können unter denselben Voraussetzungen auch jeweils die Kommissionen oder der Rat gegeneinander Klage erheben. Unter bestimmten Voraussetzungen, nämlich wenn es sich um Entscheidungen handelt, die sie „unmittelbar und individuell" betreffen, können juristische oder natürliche Personen Beschlüsse des Rates oder der Kommissionen angreifen[36]. Damit hat der Gerichtshof auch für den Rechtsschutz der Einzelnen eine erhöhte Bedeutung erlangt.

3. Sonderbar ist, daß weder im EWG-Vertrag noch im Euratom-Vertrag die Möglichkeit der Anfechtung von Beschlüssen der Versammlung wegen Unzuständigkeit oder der Verletzung wesentlicher Formvorschriften vorgesehen ist, während eine Anfechtung im EGKS-Vertrag[37] möglich ist.

---

[32] Art. 88, Abs. 1 und 2 EGKS-Vertrag.
[33] Art. 169, 170 EWG-Vertrag; Art. 141, 142 Euratom-Vertrag.
[34] Interessant ist an dieser Stelle, daß nach dem EGKS-Vertrag die Hohe Behörde Sanktionen gegen den säumigen Staat ergreifen kann. Diese Möglichkeiten haben die Kommissionen der EWG und der Euratom nicht. Das Erkenntnis des Gerichtshofs kann im letzteren Fall nur kraft der Autorität des Gerichtshofs ein Einlenken des betreffenden Staates bewirken.
[35] Art. 38, EGKS-Vertrag; Art. 173, Abs. 1, EWG-Vertrag; Art. 146, Euratom-Vertrag.
[36] Art. 173, Abs. 2, EWG-Vertrag; Art. 146, Abs. 2, Euratom-Vertrag.
[37] Art. 38, EGKS-Vertrag.

Trotz des Schweigens der neuen Verträge muß man auch eine Anfechtbarkeit in gleichem Umfang bejahen. Nach Art. 1 des Abkommens über die Gemeinsamen Organe besteht für alle drei Gemeinschaften nach Inkrafttreten der neuen Verträge eine einzige Versammlung. Es erscheint wenig sinnvoll, eine Anfechtung ihrer Beschlüsse nur auf dem Gebiet der EGKS zuzulassen. Man kann umgekehrt nicht argumentieren, daß durch das Schweigen der neuen Verträge eine Anfechtbarkeit von Beschlüssen der Versammlung generell ausgeschlossen werden sollte. Hätten die vertragschließenden Staaten eine solche Beschränkung des Rechtsschutzes beabsichtigt, so hätten sie das in den neuen Verträgen ausdrücklich bestimmen müssen. Dafür bieten aber weder der EWG-Vertrag noch der Euratom-Vertrag einen Anhalt.

4. Eine eigenartige verfassungsrechtliche Kompetenz kommt dem Gerichtshof bei der sogenannten „kleinen Vertragsrevision" zu[38]. Diese Mitwirkungsbefugnis bei der verfassungsmäßigen Umgestaltung des EGKS-Vertrages stellt seiner Natur nach weniger eine Rechtsprechungstätigkeit als vielmehr eine Mitwirkung bei der Gesetzgebung, also eine legislatorische Funktion dar. Demgegenüber sieht *Valentine*[39] hierin eine Rechtsprechungstätigkeit. Der Vertrag kann daher nicht revidiert werden, wenn der Gerichtshof der Ansicht ist, daß die Änderungsvorschläge nicht mit den Bestimmungen des Art. 95, Abs. 3, EGKS-Vertrag übereinstimmen. In welcher Form die Mitwirkung erfolgen muß, ergibt sich nicht aus dem Text, ebensowenig, ob die Ansicht des Gerichtshofs begründet werden muß.

Eine Gesetzgebungstätigkeit übt der Gerichtshof auch beim Erlaß einer eigenen Verfahrensordnung aus, wozu schon der Internationale Gerichtshof ermächtigt war[40]. Bereits der Gerichtshof der EGKS hat eine Verfahrensordnung erlassen[41]. Nachdem nun ein einziger Gerichtshof für die drei europäischen Gemeinschaften gebildet worden ist, hat er ebenfalls eine neue Verfahrensordnung erlassen[42]. Obgleich diese Verfahrensordnung der Zustimmung der Ministerräte bedurfte[43], liegt in dieser „Satzungsautonomie" doch eine bedeutende Befugnis des Gerichtshofs.

---

[38] Art. 95, Abs. 3 und 4, EGKS-Vertrag.

[39] „The court in assessing whether the modifications proposed comply with these requirements is, of course, acting in judicial capacity" (*Valentine*, The court of Justice of the European Coal and Steel Community, The Hague 1955, p. 142).

[40] Art. 44 Satzung$_1$; vgl. P.S.R.F. *Mathijsen*, Le droit de la Communauté Européenne du Charbon et de l'Acier, S. 37, La Haye 1958; Art. 44 Satzung$_2$; Art. 45 Satzung$_3$.

[41] ABl. 1953, S. 37.

[42] Verfahrensordnung vom 3. März 1959, ABl. S. 349.

[43] Verfahrensordnung vom 3. März 1959, ABl. S. 349.

V. Der Gerichtshof als Verwaltungsgericht[44]

1. Die wichtigste Rolle spielt der Gerichtshof nach der deutschen Systematik als Verwaltungsgericht. Die Verträge eröffnen einen verhältnismäßig umfassenden Rechtsschutz gegen die Akte der Exekutive der Europäischen Gemeinschaften. Vor allem sollte der Hohen Behörde, der eine außerordentliche Machtfülle zugesprochen worden ist, ein starkes Kontrollorgan gegenübergestellt werden. Der Gerichtshof ist hier, wie *Monnet* es einmal ausgedrückt hat, der „gardien de l'objectivité de la Haute Autorité"[45]. Der Gerichtshof ist zur Entscheidung über Nichtigkeitsklagen, wie es im amtlichen Text heißt, zuständig, die ein Mitgliedstaat oder der Rat gegen Entscheidungen und Empfehlungen der Hohen Behörde wegen Unzuständigkeit, Verletzung wesentlicher Formvorschriften, Verletzung des Vertrags oder irgend einer bei seiner Durchführung anzuwendenden Rechtsnorm oder wegen Ermessensmißbrauch erhebt[46]. Aber nicht nur der Rat oder die Mitgliedstaaten können die Akte der Hohen Behörde angreifen, sondern auch Unternehmen oder die in Art. 48, EGKS-Vertrag genannten Verbände, und zwar die sie individuell betreffenden Entscheidungen und Empfehlungen, die nach ihrer Ansicht einen Ermessensmißbrauch ihnen gegenüber darstellen[47]. Bei den Akten der Hohen Behörde handelt es sich nach der deutschen Terminologie entweder um Verwaltungsakte (so bei den Entscheidungen, die gegen ein einzelnes Rechtssubjekt gerichtet sind; sie sind gemäß Art. 14, Abs. 2, EGKS-Vertrag in allen ihren Teilen verbindlich) oder um Rechtsvorschriften, die nach Art. 14, Abs. 3, EGKS-Vertrag nur hinsichtlich der von ihnen bestimmten Ziele verbindlich sind, dem Adressaten jedoch die Wahl der Mittel zur Erreichung des Zweckes belassen.

Allerdings ist es dem Gerichtshof verwehrt, in eine Würdigung der sich aus den wirtschaftlichen Tatsachen oder Umständen ergebenden Gesamtlage[48] einzutreten. Es ist nicht Sache des Gerichtshofs, sein Ermessen und

[44] Vgl. hierzu: *Ule*, Der Gerichtshof der Montangemeinschaft als Europäisches Verwaltungsgericht, DVBl. 1952, S. 65 ff.
[45] Zitiert nach *Hallstein*, Der Schumanplan, Frankfurter Universitätsreden, Frankfurt 1951, Heft 5, S. 23.
[46] Art. 33, Abs. 1, EGKS-Vertrag. Wegen der Bedeutung dieser Vorschrift sei insbesondere verwiesen auf *Steindorff*, Die Nichtigkeitsklage im Recht der Europäischen Gemeinschaft für Kohle und Stahl, Frankfurt 1952.
[47] Art. 33, Abs. 2, EGKS-Vertrag.
[48] Art. 33, Abs. 1, S. 2, EGKS-Vertrag. Behauptet dagegen der Anfechtungskläger, die Hohe Behörde habe ihr Ermessen mißbraucht oder eine Rechtsnorm offensichtlich verkannt, so gilt diese Beschränkung nicht (Art. 33, Abs. 1, S. 2, letzter Halbsatz). Nach der Rechtsprechung des Gerichtshofs muß der Anfechtungskläger zur Zulässigkeit der Klage diese Umstände zwar nicht beweisen, er muß aber Tatsachen vorbringen, die das Vorliegen dieser Umstände als möglich erscheinen lassen: „Andererseits kann die bloße Behauptung der offensichtlichen Verletzung nicht genügen, . . . um die Würdigung wirtschaftlicher Tatsachen und Umstände zum Gegenstand richterlicher Kontrolle zu machen, da sonst dieses Angriffsmittel zu einer reinen Formalität entwertet würde" (Sammlung der Recht-

seine Zweckmäßigkeitserwägungen an die Stelle der Würdigung der Hohen Behörde zu setzen. Dies hat der Gerichtshof auch bereits in seinem ersten Urteil[49] ausgesprochen[50].

Ist die Hohe Behörde verpflichtet, eine Entscheidung oder Empfehlung auszusprechen und kommt sie dieser Verpflichtung nicht nach, so kann wegen der diesem Schweigen der Hohen Behörde zu entnehmenden ablehnenden Entscheidung Klage erhoben werden[51]. Diese „Vornahmeklage" stellt wie nach dem ehemaligen süddeutschen Verwaltungsgerichtsgesetz (§ 35, Abs. 2) einen Unterfall der Anfechtungsklage dar.

2. In den neuen Verträgen ist der Kreis der Anfechtungsberechtigten noch weiter gezogen. Während im Bereich der EGKS nur der Rat, die Mitgliedstaaten, Unternehmen und Unternehmungsverbände die Entscheidungen der Hohen Behörde angreifen können, bestimmt Art. 173, Abs. 2, EWG-Vertrag, daß außerdem jede natürliche oder juristische Person die Akte der Kommission wegen Unzuständigkeit, Verletzung wesentlicher Formvorschriften, Verletzung des Vertrags, einer Durchführungsvorschrift oder wegen Ermessensmißbrauchs angreifen kann. Vergegenwärtigt man sich die Ziele des EWG-Vertrags, so verwundert die Erweiterung des Kreises der Anfechtungsberechtigten nicht. Hier können auch Einzelpersonen von den Akten der Exekutive der Gemeinschaft betroffen werden. Das ist im Rahmen des EGKS-Vertrags kaum denkbar. Der Euratom-Vertrag enthält in Art. 146 eine gleichlautende Bestimmung.

Im Gegensatz zu Art. 33, EGKS-Vertrag enthalten der EWG-Vertrag und Euratom-Vertrag keine Bestimmung über den Umfang der dem Gerichtshof zustehenden Nachprüfungsbefugnis, insbesondere das Verbot der Würdigung wirtschaftlicher Tatsachen. Dennoch wird man nicht annehmen können, daß dem Gerichtshof damit die Möglichkeit eingeräumt werden sollte, in eine Ermessensprüfung einzutreten, die über die Prüfung, ob die rechtlichen Schranken des der Exekutive zuerkannten Ermessens- und Beurteilungsspielraums eingehalten worden sind, hinausgeht. Das brächte

---

sprechung des Gerichtshofs, Bd. I, S. 237).
Eine volle Nachprüfung ist auch in den Fällen der Art. 37 und 66, § 5, Abs. 2, EGKS-Vertrag möglich. Der Gerichtshof hat in diesem Fall eine Rolle, die in das „Politisch-Schiedsrichterliche" übergeht, die aber notwendig ist, weil es in der werdenden Gemeinschaft keine andere Stelle gibt, der eine objektive, der Gefahr politische Mißdeutung nicht ausgesetzten Entscheidung dieser Art anvertraut werden kann (*Ophüls*, Gerichtsbarkeit und Rechtsprechung im Schumanplan, NJW 1951, S. 695).
[49] Sammlung der Rechtsprechung des Gerichtshofs, Bd. I, S. 32 unten. Ebenso in der Rechtssache 4/54, Sammlung der Rechtsprechung des Gerichtshofs, Bd. I, S. 205; besonders deutlich in der Rechtssache 6/54, Sammlung der Rechtsprechung des Gerichtshofs, Bd. I, S. 236/237.
[50] Bedenken gegen diese Einschränkung der Nachprüfungsmöglichkeit bei *Ule*, Der Gerichtshof der Montangemeinschaft als europäisches Verwaltungsgericht, DVBl. 1952, S. 69.
[51] Art. 35, Abs. 3, EGKS-Vertrag.

einen Übergriff in die Kompetenzen der Exekutive mit sich, der nicht im wohlverstandenen Interesse eines gerichtlichen Rechtsschutzes liegt.

3. Auffallend stark ist im Verwaltungsstreitverfahren der Einfluß des französischen Rechts. In Übereinstimmung mit der französischen Lehre vom „recours pour excès de pourvoir"[52] kannten die Verträge nur die vier klassischen Anfechtungsgründe: Unzuständigkeit (incompétence), Verletzung wesentlicher Formvorschriften (violation des formes substancielles)[53], Verletzung des materiellen Rechts (violation formelle d'une règle de droit) und Ermessensfehlgebrauch (détournement de pouvoir). Auf eine Erwähnung der Verletzung von Verfahrensvorschriften verzichten die Verträge, sie fällt wie im französischen Recht[54] unter den Begriff der Verletzung wesentlicher Formvorschriften.

Trotzdem ist in der Rechtsprechung des Gerichtshofs die Tendenz spürbar, bei der Auslegung des Vertrages nicht nur die Grundsätze des französischen Verwaltungsrechts heranzuziehen[55]. Die Nichtigkeitsklagen wegen Verletzung wesentlicher Formvorschriften oder wegen Ermessensmißbrauch bilden den Hauptteil der beim Gerichtshof eingereichten Klagen.

4. Mit der Funktion des Gerichtshofs als Verwaltungsgericht hängt seine Tätigkeit auf dem Gebiete des Ordnungsstrafrechts zusammen.

Die Hohe Behörde und die Kommissionen können nach Maßgabe der einschlägigen Vorschriften Bußen und Zwangsgelder auferlegen, um die Maßnahmen zur Verwirklichung ihrer Wirtschaftspolitik durchzusetzen. Die Zwangsmaßnahmen sind jedoch der Kontrolle des Gerichtshofs unterworfen. Dabei ist der Gerichtshof in der Ermessensnachprüfung nicht beschränkt[56]. Der Gerichtshof kann Geldbußen herabsetzen oder aufheben. Da die Klage entsprechend dem französischen Recht keine aufschiebende Wirkung hat[57], kann der Gerichtshof die Vollstreckung von Entscheidung oder Empfehlungen aussetzen oder sonstige einstweilige Anordnungen treffen[58].

---

[52] *Waline*, Manuel élémentaire de droit administratif, 8. Aufl. 1959, pp. 134 suiv.

[53] z. B. des in Art. 15, Abs. 1, EGKS-Vertrag vorgeschriebenen Begründungszwangs.

[54] *Waline*, a.a.O., S. 135.

[55] Es sei in diesem Zusammenhang auf die rechtsvergleichenden Exkurse des Generalanwalts M. *Lagrange* hingewiesen (Sammlung der Rechtsprechung des Gerichtshofs, Bd. I, S. 158).

[56] Art. 36, Abs. 2, EGKS-Vertrag; die französische Fassung lautet: „Les sanctions pécuniaires et les astreintes pronocées en vertu des dispositions du présent Traité peuvent faire l'objet d'un recours de pleine juridiction".

[57] Art. 39, Abs. 1, EGKS-Vertrag; Art. 185, EWG-Vertrag; Art. 157, Euratom-Vertrag.

[58] Art. 39, Abs. 1 und 2, EGKS-Vertrag; Art. 186, EWG-Vertrag; Art. 158, Euratom-Vertrag.

VI. Der Gerichtshof als Zivilgericht

1. Der Gerichtshof ist auch für Amtshaftungsklagen zuständig[59], und zwar sowohl hinsichtlich der Haftung der Gemeinschaften als auch der Haftung des Einzelnen[60]. Entsprechend dem französischen Recht unterscheidet der EGKS-Vertrag zwischen „Amtsfehler" (faute de service) und dem „persönlichen Versagen" (faute personelle) des Beamten oder Angestellten. Kann die geschädigte Partei im Falle des „faute personelle" von dem Bediensteten einen Schadensersatz nicht erlangen, so kann der Gerichtshof der betreffenden Gemeinschaft die Zahlung einer angemessenen Entschädigung auferlegen[61]. Im Gegensatz zum EGKS-Vertrag unterscheiden der EWG-Vertrag (Art. 215) und der Euratom-Vertrag (Art. 188) nicht mehr zwischen „faute de service" und „faute personelle". Vielmehr hat der Gerichtshof „nach den allgemeinen Rechtsgrundsätzen, die den Rechtsordnungen der Mitgliedstaaten gemeinsam sind", zu entscheiden. Er wird damit geradezu zur Rechtsvergleichung aufgerufen. Die Rechtsordnungen der Mitgliedstaaten müssen hier in erster Linie vom Gerichtshof herangezogen werden, während sie im allgemeinen sonst nur herangezogen werden können, wenn die Verträge selbst eine bestimmte Rechtsfrage nicht regeln[62].

2. Der Gerichtshof entscheidet weiter über Schadensersatzansprüche von Unternehmen oder Verbänden, wenn diese „infolge einer Entscheidung oder Empfehlung, die nach Feststellung des Gerichtshofs mit einem die Haftung der Gemeinschaft begründeten Fehler behaftet ist, einen unmittelbaren und besonderen Schaden erlitten" haben[63]. Die Hohe Behörde hat in diesem Fall den Schaden im Wege der Naturalrestitution wieder gutzumachen, falls dies nicht möglich ist, eine „billige Entschädigung" in Geld zu gewähren.

3. Eine Zuständigkeit des Gerichtshofs in Zivilsachen kann auch auf Grund einer Schiedsklausel begründet werden, „die in einem von den Gemeinschaften oder für ihre Rechnung abgeschlossenen öffentlich-rechtlichen oder privatrechtlichen Vertrag enthalten ist"[64]. Darüber hinaus können auch die Mitgliedstaaten durch die innerstaatliche Gesetzgebung dem Gerichtshof weitere Aufgaben zuweisen; es wäre insbesondere möglich, die Revision gegen Urteile der Gerichte der Mitgliedstaaten zu eröffnen[65].

---

[59] Vgl. im einzelnen zur Amtshaftung: *Much*, Die Amtshaftung im Recht der Europäischen Gemeinschaft für Kohle und Stahl, Frankfurt 1952.
[60] Art. 40, Abs. 1 und 2, EGKS-Vertrag; Art. 178, 215, Abs. 2, EWG-Vertrag; Art. 151, 188, Abs. 2, Euratom-Vertrag.
[61] Art. 40, Abs. 2, S. 2, EGKS-Vertrag.
[62] Vgl. dazu *Daig*, Die Gerichtsbarkeit in der Europäischen Wirtschaftsgemeinschaft und Europäischen Atomgemeinschaft, AöR Bd. 83, 1958, S. 184.
[63] Art. 40, Abs. 2, EGKS-Vertrag.
[64] Art. 42, EGKS-Vertrag; Art. 181, EWG-Vertrag; Art. 153, Euratom-Vertrag.
[65] Art. 43, Abs. 2, EGKS-Vertrag; vgl. *Ophüls*, Gerichtsbarkeit und Rechtsprechung im Schumanplan, NJW 1951, S. 696.

Eine ähnliche Bestimmung ist weder im EWG-, noch im Euratom-Vertrag enthalten.

4. Auf dem Gebiete des Arbeits- und Sozialrechts übt der Gerichtshof eine Rechtsprechungstätigkeit aus bei Streitigkeiten zwischen den Bediensteten und den Gemeinschaften. Die Zuständigkeit des Gerichtshofs im Bereich des EGKS-Vertrages ergibt sich aus Art. 42, EGKS-Vertrag in Verbindung mit den in den Anstellungsverträgen enthaltenen Schiedsklauseln[66].

Dem haben die neuen Verträge Rechnung getragen und bestimmen ausdrücklich die Zuständigkeit des Gerichtshofs für Streitigkeiten zwischen den Bediensteten und den Gemeinschaften[67]. Tatsächlich hat der Gerichtshof auch bereits mehrere Urteile auf diesem Gebiet gefällt[68]. Über Klagen von Beamten und sonstigen Bediensteten gegen ein Organ der Gemeinschaften entscheidet eine vom Gerichtshof in jedem Jahr neu zu bestimmende Kammer; diese kann jedoch die Rechtssache dem Plenum vorlegen (Art. 95, VerfO.).

5. Disziplinarische Befugnisse hat der Gerichtshof gegenüber den Richtern und den Generalanwälten. Über eine etwaige Amtsenthebung entscheidet zwar der Rat, aber nach Stellungnahme des Gerichtshofs[69]. Nach der Satzung über den Gerichtshof der EWG und Euratom (Art. 8) gelten aber die Bestimmungen über die Amtsenthebung der Richter entsprechend. Damit entscheidet nun auch bezüglich der Generalanwälte der Gerichtshof und nicht mehr der Rat; dafür wirken die Generalanwälte bei den Disziplinarverfahren mit[70]. Als Disziplinargericht kann der Gerichtshof auch gegen die Mitglieder der Hohen Behörde oder der Kommissionen tätig werden[71].

VII. Das Verhältnis der Rechtsprechung des Gerichtshofs zur innerstaatlichen Rechtsprechung

1. Die Vorabentscheidung: Auf dem Gebiete des Gemeinschaftsrechts besitzt der Gerichtshof unter gewissen Voraussetzungen ein Entscheidungsmonopol. Wird von einem staatlichen Gericht die Gültigkeit von Beschlüssen der Hohen Behörde oder des Rates anläßlich eines Streitfalles in Frage gestellt, so hat das staatliche Gericht die Sache auszusetzen und dem Gerichtshof zur Entscheidung vorzulegen[72]. Dabei ist bemerkenswert, daß im

---

[66] Sammlung der Rechtsprechung des Gerichtshofs, Bd. II, S. 21; Bd. II, S. 398.
[67] Art. 179, EWG-Vertrag; Art. 152, Euratom-Vertrag.
[68] Sammlung der Rechtsprechung des Gerichtshofs, Bd. II, S. 1 ff. (Rechtssache 1/55); Bd. II, S. 381 ff. (Rechtssache 10/55); Bd. III, S. 83 ff. (Verbundene Rechtssachen 7/56 und 3/57 bis 7/57).
[69] Art. 13, Abs. 2, Satzung$_1$.
[70] Art. 6, Abs. 1, Satzung$_2$ und Satzung$_3$.
[71] Art. 12, Abs. 2, EGKS-Vertrag; Art. 157, Abs. 2, S. 3, EWG-Vertrag; Art. 126, Abs. 2, S. 3, Euratom-Vertrag.
[72] Art. 41, EGKS-Vertrag.

Gegensatz zu Art. 100 GG das Gericht nicht von der Ungültigkeit der Beschlüsse überzeugt sein muß; wobei allerdings noch fraglich ist, ob ein „Infragestellen" durch die Parteien genügt oder ob das Gericht selbst Zweifel an der Gültigkeit haben muß.

In den neuen Verträgen ist die „Vorabentscheidung" noch weiter ausgebaut worden. Der Gerichtshof entscheidet nunmehr generell über die Auslegung des Vertrages, über die Gültigkeit und Auslegung der Handlungen der Organe der (neuen) Gemeinschaften und über die Auslegung der Satzungen der durch die Räte geschaffenen Einrichtungen, soweit diese Satzungen dies vorsehen[73]. Im Gegensatz zum EGKS-Vertrag werden aber zusätzliche Erfordernisse aufgestellt. Das Gericht muß die Entscheidung dieser Frage für sein Urteil für erheblich halten. Tut es das, so ist es zur Vorlage trotzdem nicht gezwungen; eine Vorlage*pflicht* besteht nur dann, wenn das Urteil nicht mehr mit Rechtsmitteln des innerstaatlichen Rechts angefochten werden kann. Es ergibt sich ohne weiteres, daß die neuen Verträge die Kompetenzen des Gerichtshofs erheblich erweitert haben. Unerörtert muß hier die Frage bleiben, ob diese Zuständigkeitserweiterung einen Einfluß auf die entsprechende Bestimmung des EGKS-Vertrages hat.

2. Der Sinn dieser Vorschriften ist jedoch klar. Auf dem Gebiete des Gemeinschaftsrechts soll auch für den innerstaatlichen Bereich die Einheitlichkeit der Rechtsprechung gewahrt werden. Dem Gericht kommt dadurch eine ganz entscheidende Bedeutung bei der Bildung eines supranationalen Rechts zu. Im übrigen bleiben die nationalen Gerichte auch für Streitfragen aus den Verträgen zuständig. Nur soweit die Verträge eine ausschließliche Zuständigkeit des Gerichtshofs begründen, ist eine Zuständigkeit der nationalen Gerichte ausgeschlossen. Diese sind deshalb grundsätzlich befugt, Vertragsrecht anzuwenden und auszulegen[74].

VIII. Die Vollstreckung der Urteile[75]

Die Urteile des Gerichtshofs stellen – ganz im Gegensatz etwa zum IGH – vollstreckbare Titel dar[76]. Dabei heißt es in den neuen Verträgen, daß dies nicht gegenüber Staaten gelte[77]. Den Gemeinschaften fehlt es hier naturgemäß an den Machtmitteln zur Durchsetzung. Das Urteil des

---

[73] Art. 177, EWG-Vertrag; Art. 150, Euratom-Vertrag.
[74] BGH, Urt. v. 14. 4. 1959 – VIII ZR 29/58 (Saarbrücken) NJW 1959, S. 1176 (1178); *Matthies*, Das Recht der EGKS und die nationalen Gerichte der Mitgliedstaaten, JZ 1954, S. 305 ff.; *Jerusalem*, Das Recht der Montanunion, 1954, S. 60; *Bayer*, Das Privatrecht der Montanunion, RabelsZ 52, 325 ff.
[75] Vgl. dazu insbesondere *Osterheld*, Die Vollstreckung von Entscheidungen der Europäischen Gemeinschaft für Kohle und Stahl in der Bundesrepublik Deutschland, Frankfurt 1954.
[76] Art. 44, 92, EGKS-Vertrag; Art. 187, 192, EWG-Vertrag; Art. 159, 164, Euratom-Vertrag.
[77] Vgl. *Osterheld*, a.a.O., S. 21.

Gerichtshofs muß mit einer Vollstreckungsklausel versehen werden. Die Zwangsvollstreckung in den Mitgliedstaaten erfolgt nach dem in jedem dieser Staaten geltenden Verfahrensrecht, ebenso die Erteilung der Vollstreckungsklausel.

Die Tatsache der Vollstreckbarkeit der Urteile des Gerichtshofs sichert die „Wirksamkeit" der Rechtsprechung des Gerichtshofs und unterscheidet ihn damit zugleich von den internationalen Gerichten und Schiedsgerichten.

IX. Folgerungen und Problemstellung

1. Aus der schematischen Darstellung der verschiedenen Funktionen und der Reichweite der Rechtsprechung des Gerichtshofs folgt ohne weiteres, welche Bedeutung dieses Gericht für das „Europa der Sechs" hat. Dabei sind die Meinungen über den Gerichtshof sehr geteilt. Für die einen hat er zu weitreichende Kompetenzen[78], für die anderen zu enge[79]. Es entsprach aber gerade der Vorstellung der deutschen Delegation, ein starkes Rechtsprechungsorgan als Gegengewicht gegen die Hohe Behörde zu schaffen. Bedenken verfassungsrechtlicher Art werden vor allem in Belgien geltend gemacht[80]. Der Gerichtshof ist weit mehr als ein internationaler Gerichtshof[81]; er kann daher in *seinen Funktionen* nicht mit dem IGH verglichen werden. Die internationalen Gerichtshöfe haben die Aufgabe,

---

[78] *Menzel* (Staats- und völkerrechtliches Gutachten, Hamburger Druckschriften zum Schumanplan, herausgegeben vom Senat der Freien und Hansestadt Hamburg, 1951, S. 36) spricht von einem „gewissen justizstaatlichen Fanatismus", mit dem die Rechtsstellung des Gerichtshofs ausgebaut worden sei. *Menzel*, a.a.O., S. 32; *Hallstein*, a.a.O., S. 22; *Ophüls*, a.a.O., S. 291; *Ophüls*, Grundgedanken des Schumanplans, NJW 1951, 1. Spalte.

[79] Eine Zusammenstellung der in den Parlamentsdebatten vertretenen Meinungen bringt *Valentine*, The Court of Justice of the European Coal and Steel Community, The Hague 1955, S. 6 ff.

[80] *van der Meersch* (Le Plan Schuman et la Constitution Belge, Revue de l'Université de Bruxelles, Nouvelle Série, 4 ième année, Bruxelles 1951 – 1952, S. 47) hält den Gerichtshof für ein mit Art. 92, 94 der belgischen Verfassung unvereinbares Sondergericht.

„On demeure confondu devant un système qui a ajouté des vices et des difficultés suplémentaires graves et inutiles à un projet de loi, en raison de son caractère anticonstitutionnel pour plusieurs Etats, consistuait déjà, en lui-même, une entreprise hardie, voire aventureuse" (a.a.O., S. 45).

Dagegen verteidigte die belgische Regierung energisch die Verfassungsmäßigkeit des EGKS-Vertrages (Chambre des Représentants, Sitzung vom 14. 5. 1952, Drucksache 410 – 1951 – 1952).

Art. 92 der belgischen Verfassung vom 7. Februar 1813 lautet: „Les contestations qui ont pour objet des droits civiles sont exclusivement du ressort des tribunaux"; und Art. 94: „Nul tribunal, nulle juridiction contentieuse ne peut être établi qu'en vertu d'une loi. Il en peut être créé de commissions ni de tribunaux extraordinaires, sous quelque dénomination ce que soit".

In Deutschland wurden verfassungsmäßige Bedenken nur vereinzelt geltend gemacht (z. B. Abg. Veit, Deutscher Bundestag, 183. Sitzung vom 10. Januar 1952, Protokoll, S. 7728).

[81] *Vignes*, Daniel, La C.E.C.A., Paris 1956, S. 47.

Streitfragen zwischen den Vertragsstaaten zu lösen, ohne daß die Souveränität der Staaten im geringsten berührt wird. Ihre Entscheidungen haben
internationalen Charakter; ihre Rechtsprechung beruht auf der regionalen
Bedeutung und vor allem auf der „competentia ratione personae". Das
supranationale Gericht hingegen ist nur für die Mitgliedstaaten zuständig.
Zwei Neuerungen sind charakteristisch: die teilweise Übertragung der
Souveränität einerseits und andererseits die direkten und obligatorischen
Beziehungen zwischen Regierungen, ja sogar Einzelpersonen und den
supranationalen Institutionen. Der supranationale Charakter des Gerichtshofs kommt hinsichtlich seines Aufbaus an zwei Punkten besonders zum
Ausdruck. Es gibt keinen „iudex ad hoc" wie beim IGH (Art. 31,
StatIGH)[82]. Wenn dem Richterkollegium kein Staatsangehöriger einer der
Parteien angehört, so können diese also nicht die Beiziehung eines „nationalen" Richters verlangen. Im Gegenteil, und das ist der zweite Punkt,
kann eine Partei zur Begründung eines Antrags auf Änderung der Zusammensetzung des Gerichtshofs oder einer seiner Kammern nicht die Staatsangehörigkeit eines Richters anführen; ebenso kann sie nicht geltend machen, daß dem Gerichtshof oder einer Kammer kein Richter ihrer Staatsangehörigkeit angehört (Art. 19, Abs. 4, Satzung$_1$, Art. 16, Abs. 4, Satzung$_2$,
Satzung$_3$). Diese Bestimmung setzt sich in bewußten Gegensatz zur Art. 31,
StatIGH. Es wird daran besonders deutlich, welcher Fortschritt durch die
gedankliche Loslösung des Richteramts von der Nationalität gegenüber
dem IGH gemacht wurde, insbesondere wenn man bedenkt, daß sich die
„nationalen" Richter beim StIGH und IGH nie ganz von ihrer nationalen
Gebundenheit haben lösen können.

Nach der Vorstellung der vertragschließenden Staaten hätte sich das
Problem des „nationalen" Richters gar nicht gestellt, jedenfalls dann nicht,
wenn der Gerichtshof in voller Besetzung tagt, wohl aber bei Verhandlungen vor einer Kammer oder wenn der Gerichtshof nur mit fünf Richtern
tagt. Bei der Festlegung der Richterzahl ging man stillschweigend davon
aus, daß jeder der sechs Staaten einen Richter stellt. Hätte man eine geringere Zahl bestimmt, so wären zwar aller Voraussicht nach Frankreich
und Deutschland im Richterkollegium vertreten gewesen; nur dasjenige
Land, das hätte verzichten müssen, wäre — wie es der luxemburgische
Außenminister anläßlich der Verhandlungen über die Sitzverteilung der
Hohen Behörde ausgedrückt hat — „wahrhaft supranational"[83]. Der Gerichtshof ist aber nicht nur Rechtsprechungskörper, sondern darüber hinaus ein den drei Europäischen Gemeinschaften gemeinsames Verfassungs-

---

[82] Kritik an dieser Einrichtung übt vor allem *de Bustamante y Sirven*, La
Cour Permanente de Justice Internationale, 1925, S. 23; *Wehberg*, Das Problem
eines internationalen Staatengerichtshofs, S. 55.
[83] *Hallstein-Predöhl-Baade*, Probleme des Schumanplanes, Kieler Vorträge, gehalten im Institut für Weltwirtschaft an der Universität Kiel, herausgegeben von
Prof. Dr. Fritz *Baade*, Neue Folge 2, Kiel 1952.

organ. Von der Handhabung seiner Befugnisse wird es zu einem beträchtlichen Teil abhängen, ob das europäische Einigungswerk gelingt.

2. Mit der Stellung des Gerichtshofs ist die Rechtsstellung seiner Mitglieder eng verbunden. Nur wenn gewisse Mindestvoraussetzungen gegeben sind, besteht die Gewähr für eine fruchtbare Rechtsprechung. Dem Statut der Richter und Generalanwälte ist durch die vertragsschließenden Staaten eine große Aufmerksamkeit geschenkt worden. Zum Teil ist dabei auf das Statut der Richter am IGH sowie auf die verschiedenen nationalen Rechte zurückgegriffen worden[84]. Im Folgenden soll eine Analyse der Rechtsstellung der Richter versucht werden. Dabei ist vor allem das Statut der Richter am IGH mit zur Auslegung heranzuziehen.

Trotz der oftmals augenfälligen Parallelität der Bestimmungen über den EGH zu denen, die den IGH betreffen, sind zahlreiche Neuerungen geschaffen worden, die es rechtfertigen, einen deutlichen Unterschied zum IGH zu machen. Der Gerichtshof der Europäischen Gemeinschaften ist ein supranationaler Gerichtshof und kein internationales Gericht. Durch die Schaffung eines allen drei Gemeinschaften gemeinsamen Gerichtshofes haben sich zahlreiche neue Probleme ergeben, die im Folgenden erörtert werden sollen.

---

[84] Amtliche Begründung, Bundestagsdrucksache 2401/51, Anlage 3, S. 15. – Amtliche Begründung, Bundestagsdrucksache 3615/57, S. 19, Anlage F.

Erstes Kapitel

Allgemeine Voraussetzungen der Ernennung zum Richter

1. Sachliche und persönliche Erfordernisse

a) Allgemeine Formeln

Während die Gesetze der Mitgliedstaaten für die höchsten Richterämter zum Teil sehr genaue und ins einzelne gehende Erfordernisse vorschreiben, kennen die Verträge nur eine recht allgemeine Formel: „Zu Richtern und Generalanwälten sind Persönlichkeiten auszuwählen, die jede Gewähr für Unabhängigkeit bieten und in ihrem Staat die für die höchsten richterlichen Ämter erforderlichen Voraussetzungen erfüllen oder Juristen von anerkannt hervorragender Befähigung sind"[1]. Die Formel sei, so sagt die amtliche deutsche Begründung zu Vertrag über die EGKS[2], gewählt worden, um das Richteramt jeder geeignet erscheinenden Persönlichkeit, insbesondere einer solchen mit hervorragenden wirtschaftlichen Kenntnissen zu eröffnen, auch wenn diese nicht die nach staatlichem Recht geforderte Richterqualifikation besitzt. Die Verhandlungspartner seien hierbei jedoch von der Erwartung ausgegangen, daß die Regierungen grundsätzlich auf bewährte, durch besondere Kenntnisse auf dem Gebiet des öffentlichen Rechts und des Wirtschaftsrechts ausgezeichnete Juristenpersönlichkeiten zurückgreifen würden.

Die einschlägige Bestimmung für den Montangerichtshof (Art. 32, Abs. 1, EGKS-Vertrag) war noch allgemeiner gefaßt: „. . . und sind unter den Persönlichkeiten auszuwählen, die jede Gewähr für Unabhängigkeit und Befähigung bieten". Bei der Gründung des allen drei Gemeinschaften gemeinsamen Gerichtshofes wurde diese Bestimmung geändert und lautet nun ebenso wie die entsprechenden Bestimmungen des EWG- und Euratom-Vertrages[3]. Dabei ging man offenbar davon aus, daß die sachlichen und persönlichen Voraussetzungen der Ernennung nunmehr dieselben sein müßten, nachdem dem Gerichtshof die Befugnisse übertragen worden sind, die ursprünglich von drei verschiedenen Gerichten hätten ausgeübt werden sollen. Man kann sogar ganz allgemein sagen, daß die Rechtsstellung der Richter dieselbe sein *muß*, vom Standpunkt des EGKS-Vertrages wie

---

[1] Art. 4, AbkGemOrg. (Art 32 b, Abs. 1, EGKS-Vertrag); Art. 167, Abs. 1, EWG-Vertrag; Art. 139, Abs. 1, Euratom-Vertrag.

[2] Bundestagsdrucksache 2401/51, Anl. 3, S. 15.

[3] Art. 4, AbkGemOrg. (Art. 32 b, Abs. 1, EGKS-Vertrag); Art. 167, Abs. 1, EWG-Vertrag; Art. 139, Abs. 1, Euratom-Vertrag.

vom Standpunkt der beiden Verträge von Rom. Die Rechtsstellung kann nicht verschieden sein je nach dem, ob ein Richter mit einer Angelegenheit aus dem einen oder anderen der Verträge befaßt wird. Daß dieser Grundsatz von Bedeutung ist, wird noch zu zeigen sein, da sich die verschiedenen Statute gerade *nicht* in allen Punkten decken.

b) Frühere Regelungen

Die Wahl einer derart allgemeinen Formel ist auf dem Gebiet der internationalen Gerichtsbarkeit nicht neu. Die Haager Konvention vom 18. Oktober 1907, durch die der Ständige Schiedsgerichtshof errichtet wurde, bestimmte: „Each contracting Power selects for the most, of known competency in questions of international law, of highest moral reputation . . ."[4]. Für die Richter am (ehemaligen) Mittelamerikanischen Gerichtshof wurde außer der Befähigung zum Richteramt in den Heimatländern verlangt: „. . . highest consideration, both because of their moral character and their professional ability"[5]. Für die Richter am geplant gewesenen Internationalen Prisengerichtshof galt: „jurists of known proficiency in questions of international maritime law and of the highest moral reputation"[6]. Es verwundert daher nicht, daß auch in das Statut des StIGH eine ähnliche Bestimmung aufgenommen wurde, deren Wortlaut auch für das Statut des IGH derselbe geblieben ist[7]. Die Formel war ein Kompromiß zwischen der kontinentalen und der angelsächsischen Auffassung; die erstere bevorzugte als Richter Rechtsgelehrte, die nicht Berufsrichter waren[8].

Der Vollständigkeit halber sei noch die entsprechende Bestimmung für die Richter am nunmehr gebildeten Gerichtshof für Menschenrechte erwähnt. Art. 39, Abs. 3[9] der Konvention zum Schutze der Menschenrechte und Grundfreiheiten bestimmt, daß die Kandidaten das höchste sittliche Ansehen genießen müssen; ferner müssen sie entweder die Befähigung für die Ausübung hoher richterlicher Ämter besitzen oder Rechtsgelehrte von anerkanntem Ruf sein.

---

[4] Hague Convention for the Pacific Settlement of International disputes vom 18. Oktober 1907, Art. 44. – Hague Convention for the Pacific Settlement of International disputes von 1899, Art. 23.

[5] Manley O. *Hudson*, The Permanent Court of International Justice, New York 1934, § 44, Art. 6 der Konvention vom 20. Dezember 1907.

[6] Manley O. *Hudson*, a.a.O., § 65.

[7] Art. 2, StatIGH lautet: „The Court shall be composed of a body of independent judges, elected regardless of their nationality from among persons of high moral character, who possess the qualifications required in their respective countries for appointment to the highest judicial offices, or are jurisconsults of recognized competence in international law".

[8] Manley O. *Hudson*, a.a.O., § 65.

[9] BGBl. II 1952, S. 686.

c) Befähigung zum Richteramt

Der praktische Wert der Bestimmung ist m. E. gering. Verfügt ein Kandidat nicht über die Befähigung zu den höchsten richterlichen Ämtern seines Landes, so kann immer noch die zweite Alternative zutreffen, nämlich daß er Jurist von anerkannt hervorragender Befähigung ist.

Welches die Befähigung „für die höchsten richterlichen Ämter" ist, dürfte sich kaum feststellen lassen. Wenn man die Lage nach deutschem Recht betrachtet, so stellt sich die Frage, ob die Befähigung zum Richteramt am Bundesverfassungsgericht oder an den oberen Bundesgerichten[10] gefordert wäre. Dabei ist nicht erforderlich, daß der Kandidat die Voraussetzungen für das Richteramt an *sämtlichen* höchsten Gerichten erfüllt, vielmehr muß genügen, daß die Ernennungsvoraussetzungen für *ein* Gericht erfüllt sind. Dabei muß es sich aber um Berufsrichter handeln; das ergibt sich aus der Alternative „oder Juristen von anerkannt hervorragender Befähigung". Es wäre also nicht möglich, daß ein Bundesarbeitsrichter oder Bundessozialrichter[11] auf Grund der ersten Alternative ernannt werden könnte.

Wenn jemand zwar nicht die „Befähigung zum Richteramt" im Sinne des § 2 GVG besitzt, wohl aber die Befähigung zum höheren Verwaltungsdienst und daher, falls er auch die anderen Voraussetzungen des § 3 BVerfGG erfüllt, Bundesverfassungsrichter werden könnte, so muß das auch als Voraussetzung der Ernennung zum Richter am Gerichtshof der Europäischen Gemeinschaften genügen, ohne auf die Generalklausel „oder Juristen von anerkannt hervorragender Befähigung sind", zurückgreifen zu müssen.

Bemerkenswert ist, daß die erforderlichen Qualifikationen schärfer umrissen sind als beim Montangerichtshof[12].

Art. 32, EGKS-Vertrag a. F. forderte lediglich, daß die Richter unter den Persönlichkeiten auszuwählen seien, die „jede Gewähr für Unabhängig-

---

[10] Vgl. z. B. § 3, BVerwGG; – „. . . un magistrat de tout premier plan qui pourrait être nommé en Allemagne président du Reichsgericht serait d'après le principe de l'art. 2 StatStIGH, absolument qualifié pour être élu juge à la cour" (Suzanne *Basdevant*, Les fonctionnaires internationaux, Paris 1931, S. 123).

[11] § 41, Abs. 1, S. 1, ArbGG; § 41, Abs. 1, SGG.

[12] *Daig*, Die Gerichtsbarkeit in der Europäischen Wirtschaftsgemeinschaft, AöR, Bd. 83, S. 148. Ganz ähnlich lautet die entsprechende Bestimmung im Entwurf einer Satzung der Europäischen (Politischen) Geimeinschaft (abgedruckt im EA, 1953, S. 5669) Art. 39, § 2: „Die Kandidaten müssen das höchste moralische Ansehen genießen und nach den Gesetzen ihres Landes zur Ausübung der höchsten richterlichen Ämter befähigt oder Rechtsgelehrte von anerkannter Sachkenntnis sein." Ob diese Formel viel besser ist als die ursprünglich im Vertrag über die EGKS (Art. 32 a. F.) und wie *Ridder* (Der Entwurf einer Satzung der Europäischen Gemeinschaft, JZ 1953, S. 289 (291) meint, ein sehr zeitiger Niederschlag der Erkenntnis sei, daß sich eine Klausel, die sehr allgemein „jede Gewähr für Unabhängigkeit und Befähigung" verlangt, bereits nach kurzer Zeit als unzureichend erweisen müßte, muß allerdings bezweifelt werden.

keit und Befähigung bieten". Damit ist auch eine Ernennung von Nichtjuristen möglich gewesen. Nunmehr müssen alle Richter, wenn sie nicht
die Befähigung zu höchsten Richterämtern haben, mindestens Juristen
sein[13]. Beim Montangerichtshof hatten nicht alle Richter die Befähigung
zum Richteramt. Die Richter Rueff und Serrarens haben sie nicht beses-
sen, zweifelhaft bei Delvaux und van Kleffens. Alle hatten – bis auf
Rueff (Mathematik, Finanzen) – Rechtswissenschaften studiert, alle Richter besaßen wirtschaftswissenschaftliche Kenntnisse und waren bereits
mehrfach in internationalen Organisationen oder Kommissionen tätig[14].
Ob mit den schärfer umrissenen Ernennungsvoraussetzungen zusammenhängt, daß sich unter den drei Richtern, die bei der Errichtung des gemeinsamen Gerichtshofs nicht wieder ernannt worden sind, einer befand,
der nicht über die Befähigung zum Richteramt verfügte, ist zweifelhaft.
Für die eine oder andere Annahme fehlt es an Anhaltspunkten.

Weiter ist erforderlich, daß die Kandidaten wirkliche Persönlichkeiten
sind. Wer soll das jedoch beurteilen? Dieser Begriff ist mit juristischen
Maßstäben nicht faßbar. Es muß daher der Regierung, die den Kandidaten
präsentiert, überlassen bleiben, wen sie als „Persönlichkeit" ansieht.
Ebenso steht es mit dem Erfordernis der Gewähr für Unabhängigkeit.
„Jede Gewähr für Unabhängigkeit" gibt es schlechterdings nicht. Der Ausdruck kann daher auch nicht wörtlich verstanden werden.

Der Zweck dieser Wendungen liegt vielmehr darin, den Regierungen
wie den Kandidaten eindrücklich vor Augen zu halten, was von ihnen
verlangt wird. Es werden nicht nur andere Befähigungen wie im innerstaatlichen Bereich gefordert, sondern auch ein besonderer Geist[15]. Die
Richter sind „europäische" Richter und als solche verpflichtet, nach
bestem Wissen und Gewissen auf der Grundlage der Verträge und im
Geist der europäischen Gemeinschaften Recht zu sprechen[16].

d) Persönlichkeiten

Wir haben in der Einleitung dazulegen versucht, wie weit der Gerichtshof der Europäischen Gemeinschaften sich trotz äußerlicher Ähnlichkei-
ten im Kern von einem internationalen Gericht herkömmlicher Prägung
entfernt und den nationalen Gerichten genähert hat. Es verwundert daher
etwas, daß man gerade bei den Ernennungsvoraussetzungen der Richter
bei den herkömmlichen Formeln stehen geblieben ist.

---

[13] a. A. ohne Begründung A. H. *Robertson*, European Institutions, London 1959,
S. 115.
[14] Handbuch der Montanunion, herausgegeben von *Armbruster-Engel*, 1955,
Bd. I A 163, S. 23 ff.
[15] *Basdevant*, Suzanne, Les fonctionnaires internationaux, Paris 1931, S. 123;
vgl. auch *Langrod-Zipey*, Formations des fonctionnaires européens, S. 48; *Kordt-
Gaudemet-Kern*, Der europäische Beamte, München – Berlin 1955.
[16] *Riese*, Erfahrungen aus der Praxis des Gerichtshofs der Europäischen Gemeinschaft für Kohle und Stahl, DRiZ 1958. S. 270 (271).

Die Vertragsbestimmungen bieten keinen Anhalt dafür, daß die Ernennung von Personen, die die Befähigung zum Richteramt nicht besitzen, ausgeschlossen sein soll[17]. Dennoch wäre es m. E. angebracht gewesen, von den Kandidaten eine richterliche Praxis zu verlangen[18]. Die Alternative „oder Befähigung" in Art. 32, Abs. 1 a. F. EGKS-Vertrag gebietet nicht einmal zwingend, daß der Kandidat überhaupt *juristische* Kenntnisse besitzt[19]. Nach der Neufassung und Angleichung des Art. 32, EGKS-Vertrag (Art. 32b; vgl. Art. 4 des AbkGemOrg.) an die entsprechenden Bestimmungen des EWG- und Euratom-Vertrags muß der Kandidat mindestens hervorragende Rechtskenntnisse haben. Das Argument, daß im Richterkollegium auch Fachleute vertreten sein müssen, überzeugt nicht, es ist im Gegenteil sogar recht gefährlich. Es soll nicht verkannt werden, daß es im Einzelfall von großem Nutzen sein kann, wenn sich ein Richter auf einem besonderen Fachgebiet auszeichnet; in der Tat ist dies beim Montangerichtshof der Fall gewesen. Bestrebungen, die darauf hinzielten, aus dem Richterkollegium ein Fachkollegium für Wirtschafts- und Finanzfragen zu machen, müßte entschieden entgegengetreten werden. Nach dem Aufbau und dem Willen der Verträge ist der Gerichtshof berufen, die Wahrung des Rechts und nur des Rechts bei der Auslegung und Anwendung der Verträge zu sichern, während es Aufgabe der Hohen Behörde, der Kommissionen und der Räte ist, die Politik der Gemeinschaften zu verwirklichen. Dem Bedürfnis, die Befugnisse des Gerichtshofs zu stärken, sind deshalb dort Grenzen gesetzt, wo politische oder wirtschaftspolitische Urteile beginnen[20].

Stärkste Bedenken müssen aber geltend gemacht werden, falls versucht werden sollte, Vertrauensleuten von Interessenverbänden den Zugang zum Richteramt zu öffnen. Daß diese Gefahr nicht ganz irreal ist, zeigt die folgende Äußerung anläßlich der Ratifikationsdebatte über den EGKS-Vertrag: „Ich weiß davon, daß entsprechende Möglichkeiten gesichert sind, auch in den Gerichtshof Männer zu berufen, die dem Denken der Ge-

---

[17] *Breitner*, Der Gerichtshof der Montangemeinschaft, S. 13.

[18] *Basdevant*, a.a.O., S. 128: „L'idéal serait évidemment la constitution d'une magistrature internationale organisée et composée de *juges* de *carrière*, mais cela ne parraît guère possible du moins pour le moment, il faut donc choisir des hommes préparés pour le mieux *par leurs antécédents* à remplir ce rôle et susceptibles de rendre des sentences telles qu'elles sont acceptables par les Etats" (Hervorhebungen vom Verfasser). Interessehalber sei vermerkt, daß bei der Errichtung des Ständigen Haager Schiedshofes die Deutsche Delegation bei der Haager Konferenz von 1899 es für wünschenswert hielt, daß auch Wirtschaftswissenschaftler, Militärjuristen und Diplomaten zu Richtern am Schiedshof ernannt werden können (Manley O. *Hudson*, International Tribunals, Washington 1944, S. 38.

[19] Vgl. *Valentine*, The Court of Justice of the European Coal and Steel Community, The Hague 1955, S. 34.

[20] *Steindorff*, Die Nichtigkeitsklage, S. 16; *Mosler*, ZaöRVR XIV (1951), S. 42: „Seine Rechtsprechung ist keine politische oder wirtschaftspolitische Justiz".

werkschaftsbewegung und der Arbeiterbewegung nahestehen und deren Vertrauen besitzen. Der Gerichtshof soll ja nicht eine Kulmination von weltfremden Juristen sein, sondern aus Männern bestehen, die das wirkliche Leben kennen und auch die Gemeinschaftsinteressen der europäischen Arbeiterschaft sehen. (– Zuruf rechts: Das kennen die Juristen auch! –)[21].

Während früher die Qualifikationsbestimmungen in erster Linie verhindern sollten, daß die Richterstühle von Diplomaten besetzt werden, die sich nur schwer vom Einflußbereich ihrer (früheren) Regierungen lösen können, gewinnt man heute den Eindruck, daß eine Gefahr eher von den Interessenverbänden droht[22]. Gerade um diesen Einflüssen entgegenzuwirken, empfiehlt es sich, dem „gewachsenen" Richter den Vorzug zu geben. „Der wirklich gute Jurist wächst freilich nur durch planmäßige Erziehung und Schulung und vor allem durch Selbsterziehung und Selbstzucht. Sollte eine solche Erziehung, Schulung und Zucht wegen soziologischer, klassen-, kasten-, standes- und interessenmäßiger Gebundenheit nicht mehr möglich sein, dann ist menschliches Zusammenleben nicht mehr möglich; es wäre nicht mehr eine geistige und ethische Angelegenheit, sondern nur noch eine Sache der Brachialgewalt"[23].

e) Berufsrichter

Man kann sogar sagen, daß es bei supranationalen Gerichten noch viel nötiger wäre als bei den internationalen Gerichten, deren Kompetenzen längst nicht so weit gehen, sie *ausschließlich* mit Personen, die in ihrem Land zum Richteramt befähigt sind, zu besetzen. Einen besonderen Markstein in dieser Richtung stellt das (als zwischenstaatliches Gericht konstituierte) Schiedsgericht zur Lösung der Streitigkeiten aus dem Vertrage zwischen der Bundesrepublik Deutschland und der Republik Österreich zur Regelung vermögensrechtlicher Beziehungen dar, das nur durch aktive Berufsrichter oder Richter im Ruhestand besetzt werden kann[24].

---

[21] Abg. *Albers*, 183. Sitzung des Deutschen Bundestags vom 10. Januar 1952, Protokoll, S. 77/2.

[22] Vgl. dazu die interessante Studie von *Eschenburg*, Herrschaft der Verbände? Stuttgart 1956.

[23] *Kaufmann*, E., Probleme der internationalen Gerichtsbarkeit, Leipzig – Berlin 1932, S. 20; Eberhard *Schmidt*, Richtertum, Justiz und Staat, JZ 1953, S. 321 ff.; Hans *Tigges*, Die Stellung des Richters im modernen Staat, Berlin 1935, S. 43 ff.; Eduard *Kern*, Der Aufgabenkreis des Richters, Tübingen 1939, S. 3; derselbe, Der gesetzliche Richter, Berlin 1927, S. 184; Piero *Calamandrei*, Lob der Richter, gesungen von einem Anwalt, München 1956, S. 169; *Sympher*, Internationale Gerichte in den Verträgen der Bundesrepublik DRiZ 1958, S. 266 (269); Hans *Reichel*, Gesetz und Richterspruch, Zürich 1915; derselbe, Stellung und Bestellung des Richters in der Schweiz, Tübingen 1910.

[24] *Fashing*, I Congresso Internazionale dei Magistrati, Roma, 11 – 12 Ottobre 1958 (I Tribunali internazionali e sopranozionali . . ."), Milano 1958, S. 19.

Der Entwicklung einer kontinuierlichen supranationalen europäischen Rechtsprechung wäre es förderlich, diese Aufgabe einem traditionell gewachsenen Berufsrichtertum zu übertragen.

2. Die Unabhängigkeit

Merkwürdigerweise fehlt in den Verträgen nebst ihren Anhängen die herkömmliche Bestimmung, daß die Richter nur dem Gesetz unterworfen seien. Es wäre jedoch verfehlt, das Gegenteil anzunehmen[25]. Eine solche Auslegung stünde mit der Gesamtkonzeption des Richterstatuts, dessen eindeutige Tendenz dahin geht, die Unabhängigkeit der Richter zu sichern, in krassem Widerspruch. Wie oben bereits erwähnt, ist Voraussetzung für die Ernennung, daß die Kandidaten „jede Gewähr für Unabhängigkeit" bieten. Vor Aufnahme ihrer Tätigkeit leisten die Richter den Eid, daß sie ihr Amt „unparteiisch und gewissenhaft ausüben" werden[26]. Die Unabhängigkeit des Richters ist das Leitbild, von dem auch die Verträge ausgehen. Die Richter sind unabsetzbar, unversetzbar und Weisungen von irgendwelcher Seite nicht unterworfen. Die Unabhängigkeit ist zwar weder um der Person des Richters willen da, noch vermögen die einzelnen Bestimmungen, die der Unabhängigkeit dienen sollen und von denen unten noch im einzelnen zu sprechen sein wird, diese ein- für allemal sicherzustellen. Wie sehr auch anerkannt werden soll, daß „letztlich" die Unabhängigkeit des Richters im wesentlichen eine Sache der Persönlichkeit ist, die sich „nicht lehren und nicht prüfen läßt, sondern eine Gabe oder ein Glück ist"[27], so kann doch der Gesetzgeber dem Richter durch entsprechende Bestimmungen seinerseits in hohem Maße die Voraussetzungen schaffen, die den Richter Richter sein lassen[28].

---

[25] *Breitner*, Der Gerichtshof der Montangemeinschaft, S. 14. Anders jedoch § 5 des Entwurfs eines Vertrages über die Satzung der Europäischen Gemeinschaft (abgedruckt im EA, 1953, S. 5669): „Die Richter sind unabhängig und nur dem Recht unterworfen".

[26] Art. 3, § 1, VerfO.

[27] Richard *Schmid*, in der Stuttgarter Zeitung vom 10. Januar 1959; Eduard *Kern*, Der Aufgabenkreis des Richters, Tübingen 1939, S. 3; derselbe, Der gesetzliche Richter, Berlin 1927, S. 184; Piero *Calamandrei*, Lob der Richter, gesungen von einem Anwalt, München 1956, S. 169; *Sympher*, Internationale Gerichte in den Verträgen der Bundesrepublik, DRiZ 1958, S. 266 (269); Hans *Reichel*, Gesetz und Richterspruch, Zürich 1915; derselbe, Stellung und Bestellung des Richters in der Schweiz, Tübingen 1910.

[28] Die Auffassung, daß die Unabhängigkeit für den Richter unerläßlich ist, ist heute wieder glücklicherweise so sehr Allgemeingut, daß sich eine Auseinandersetzung mit der entgegengesetzten Meinung (vgl. statt aller *Delmar*, Richterliche Unabhängigkeit und politische Justiz, Die Justiz, Bd. 4, 1928/29, S. 470 ff.) erübrigt.
Vgl. hierzu *Heinsheimer*, Von der Unabhängigkeit der Gerichte, Heidelberg 1929, S. 27 – 35; *meinen* Kurzbericht in NJW 1958, S. 1951; neuerdings K. A. *Bettermann*, Die Unabhängigkeit der Gerichte und der gesetzliche Richter, in: Die Grundrechte, 3. Band, 2. Halbband, S. 525 ff., Berlin 1959.

Darüber, ob die Vertragsstaaten alles getan haben, um den Richtern am Gerichtshof der Europäischen Gemeinschaften die Unabhängigkeit so weit wie nur möglich zu sichern, gehen die Meinungen erheblich auseinander. Während man sich in Deutschland im allgemeinen mit dem Erreichten zufrieden gibt, sind Bedenken wegen mangelnder Garantien für die richterliche Unabhängigkeit vor allem in Belgien und Frankreich geltend gemacht worden[29]. Besonders scharfe, wenngleich übertriebene Kritik übt van der *Meersch*[30] am Gerichtshof und an der Unabhängigkeit der Richter: „Toutes règles considérées comme indispensables pour garantir l'indépendence du judicaire et qui ont fait leurs épreuves, sont ici méconnus".

Auf der andern Seite scheint die Auffassung von *Ophüls*[31]: „Sie (die Richter) genießen das höchste Maß an Unabhängigkeit" viel zu optimistisch, was auch die Praxis bezüglich der Unabsetzbarkeit deutlich gezeigt hat. Ebenso berichtet die französische Verhandlungsdelegation: „Toutes dispositions ont été prises pour assurer d'une manière aussi complète que possible l'indépendance des juges et des avocats généraux". Jedoch darf man diesen Stimmen kein allzugroßes Gewicht zumessen. Es ist natürlich, daß die Urheber der Vertragswerke ihr eigenes Geschöpf im besten Lichte sehen. Das soll aber nicht heißen, daß damit in Wirklichkeit nichts erreicht worden sei. Man darf nicht übersehen, daß die Vertragswerke das Ergebnis eines harten politischen Ringens sind und an allen Stellen die Spuren des Kompromisses tragen; Politik ist aber wie eh und je „die Kunst des Möglichen". Mit beredten Worten drückte das Paul *Reuter* aus: „Ces remarques ont simplement pour but de souligner (s'il en était besoin!) la dialectique de reprises et de compensations, de sauvegardes et de complications qui président nécessairement à l'élaboration d'une oeuvre

---

[29] Vgl. etwa Henri *Rolin*, La Cour du Charbon et de l'Acier, Journal des Tribunaux, 1951, p. 345; Antoine *Anik*, La Cour de Justice de la C.E.C.A. et la Cour Internationale de Justice, Revue Générale de Droit International Public, avril-juin 1953, No. 2, pp. 210–261 (212); *Hammes*, I Congressi Internazionale del Magistrati, a.a.O., S. 145; vgl. weiter: Walter *Genzer*, Die Satzung der Europäischen Gemeinschaft, EA 1953, S. 5653 (5662); *Jaenicke*, Die Sicherung des übernationalen Charakters der Organe internationaler Organisationen, ZaöRVR, Bd. 14, 1951/52, S. 46–117 (67) (für die Stellung der Richter beim IGH); Henry L. *Mason*, The European Coal and Steel Community („Furthermore the independence of the judges was not considered well established") The Hague 1955, S. 25, 40; Conseil Economique (de France), Journal Officiel, No. 30, 1951, pp. 67, 243; *Delvaux*, La Cour de Justice de la C.E.C.A., Paris 1956, S. 15; Le Grand-Duché de Luxembourg et la Communauté Européenne de Charbon et de l'Acier, herausgegeben vom Ministère d'Etat, Luxembourg 1952, p. 42 (Materialien); Sénat de Belgique, Session de 1951–1952, Réunion du janvier 1952, Document du Sénat: 369, p. 58 (Materialien).

[30] Le Plan Schuman et la Constitution Belge, Revue de l'Université de Bruxelles, Nouvelle Série, 4ième année, Bruxelles 1951–1952, S. 45.

[31] *Ophüls*, Gerichtsbarkeit und Rechtsprechung im Schumanplan, NJW 1951, S. 693; ebenso Rapport de la Délégation Française sur le Traité instituant la Communauté Européenne du Charbon et de l'Acier, Ministère des Affaires Etrangères, Paris 1951, S. 32.

qui touche aussi gravement à des intérêts jusqu'à présent intangibles, et anticipent hardiment l'avenir"[32].

Die Unabhängigkeit der Richter zu schützen ist eine *Pflicht* der Mitgliedstaaten. Sie haben nicht nur selbst Angriffe auf die Unabhängigkeit der Richter zu unterlassen, sondern ihnen im Falle eines Angriffs auf die Unabhängigkeit Schutz zu gewähren[33]. Abgesehen davon ist es eine *Amtspflicht* des Richters, seine Unabhängigkeit, seine Unvoreingenommenheit und die Freiheit seiner Urteilsbildung im einzelnen Fall wie im allgemeinen zu wahren[34].

3. Alter und Geschlecht

a) Höchst- und Mindestalter

Die Verträge enthalten keine ausdrückliche Bestimmung darüber, ob zur Ernennung ein bestimmtes Alter erforderlich ist; auch ist nichts darüber gesagt, ob eine obere Altersgrenze bestehen soll.

Bei den bekannten internationalen Gerichten fehlen solche Bestimmungen ebenfalls. Trotzdem kann man nicht sagen, daß das Alter für ein hohes Richteramt ohne Bedeutung sei. Das zeigen schon die eingehenden und genauen Vorschriften für die innerstaatlichen Richterämter. Eine Ausnahme macht allerdings England, wo es keine Altershöchstgrenze gibt[35]. Ein Richter kann nur entlassen werden, wenn er wegen vorgerückten Alters dienstuntauglich ist. Daher finden wir eine beachtliche Anzahl hoher englischer Richter noch im Amt, die in den meisten Ländern längst von der „Guillotine" der Altersgrenze erfaßt worden wären. Das gab zwar hier und da Anlaß zur Kritik, wenn sich ein Richter trotz seines hohen Alters nicht zurückziehen wollte[36], andererseits ist es eines der Elemente, die dazu beitragen, daß der englische Richter ein außerordentlich hohes Ansehen genießt. Ebensowenig besteht eine Mindestaltersgrenze; dies ist aber deswegen ohne große Bedeutung, da die hohen Richter ohnehin in der Regel zehn Jahre lang Barrister gewesen sein müssen.

Eine Mindestaltersgrenze fehlt in gleicher Weise für die Richter am italienischen „Corte Costituzionale". Die Erfordernisse sind aber ebenfalls

---

[32] Paul Reuter, Le Plan Schuman, Recueil des Cours de l'Académie de Droit International, Bd. 81, 1952, S. 570.

[33] Art. 87, EGKS-Vertrag; Art. 192, Euratom-Vertrag.

[34] Vgl. die amtliche Begründung zum Entwurf eines Deutschen Richtergesetzes, § 36 (Bundestagsdrucksache 183/1957).

[35] Vgl. dazu Heinrich *Gerland*, Die Englische Gerichtsverfassung, Bd. II, Leipzig 1910, S. 819.

[36] Vgl. dazu O. *Hood Phillips*, A first book of English Law, 3. Auflage, London 1955 (1957), S. 18 ff.
Nach einer Mitteilung von C. *Seibert* in der DRiZ, 1958, S. 189, zog sich Rayner *Goddard*, Lord Chief Justic of England im Alter von 81 Jahren in den Ruhestand zurück. Er hatte dieses Amt im Alter von 68 Jahren angetreten; sein Nachfolger, Lordrichter *Parker*, ist 58 Jahre alt.

so, daß jüngere als 40 Jahre alte Richter praktisch ausgeschlossen sind. Die Kandidaten müssen entweder Richter an einem oberen ordentlichen Gericht oder Verwaltungsgericht oder ordentliche Professoren der Rechte oder mindestens 20 Jahre lang Anwalt gewesen sein[37].

Dagegen besteht eine Mindestaltersgrenze für die Staatsräte des französischen Conseil d'Etat. Die Ordonnanz vom 31. Juli 1945 bestimmt in Art. 7[38], daß zum Staatsrat im „service ordinaire" nur ernannt werden kann, wer mindestens das 40. Lebensjahr vollendet hat. Da die Staatsräte nicht Richter, sondern Beamte sind[39], finden auf sie die allgemeinen beamtenrechtlichen Vorschriften Anwendung.

Eine Mindestaltersgrenze findet man auch beim belgischen Conseil Sie ist auf 35 Jahre festgesetzt, für die „auditeurs" auf 28[40]; bei der Höchstaltersgrenze gilt dasselbe wie für den französischen Conseil d'Etat.

In Deutschland ist für die Bundesverfassungsrichter und alle Bundesrichter an den oberen Bundesgerichten ein Mindestalter erforderlich. Dieses Alter beträgt bei den Bundesverfassungsrichtern 40 Jahre (§ 3, Abs. 1 BVerfGG), bei den Bundesrichtern 35 Jahre[41].

Die obere Altersgrenze, bei deren Erreichung die nicht auf Zeit gewählten Bundesverfassungsrichter und Bundesrichter auszuscheiden haben, ist durch das Gesetz über die Altersgrenzen der Bundesrichter geregelt und beträgt 68 Jahre[42]. Der Entwurf eines Deutschen Richtergesetzes[43] sieht eine weitere Differenzierung zwischen Richtern des Bundes und Richtern des Landes hinsichtlich der Altershöchstgrenze vor. Nach § 46, Abs. 1 dieses Entwurfs sollen die Richter auf Lebenszeit an den oberen Bundesgerichten mit dem Ende des Monats, in dem sie das 68. Lebensjahr vollenden, in den Ruhestand treten, die übrigen Richter mit dem Ende des Monats, in dem sie das 65. Lebensjahr vollenden. Für die Bundesverfassungsrichter, die auf Zeit ernannt werden (§ 4, Abs. 2 BVerfGG), hält man die Bestimmung einer Altersgrenze offenbar deswegen für überflüssig, weil in jedem Fall die Möglichkeit besteht, einen zu alten Richter nicht mehr zu ernennen.

---

[37] Pietro *Virga*, Diritto costituzionale, 3. Auflage, Palermo 1955, S. 308.

[38] *Dalloz*, Encyclopédie, Droit Administratif, Paris 1958, p. 472, No. 19.

[39] *Dalloz*, a.a.O., S. 472, Nr. 26.

[40] Loi du 23 Décembre 1946, portant création d'un Conseil d'Etat (Moniteur Belge du 9 janvier 1947, No. 9), Art. 30, Abs. 1.

[41] § 125, Abs. 2, GVG; § 15, Abs. 3, VwGO; § 43, Abs. 2, S. 1, ArbGG; § 47, SGG.

[42] Gesetz über die Dienstaltersgrenzen von Richtern an den oberen Bundesgerichten und Mitgliedern des Bundesrechnungshofs vom 28. November 1956 (BGBl. I, S. 884).

[43] Bundesratsdrucksache Nr. 183/57.

b) Bedeutung für die Richter am EGH

Das Alter spielt bei der Stellung des Richters eine nicht unerhebliche Rolle. Dem haben, wie in dem rechtsvergleichenden Exkurs an wenigen Beispielen gezeigt worden ist, viele Länder Rechnung getragen. Es erhebt sich daher die Frage, ob die sechs Mitgliedstaaten gut daran getan haben, eine Bestimmung über das Mindest- und Höchstalter der Richter am Gerichtshof der Europäischen Gemeinschaften nicht in die Verträge aufzunehmen.

Offenbar haben sich die Vertragsstaaten weniger von ihren innerstaatlichen Regelungen leiten lassen als vielmehr von der Regelung bei den internationalen Gerichtshöfen. Weder beim früheren Ständigen Internationalen Gerichtshof im Haag noch beim heutigen IGH bestehen für die Richter irgendwelche Altersvorschriften, ebenso fehlen solche, soweit ersichtlich, bei den anderen bekannten internationalen Gerichtshöfen.

Man könnte zwar daran denken, aus der Wendung „. . . und in ihrem Staat die für die höchsten richterlichen Ämter erforderlichen Voraussetzungen erfüllen" ein Mindestalterserfordernis abzuleiten. Wie wir eben (Kapitel I 3a) festgestellt haben, kennen gewisse Länder solche Altersbestimmungen; Italien kennt sie für die Verfassungsrichter nicht. M. E. kann diese Wendung nicht so weit ausgelegt werden; würde man das tun, so wäre die Folge, daß für einen italienischen Richter ein Mindestalter nicht erforderlich wäre; ein Deutscher müßte mindestens 35, wenn nicht gar 40 Jahre alt sein, je nach dem, wie man den Begriff „höchste richterliche Ämter" auffaßt, ob man nur das Amt des Bundesverfassungsrichters oder auch das der Bundesrichter hierunter faßt. Das würde zu durchaus ungerechten und durch keinen sachlichen Grund gebotenen Differenzierungen innerhalb des gleichen Status führen. Vielmehr muß man diese Bestimmung so verstehen, daß die Kandidaten im *allgemeinen* die Voraussetzungen erfüllen müssen, nämlich die Befähigung zum Richteramt, Erfahrung und überdurchschnittliche Kenntnisse.

Wenn also ein französischer Kandidat erst 39 Jahre alt ist, so braucht man nicht deswegen, weil er das Mindestalter eines Staatsrats nicht erfüllt, auf die Generalklausel „oder Juristen von ankerkannt hervorragender Befähigung sind" zurückgreifen. Die Vertragsstaaten wollten mit dieser Bestimmung verhindern, daß Nichtjuristen zu Richtern ernannt werden können.

Für die innere Unabhängigkeit ist aber von Wichtigkeit, daß der Richter nicht zu jung ist und möglicherweise noch „Karriere" machen will (*Riese*). Dazu ist das Richteramt am Gerichtshof der Europäischen Gemeinschaften nicht geeignet. Als Idealbild stellt sich ein Richter mit innerer Ausgeglichenheit und Gereiftheit dar, der den rechten Abstand zu den Dingen seines Berufs zu wahren versteht. Das ist nicht zuletzt auch eine Sache des Alters. Daher läßt es sich sehr wohl vertreten, daß man unter dem Begriff „Persönlichkeit", wie ihn die Verträge gebrauchen, auch eine „Person reiferen Alters" versteht. Richter, die weniger als 40 Jahre alt sind, werden diesem Bild kaum entsprechen[44].

Dennoch scheint es nicht erforderlich, eine Bestimmung über das Mindestalter der Richter zu treffen. Jüngere Richter haben in der Regel weder die Kenntnisse noch die Erfahrung, die zur Ausübung des Richteramts erforderlich sind, auch wenn die Verträge davon nicht ausdrücklich sprechen[45].

Auf der anderen Seite fehlen auch Bestimmungen über das Höchstalter. Sie fehlen ebenfalls bei den bekannten internationalen Gerichtshöfen. Daher liegt das Durchschnittsalter der Richter an den internationalen Gerichten meistens erheblich über dem Alter der Richter der nationalen Gerichte. Das rechtfertigt sich nicht nur durch die Tatsache, daß diese Richter in der Regel erst in vorgerücktem Alter ernannt werden[46], sondern auch dadurch, daß sich derart hochqualifizierte Kräfte ihre Schaffenskraft länger bewahren[47]. Es wäre daher nicht ratsam, sich wertvoller Kräfte durch eine starre und verhältnismäßig niedere Altersgrenze zu berauben. Aber diese Regelung birgt die Gefahr der Überalterung des Richterkollegiums in sich[48]. Mit einem Kollegium von Greisen ist der europäischen Sache ebensowenig gedient wie mit einem zu jungen Richterkollegium. Ein Richter sollte daher nicht länger als bis zum 75. Lebensjahr im Amt bleiben[49].

---

[44] Von den Richtern am Montangerichtshof waren im Zeitpunkt ihrer Ernennung *Pilotti* 73, *Rueff* 56, *Riese* 58, *Serrarens* 62, *Delvaux* 57, *Hammes* 54 und van *Kleffens* 53 Jahre alt (Handbuch der Montanunion, A 163, S. 23).

[45] Ebenso für internationale Gerichte Manley O *Hudson*, International Tribunals, Washington 1944, S. 42, § 20.

[46] Von 31 Richtern am StIGH waren im Zeitpunkt der Wahl nur 4 jünger als 50 Jahre und nur einer war weniger als 45 Jahre alt (Manley O. *Hudson*, International Tribunals, S. 43, § 20).

[47] „. . . et l'on a pu voir tel d'entre eux s'acquitter à plus de quatre-vingt ans de ses fonctions avec la plus grande autorité et un prestige tout à fait incontestable" (Suzanne *Basdevant*, Les fonctionnaires internationaux, p. 253, über die Richter des StIGH).

[48] Der Präsident und Senior des Montangerichtshofs M. *Pilotti* ist bei der Errichtung des Gerichtshofs der Europäischen Gemeinschaften nicht wieder ernannt worden. Beim StIGH waren unter den 31 Richtern dreizehn über 61 Jahre alt, vier waren älter als 70, als sie gewählt wurden; von den vieren vollendete nur einer die volle Amtszeit von neun Jahren. *Hudson*, a.a.O., S. 43, § 21, hält daher eine Altershöchstgrenze für die Wählbarkeit bei internationalen Gerichten für dringender als bei nationalen Gerichtshöfen.

[49] Eine Bestimmung über das Alter hinsichtlich der Wählbarkeit bestand auch nach dem StatStIGH nicht. Als die Frage 1929 diskutiert wurde, war man der Meinung, daß dies dem freien Ermessen der Wahlorgane anheimgestellt bleiben soll. Beim Entwurf der Satzung des Völkerbundes dachte man an ein zwangsweises Ausscheiden nach Vollendung des 75. Lebensjahres, manche Staaten schlugen sogar eine Altersgrenze von 70 Jahren vor. Jedenfalls war die Regelung der Pensionen so getroffen, daß sie ein freiwilliges Ausscheiden nach Voll-

Wann er ausscheiden will, ist ihm freilich weitgehend freigestellt. Eine Schranke besteht nur dann, wenn der Richter infolge des hohen Alters entweder nicht mehr die erforderlichen Voraussetzungen erfüllt oder den sich aus dem Amt ergebenden Verpflichtungen nicht mehr nachkommt. Ist das nach dem einstimmigen Urteil des Plenums der Fall, so kann der Richter durch einstimmigen Beschluß des Amtes enthoben werden[50].

Solange die Richter jedoch nicht auf Lebenszeit, sondern nur für eine kurze Amtszeit von sechs Jahren ernannt werden[51], läßt sich das Problem unter Umständen verhältnismäßig einfach dadurch lösen, daß die Richter, die die gedachte Altersgrenze erreicht haben, nicht mehr ernannt werden. Andererseits erscheint aber die Periode von sechs Jahren wieder zu groß, wenn z. B. ein Richter erst in fünf Jahren nach der Wiederernennung das Alter von 75 Jahren erreichen würde. Letzten Endes muß man von den Richtern verlangen, daß sie soviel menschliche Größe zeigen und sich entschließen, sich zurückzuziehen, wenn sie das entsprechende Alter erreicht haben.

c) Geschlecht

Weder die einschlägigen Bestimmungen des StatIGH noch die der anderen internationalen Gerichte verlangen eine bestimmte Geschlechtszugehörigkeit. Auch für den Gerichtshof der Europäischen Gemeinschaften besteht eine solche Bestimmung nicht. Dagegen bestimmt z. B. Art. 7, Abs. 3 der Völkerbundssatzung, daß alle Ämter der Völkerbundsorganisation einschließlich des Sekretariats Männern und Frauen in der gleichen Weise zugänglich sind. Darüberhinaus sah Art. 395 des Versailler Vertrages für das Internationale Arbeitsamt vor, daß ein Teil des Personals aus Frauen bestehen muß (Art. 12 des Statuts des Sekretariats; Art. 15, Statut des Internationalen Arbeitsamtes). Die Charta der Vereinten Nationen vom 26. Juni 1945 bekennt sich in ihrer Präambel zu der Gleichheit der Geschlechter. In Art. 8 der Charta wird nochmals ausdrücklich bestimmt: „Aucune restriction ne sera imposée par l'Organisation à l'accès des hommes et des femmes, dans des conditions égales, à toutes les fonctions, dans ses organes principaux et subsidiaires". Da nach Art. 7 UN-Charta zu den Organisationen der UN auch der IGH gehört, gilt indirekt das Verbot der Differenzierung wegen des Geschlechts auch für die Besetzung der Richterstellen.

---

endung des 65. Lebensjahres begehrenswert erscheinen ließ. (Manley O. *Hudson*, a.a.O., S. 43/44, § 22.) Für eine Altersgrenze von 75 Jahren auch *Freund* in: Probleme einer Europäischen Staatengemeinschaft, S. 48, mit eingehender Begründung.

[50] Art. 7, Abs. 1, Satzung$_1$; Art. 6, Abs. 1, Satzung$_2$, Satzung$_3$; über die Einzelheiten der Amtsenthebung unter Kap. II, 2 b.

[51] Art. 32, Abs. 1, EGKS-Vertrag; Art. 167, Abs. 1, EWG-Vertrag; Art. 139, Abs. 1, Euratom-Vertrag.

Eine ähnliche Bestimmung fehlt in den Verträgen. Abwegig wäre jedoch, hieraus zu folgern, daß eine unterschiedliche Behandlung wegen des Geschlechts erfolgen könnte, ebensowenig wie beim IGH steht nur Männern das Richteramt beim Gerichtshof der Europäischen Gemeinschaften offen.

Basdevant[52] will aus der Pensionsordnung des StIGH, die bezüglich der Hinterbliebenenbezüge nicht von der „Witwe" des Richters, sondern von seinem „Ehegatten" spricht, entnehmen, daß damit die Möglichkeit offen gelassen worden sei, auch eine Frau zum Richter beim StIGH zu ernennen.

Diese Argumentation würde indessen beim Gerichtshof der Europäischen Gemeinschaften zu dem gegenteiligen Ergebnis führen. Der Beschluß des Ministerrates der EGKS über die Festsetzung der Gehälter, Vergütungen und Ruhegehälter des Präsidenten, der Richter, der Generalanwälte und des Kanzlers des Gerichtshofs[53] spricht bezüglich der Hinterbliebenenbezüge von der „Witwe"; bezüglich des Anspruchs auf Hinterbliebenenbezüge im Fall der Heirat eines Mitglieds des Gerichtshofs von der „Frau".

Verfehlt wäre es jedoch, hieraus zu schließen, daß damit die Möglichkeit ausgeschlossen werden sollte, daß auch eine Frau Richterin am Gerichtshof der Europäischen Gemeinschaften werden kann. Der Gebrauch des Wortes „Witwe" statt „Ehegatten" stellt lediglich ein redaktionelles Versehen dar, das möglicherweise davon herrührt, daß bei Redaktion des Textes in der Tat nur Männer Richter am Gerichtshof waren. Indessen wird die Chance, daß eine Frau zur Richterin ernannt werden wird, bei der geringen Anzahl der Richtersitze verhältnismäßig klein sein. Beim StIGH und beim IGH hat es bis jetzt noch keine Richterin gegeben.

4. Die Staatsangehörigkeit

Von den Kandidaten wird nicht verlangt, daß sie Staatsangehörige eines der sechs Mitgliedstaaten sind oder daß Staatsangehörige eines bestimmten Landes ausgeschlossen sein sollten. Dagegen können nur Staatsangehörige der Mitgliedstaaten Mitglieder der Hohen Behörde werden, wobei ihr nicht mehr als zwei Mitglieder derselben Staatsangehörigkeit angehören dürfen[54].

---

[52] Les fonctionnaires internationaux, S. 119.

[53] ABl. 1954, S. 437 ff.

[54] Art. 9, Abs. 3 und 4, EGKS-Vertrag. Durch diese Bestimmung sollte verhindert werden, daß ein fremder Staatsangehöriger die Politik der EGKS beeinflussen kann; ein verständlicher Wunsch der Mitgliedstaaten, wenn man bedenkt, daß eine Fülle von Hoheitsrechten durch die Mitgliedstaaten auf die Hohe Behörde übertragen worden sind. Andererseits sollte aber auch die Vorherrschaft eines Mitgliedstaates ausgeschaltet bleiben, um sicherzustellen, wie Art. 9, Abs. 5, EGKS-Vertrag sagt, daß die Mitglieder der Hohen Behörde ihre Tätigkeit in voller Unabhängigkeit im allgemeinen Interesse der Gemeinschaft

Die gleiche Bestimmung findet sich in den Verträgen von Rom[55] für die Kommissionen.

Der Grundsatz, daß die Nationalität des Richters keine Rolle spielen soll, galt bei internationalen Richtern nicht immer. Bei einer bestimmten Kategorie, nämlich den internationalen Schiedsgerichten, gilt er überhaupt nicht[56].

Der 1907 errichtete Ständige Schiedshof im Haag[57] wird aus Richtern, die die Staatsangehörigkeit der streitenden Parteien besitzen, gebildet, wenn sich die Parteien nicht über die Besetzung des Schiedshofs einigen können. Die Parteien benennen je zwei Schiedsrichter, jedoch darf nur einer der vorgeschlagenen ein Staatsangehöriger des vorschlagenden Staates sein (Art. 44)[57]. Das komplizierte Ernennungsverfahren zeigt, welche Schwierigkeit die Frage der Staatsangehörigkeit bereitet. Dabei wurden die Richter von der Regierung bezahlt, die sie ernannt hatte. Teilweise wurde gewissen Staaten eine Vorrangstellung eingeräumt. Beim Internationalen Prisengerichtshof war vorgesehen, daß die Richter, die von den USA, Österreich, Ungarn, Frankreich, Deutschland, Großbritannien, Italien, Japan und Rußland ernannt wurden, dauernd an den Sitzungen teilnehmen, während die Richter, die von den andern Staaten ernannt wurden, sich abwechseln. Dieses System wurde damit verteidigt, daß es einerseits das Prinzip der Gleichheit der Staaten wahren und gleichzeitig erlauben würde, entsprechend der Größe der Flotten der verschiedenen Staaten zu differenzieren[58]. Beim Schiedsgericht, das durch die Pariser Verträge errichtet wurde[59], um ein jüngeres Beispiel zu nehmen, werden von den neun Mitgliedern drei von der Bundesregierung, drei von den Regierungen der Drei Mächte ernannt. Der Präsident und die beiden Vizepräsidenten dürfen weder deutsche Staatsangehörige noch Staatsangehörige einer der Drei Mächte sein und werden durch Übereinkunft zwischen

---

ausüben. „Sie dürfen bei der Erfüllung ihrer Pflichten weder Anweisungen von einer Regierung oder einer anderen Stelle einholen noch solche Anweisungen entgegennehmen. Sie haben jede Handlung zu unterlassen, die mit dem überstaatlichen Charakter ihrer Tätigkeit unvereinbar ist."

[55] Art. 157, Abs. 1, Satz 3 und 4, EWG-Vertrag; Art. 126, Abs. 1, Satz 3 und 4, Euratom-Vertrag.

[56] Vgl. dazu Manley O. *Hudson*, International Tribunals, Washington 1944, S. 19 ff.: „Each of the parties usually appoints its own national or nationals conferring upon them a representative character and retaining to some extent at least control of their actions; the third or fifth number selected is usually a national of a State not a party to the dispute."

[57] *Hague* Convention of the Pacific Settlement of International Disputes vom 18. Oktober 1907, Art. 44.

[58] Manley O. *Hudson*, The Permanent Court of International Justice, New York 1934, § 5.

[59] Vertrag über die Beziehungen zwischen der Bundesrepublik Deutschland und den Drei Mächten vom 26. Mai 1952, Anhang B, Art. 1 ff. (BGBl. 1955 II, S. 305).

der Bundesregierung und den Regierungen der Drei Mächte ernannt. Eine wichtige Rolle spielte die Staatsangehörigkeit auch bei der Besetzung des Mittelamerikanischen Gerichtshofs. In Art. 6 der Konvention vom 20. Dezember 1907 war festgelegt, daß die Richter von den Parlamenten der 5 Mitgliedstaaten ernannt werden. Dadurch sah es von vorneherein so aus, als wären die Richter die Vertreter ihrer Länder. Dieser Eindruck wurde noch verstärkt, indem jede Regierung „ihren" Richter besoldete. Es verwundert daher nicht, daß es an der nötigen Unabhängigkeit fehlte. Einmal wurde sogar ein Richter von seiner Regierung abgesetzt[60]. Nachdem die Zehnjahresfrist abgelaufen war, hörte der Gerichtshof auf zu bestehen, da die Frist nicht verlängert wurde.

Erst nach dem Ersten Weltkrieg wurde in der Nationalitätenfrage bei internationalen Gerichten ein entscheidender Fortschritt erzielt. Bei der Wahl der Richter des StIGH sollte die Staatsangehörigkeit keine Rolle spielen (Art. 2 StatStIGH). Diese Bestimmung findet sich fast wörtlich wieder beim IGH (Art. 2 StatIGH). Art. 3, Abs. 1 macht aber sogleich wieder eine Einschränkung, indem bestimmt wird, daß nicht zwei Richter derselben Staatsangehörigkeit Mitglieder des Gerichtshofs sein können. Die Einschränkung bestand beim StIGH noch nicht, sondern ist erst in das Statut des IGH aufgenommen worden. Die gleiche Bestimmung besteht auch für den Gerichtshof der Konvention zum Schutze der Menschenrechte und Grundfreiheiten (Art. 38, S. 2). Art. 3, Abs. 2 StatIGH bestimmt weiter, daß als Angehöriger eines bestimmten Staates angesehen werden soll, in dem er seine bürgerlichen und politischen Rechte ausübt. Von mittelbarer Bedeutung ist die Nationalität bei der Wahl der Richter am IGH insofern, als Art. 9 StatIGH vorschreibt, daß bei der Besetzung des Gerichtshofs die „représentation des grandes formes de civilisation et des principaux systèmes juridiques du monde" sichergestellt wird[61]. Glücklicherweise braucht man darauf beim Gerichtshof der Europäischen Gemeinschaften keine Rücksicht zu nehmen[62]. Das zeigt deutlich, daß das Richteramt noch nicht völlig von der Staatsangehörigkeit gelöst werden konnte. Eine ähnliche Bestimmung besteht für den Gerichtshof der Europäischen Gemeinschaften nicht. Die Aufnahme einer derartigen Bestimmung wurde nicht etwa versehentlich unterlassen. Vielmehr muß man annehmen, daß das Schweigen „beredt" ist, zumal wenn man Art. 19, Abs. 4, S_1, Art. 16, $S_{2/3}$ berücksichtigt. Für die Besetzung der Hohen Behörde und der Kommissionen wurde dagegen ausdrücklich bestimmt, daß nicht mehr als zwei Staatsangehörige desselben Staates Mitglieder sein können.

---

[60] Manley O. *Hudson*, International Tribunals, S. 24/35, § 15; S. 62, § 7. Es handelte sich dabei um Nicaragua (1911).

[61] *Verdroß*, Völkerrecht, 4. Aufl., Wien 1959, S. 446.

[62] Art. 31, StatIGH.

Der Internationale Gerichtshof macht noch eine weitere bedeutende Konzession an das Nationalitätsprinzip durch die Zulassung von Richtern „ad hoc", die von den Parteien bestimmt werden können, die keinen Richter ihrer Staatsangehörigkeit im Richterkollegium haben. Weiter ist ausdrücklich bestimmt, daß die Richter, die dieselbe Staatsangehörigkeit wie eine der Parteien haben, ihr Recht an der Teilnahme an der Sitzung nicht verlieren.

Freilich ist damit nicht gesagt, daß die betreffende Partei einen Richter ihrer Staatsangehörigkeit ernennen müßte, daher ist die populäre Bezeichnung „nationaler Richter" nicht zutreffend[63]. Im Korfu-Kanal-Streit zwischen dem Vereinigten Königreich von Großbritannien und Nordirland und der Volksrepublik Albanien[64] hat beispielsweise die Beklagte als „iudex ad hoc" den Jugoslawen *Daxner*, Präsident des slowakischen Gerichtshofs, benannt. Es bedarf keiner weiteren Darlegung, daß die „iudices ad hoc" in Wirklichkeit keine von dem Staat, dessen Richter sie sind, unabhängige Persönlichkeiten darstellen. Doch glaubte man das in einem Kollegium von 15 Richtern ertragen zu können[65].

Die Einrichtung des „iudex ed hoc" ist darum auch angegriffen worden. Treffend hat dies Sir I.P. *Seely* schon 1871 formuliert, indem er sagte: „There ought to be no representation of interest on a judicial bench; a good Court is not where both parties are represented on the bench, but where neither is"[66].

Obwohl auch die Hohe Behörde und die Kommissionen supranationale und unabhängige Organe sind, gilt für die Richter in besonderem Maße, daß ihr Amt von der Staatsangehörigkeit, die für die Unabhängigkeit des Richters eine besonders ernstzunehmende Bedeutung hat, losgelöst betrachtet werden muß. Möglicherweise hätte es auch zu Schwierigkeiten in der Besetzung der Richterämter geführt, wenn man eine bestimmte Staatsangehörigkeit vorgeschrieben hätte. Diese Schwierigkeit hat man leicht dadurch umgehen können, daß man die Zahl der Richtersitze so bestimmt hat, daß jeder Mitgliedstaat mit einem Richter vertreten sein kann. Schwie-

---

[63] *Verdroß*, Völkerrecht, 4. Aufl., Wien 1959, S. 446.

[64] Entscheidungssammlung des IGH, The Corfu Channel Case, Bd. III, 1949, S. 9.

[65] Manley O. *Hudson*, International Tribunals, S. 28: „Though, judges ad hoc have frequently conceived of themselves as having a representative function, their votes have not ordinarily determined the results reached by the Court, and the system has produced no serious disadvantages." Vgl. auch *Wehberg*, Das Problem eines internationalen Staatengerichtshofs, in: Das Werk vom Haag, Bd. I,2, S. 55 ff.; herausgegeben von Walter *Schücking*, München 1912. Ferner: *Hambro*, Should the membership of the International Court of Justice be enlarged?" in: ZaöVR, Bd. 19, Nr. 1–3 (1958), S. 141–152 (145).

[66] Zitiert bei Antonio S. de *Bustamante y Sirven*, La Cour Permanente de Justice Internationale, S. 2. Zur Kritik an der Einrichtung des „iudex ad hoc" siehe daselbst; ferner *Wehberg*, a.a.O., S. 56.

rigkeiten können sich aber dann ergeben, wenn weitere Staaten den Gemeinschaften beitreten, was durchaus möglich ist[67].

Sodann wird sich mit Sicherheit die Frage stellen, ob die Einrichtung des „iudex ad hoc" vom IGH übernommen werden soll. De lege ferenda muß dem entgegengetreten werden. Der „iudex ad hoc" ist in jedem Falle eine unglückliche Figur[68].

Seine Notwendigkeit ergab sich aber daraus, daß den Vereinten Nationen viel mehr Staaten angehören als Richterstühle beim IGH vorhanden sind. Andererseits ist das Mißtrauen der Staaten untereinander innerhalb der Vereinten Nationen noch so groß, daß man auf die nationalen Interessen in irgend einer Weise Rücksicht nehmen mußte. Ohne den Kompromiß wäre der Plan eines Ständigen Internationalen Gerichtshofs aller Wahrscheinlichkeit nach gescheitert. Daß diese Einrichtung aber dem fundamentalen Grundsatz der Unabhängigkeit des Richters, der in allen Kulturstaaten gilt und wie wir gesehen haben in zahlreichen Verfassungen verankert ist, widerspricht, bedarf keiner näheren Erörterung. „Ein Staatsangehöriger kann heute seinem eigenen Vaterlande gegenüber nicht leicht unparteiisch sein; er wird immer Sympathie für dessen Sache empfinden", meinte Wehberg im Jahre 1912[69]. Das gilt in gewissem Maße auch heute noch.

Käme es dazu, daß im Laufe der Vergrößerung der Europäischen Gemeinschaften bei der Besetzung des Gerichtshofs die Zuflucht bei der Einrichtung des „iudex ad hoc" gesucht werden müßte, bliebe vom „Supranationalismus" dieses Organs nicht mehr viel übrig. Die Zeiten, in denen sogenannte Großmächte mit Sicherheit auf einen Richterstuhl rechnen konnten, müssen – jedenfalls für Westeuropa – hinter uns liegen.

---

[67] Art. 98, EGKS-Vertrag; Art. 237, 238, EWG-Vertrag; Art. 205, 206, Euratom-Vertrag.

[68] Manley O. *Hudson*, (The Permanent Court of International Justice, S. 26, § 16) kommt auf Grund eingehender Untersuchung der Voten der nationalen Richter zu dem Ergebnis: „In the experience of the Court since 1922, it may be said that national judges, i. e., judges or deputy judges or judges ad hoc who have the nationality of a party, have usually supported the contentious of the Governments, of which they were nationals or by which they were appointed, either by agreeing with the majority in upholding such contentious, or by dessenting when the majority rejected such contentious. It is not strange that a national judge should often find convinced by the contentious made by his own Government, and certainly he is under a strong temptation to support views which are widely held in the contry in which he lives. Yet one cannot formulate as a general rule that national judges have regarded themselves as representatives of their own Governments, for the number of cases is impressive in which national judges have failed to support the Governments contentious. The mere fact that a national judge is in a minority of one does not justify a conclusion that his views are attributable to national bices; such a conclusion could be reached only after a careful analysis of the substance of the views expressed by the majority and by the minority . . ."

[69] *Wehberg*, a.a.O., S. 55.

Ebenso sollten aber auch die kleineren Staaten nicht eigensinnig auf der Forderung nach gleicher Beteiligung bei der Vergabe der Richtersitze beharren. Das waren vor allem die Gründe, die die Haager Konferenz von 1907, das Projekt eines Internationalen Prisengerichtshofs und Ständigen Internationalen Gerichtshofs scheitern ließen[70].

Das Problem läßt sich aber zunächst dadurch lösen — hält man tatsächlich die Anwesenheit eines Staatsangehörigen jedes Mitgliedstaates im Richterkollegium für unumgänglich, was m. E. dem supranationalen Gedanken widerspricht — daß man die Zahl der Richter erhöht. Diese Möglichkeit ist bereits von den Verträgen vorgesehen. Die Zahl der Richter kann auf Vorschlag des Gerichtshofs durch einstimmigen Beschluß der Räte erhöht werden[71]. Eine ähnliche Regelung ist für den Gerichtshof der Konvention zum Schutze der Menschenrechte und Grundfreiheiten vorgesehen[72]. Nach Art. 38 besteht dieser Gerichtshof aus ebensoviel Richtern wie der Europarat Mitglieder zählt, dabei darf dem Gerichtshof jeweils nur ein Angehöriger jedes einzelnen Staates angehören. Die Richter werden von der Beratenden Versammlung aus einer Liste von Personen gewählt, die von den Mitgliedern des Europarates vorgeschlagen werden; jedes Mitglied hat drei Kandidaten vorzuschlagen, unter denen mindestens zwei eigene Staatsangehörige sein müssen. Ebenso ist zu verfahren, um den Gerichtshof im Falle späteren Beitritts anderer Staaten zu ergänzen und um freigewordene Sitze zu besetzen (Art. 39).

Durch dieses System ist die Zahl der Richter von der Zahl der Mitglieder des Europarates abhängig. Die Auswahl der Richter richtet sich mittelbar nach ihrer Staatsangehörigkeit. Damit sind zwei schwerwiegende Nachteile verbunden. Zum ersten wird das Richterkollegium zu umfangreich, zum anderen entsteht der Eindruck, — oder kann wenigstens entstehen — die Richter seien die Vertreter des Staates, dessen Angehörige sie sind. Darüber hinaus sieht Art. 43 vor, daß der Richter, der Staatsangehöriger einer bestimmten Partei ist — oder, falls ein solcher nicht vorhanden ist, eine von diesem Staat benannte Person, die in der Eigenschaft eines Richters an den Sitzungen teilnimmt — von Amts wegen Mitglied der Kammer ist. Die anderen Richter werden vom Präsidenten vor Beginn des Verfahrens durch das Los bestimmt. Das ist im Effekt nichts anderes als die Einrichtung des Richters „ad hoc", eine Sicherstellung der Nationalrepräsentanz, wie wir sie vom IGH her kennen. Beides ist beim Gerichtshof der Europäischen Gemeinschaften vermieden worden. Im Falle des Bei-

---

[70] Vgl. Manley O. *Hudson,* International Tribunals, S. 26, § 16.

[71] Art. 32, Abs. 4, EGKS-Vertrag; Art. 165, Abs. 4, EWG-Vertrag; Art. 137, Abs. 4, Euratom-Vertrag. Hierbei stellt sich die Frage, welcher Rat über die Erhöhung der Richterzahl entscheidet oder ob alle drei Räte bei dieser Beschlußfassung zusammenwirken müssen. Diese Frage soll später bei der Erörterung der Frage der Nebentätigkeit der Richter näher behandelt werden.

[72] BGBl. 1952 II, S. 686, Art. 38 ff.

tritts anderer Staaten ist z. Zt. weder eine Änderung in der Art und Weise der Besetzung der Hohen Behörde und Kommissionen noch des Gerichtshofs vorgesehen. Sobald aber Staatsangehörigkeit und Besetzung der Organe in direkten Zusammenhang gebracht werden, ist es um die Idee des Supranationalismus geschehen. Sollte es sich allerdings gleichzeitig mit dem Beitritt anderer Staaten als notwendig erweisen, wegen *Arbeitsüberlastung* die Zahl der Richter zu erhöhen, dann wird man freilich kaum umhin können, die neu hinzugekommenen Staaten zu berücksichtigen. Entscheidend für die Vermehrung der Richterstellen soll jedenfalls nicht der Beitritt weiterer Staaten sein, sondern allein sachliche, auf Gründe des geordneten und raschen Geschäftsablaufs gestützte Erwägungen.

In diesem Fall wäre es aber empfehlenswert, noch mehr als bisher, wenn nicht gar vollständig, die Kompetenzen auf Kammern aufzuteilen. Das erkennende Kollegium des Gerichtshofs bestünde aus einer beschränkten Anzahl von Richtern. Ein umfangreicheres Kollegium als eines von fünf bis sieben Mitgliedern ist nicht wünschenswert, da das Verfahren zu schwerfällig und zu langsam wird[73]. Zum anderen wären in diesen Kammern nicht alle Mitgliedstaaten gleichzeitig mit ihren Staatsangehörigen vertreten. Daß die vertragsschließenden Staaten daran gedacht haben, in Zukunft dem Kammersystem größere Bedeutung zu schenken, ergibt sich daraus, daß in den neuen Verträgen im Gegensatz zum EGKS-Vertrag bestimmt wird, daß der Gerichtshof nicht nur Kammern mit drei, sondern auch mit fünf Richtern bilden kann[74].

Daß die Vertragsstaaten sich weder die Lösung des IGH („iudex ad hoc") noch die des Gerichtshofes der Menschenrechtskonvention zu eigen machen wollten, ergibt sich deutlich aus der Bestimmung des Art. 19, Abs. 4 EGKS-Vertrag (Art. 16, Abs. 4, Satzung $_{2/3}$). Eine Partei kann die Besetzung des Gerichtshofs oder einer der Kammern nicht dadurch rügen, daß sie als Begründung die Staatsangehörigkeit des Richters anführt. Ebenso kann sie nicht geltend machen, daß dem Gerichtshof oder einer seiner Kammern kein Richter ihrer Staatsangehörigkeit angehört. Diese Bestimmung wird allgemein als deutlichster Ausdruck des supranationalen Charakters des Gerichtshofs angesehen. Da diese Bestimmung fast wörtlich in den neuen Verträgen wiederkehrt, kann jedenfalls von dem neuen Gerichtshof der Europäischen Gemeinschaften nicht gesagt werden, er sei weniger „supranational" als der Gerichtshof der EGKS. Das rechtfertigt aber auch die Annahme, daß die Vertragsstaaten auch im Falle des Beitritts weiterer Staaten nicht gewillt sind, von der supranationalen Konzeption der Gemeinschaften abzugehen. „Wir sind eben kein Konvoi, der sich nach dem

---

[73] Schon *Wehberg*, a.a.O., S. 55, hat ein Kollegium von fünf oder sieben Richtern vorgeschlagen.
[74] Art. 18, Satzung$_1$; Art. 165, Abs. 2, S. 2, EWG-Vertrag; Art. 137, Abs. 2, S. 2, Euratom-Vertrag.

langsamsten richtet", sagte vor kurzem *Hallstein* in einem Vortrag[75]. Diese
Konzeption ist bei keinem Organ so sehr zum Ausdruck gekommen wie
bei dem Gerichtshof; sie ist aber auch nirgends nötiger als dort.

Indem die einschlägigen Bestimmungen für die Ernennung der Richter
keine bestimmte Staatsangehörigkeit vorsehen, wird nicht nur betont, daß
das Richteramt im Hinblick auf die richterliche Unabhängigkeit vollständig von der Staatsangehörigkeit losgelöst anzusehen ist, sondern es ist damit auch die Möglichkeit offengelassen, jemand zum Richter zu ernennen, der nicht die Staatsangehörigkeit eines der sechs Mitgliedstaaten hat[76].
Man hat z. T. geglaubt, daß der siebte Richter aus einem Nichtmitgliedstaat genommen würde. Diese Annahme wurde aber weder bei der Bildung
des Gerichtshofs der EGKS noch bei der Errichtung des Gerichtshofs der
Europäischen Gemeinschaften bestätigt. Beim ersteren amtierten zwei Hol-
länder, beim letzteren augenblicklich zwei Italiener. Nachdem sich hierbei
keine Schwierigkeiten ergeben haben, spricht im Augenblick wenig dafür,
einen „gemeinschaftsfremden" Richter zu ernennen. Wie sich die Lage
darstellt, wenn weitere Länder den Gemeinschaften beitreten, läßt sich
heute noch nicht übersehen. Es ist indessen kaum wahrscheinlich, daß ein
Angehöriger eines außenstehenden Staates ernannt werden wird, solange
nicht alle Mitgliedstaaten einen ihrer Staatsangehörigen unter den Richtern haben. Wenn sich bei der jetzigen Lage die Möglichkeit böte, eine
hervorragende Persönlichkeit aus einem „gemeinschaftsfremden" Land für
das Richteramt zu gewinnen, so sollte man mit der Ernennung nicht deswegen zögern, weil der Kandidat keinem Mitgliedstaat angehört. Es ist in
diesem Zusammenhang daran zu erinnern, daß viele internationale Schieds-
gerichte ein „neutrales" Mitglied hatten[77]. Die Bezeichnung dieses Richters als „neutrales" Mitglied ist freilich in diesem Zusammenhang noch
weniger zutreffend als bei internationalen Schiedsgerichten. Selbstverständlich sind auch die anderen Mitglieder in dem Sinne „neutral", daß
sie keinerlei Weisungen von seiten ihrer Regierungen unterworfen sind.

Wenn der Gerichtshof bisher ohne ein „neutrales" Mitglied ausgekom-
men ist, so spricht das für die übernationale Haltung seiner Mitglieder.
Es besteht kein Zweifel daran, daß sowohl die Richter am Gerichtshof
der EGKS als auch die am Gerichtshof der Europäischen Gemeinschaften

---

[75] Vortrag gehalten von Prof. Dr. Walter *Hallstein* in Luxemburg in der Universität für Vergleichende Wissenschaften am 31. Juli 1959.
[76] Nicht zugestimmt werden kann *Jerusalem* (Das Recht der Montanunion
1954, S. 37/38), wenn er annimmt, daß die Richter zwar einem Mitgliedstaat
nicht angehören müßten, dies aber als „selbstverständlich anzunehmen" sei; dagegen auch *Dederer*, Tübinger Dissertation 1958, S. 36.
[77] Dem durch die Pariser Verträge (Vertrag über die Beziehungen zwischen
der Bundesrepublik Deutschland und den Drei Mächten vom 26. Mai 1952, Anhang B, Art. 1, BGBl. 1955 II, S. 505) errichteten Schiedsgericht gehören drei
„neutrale" Mitglieder an.

nach bestem Wissen und Gewissen auf der Grundlage der Verträge und im Geist der Europäischen Gemeinschaften Recht gesprochen und ihre Pflicht stets sehr ernst genommen haben. „In keinem Fall haben sie sich von unsachlichen, politischen oder nationalistischen Gesichtspunkten leiten lassen. Ebenso hat auch niemals eine der beteiligten Regierungen versucht, die Rechtsprechung des Gerichtshofs irgendwie zu beeinflussen"[78]. Über beredte Beispiele überstaatlicher Gesinnung berichtet *Daig*[79]. Inwieweit dies aber den Bestimmungen der Verträge zuzuschreiben ist, die der Sicherung der Unabhängigkeit der Richter dienen sollen, wird noch zu erörtern sein.

5. Sonstige Voraussetzungen

a) Die Sprachenfrage

Mit keinem Wort haben die Verträge nebst Anhängen erwähnt, ob die Richter gewisse Sprachen beherrschen müssen. Auch für die Richter am IGH ist keine solche Regelung getroffen. Lediglich für den Kanzler des IGH bestimmt Art. 4 Règlement de la Cour, daß die Wahlvorschläge über Sprachenkenntnisse Auskunft geben müssen. Für den Kanzler des Gerichtshofs der Europäischen Gemeinschaften gilt dasselbe[80]. Auf der anderen Seite war es nötig, für alle internationalen Gerichte die Amtssprachen zu bestimmen. Meistens wurden mehrere Sprachen gleichzeitig zugelassen. Beim IGH sind die Amtssprachen Französisch und Englisch. Wenn sich die Parteien über die eine oder andere Sprache einig sind, ergehen die Urteile und Beschlüsse des IGH gleichfalls in dieser Sprache. Falls sich die Parteien nicht über eine einheitliche Verfahrenssprache einigen, können sie je eine der beiden Sprachen benutzen, ebenso kann das Gericht das Urteil in einer der Sprachen abfassen. Der Gerichtshof kann in jedem Fall einer Partei gestatten, eine andere Sprache als Französisch oder Englisch zu gebrauchen[81]. Für das auf Grund der Pariser Verträge errichtete Schiedsgericht sind die Gerichtssprachen Deutsch, Französisch und Englisch.

---

[78] *Riese*, Erfahrungen aus der Praxis des Gerichtshofs der Europäischen Gemeinschaft für Kohle und Stahl, DRiZ 1958, S. 270 (271).
[79] *Daig*, Die ersten vier Urteile des Gerichtshofs der Europäischen Gemeinschaft für Kohle und Stahl, JZ 1955, S. 361 (371):
„... ein deutscher Berichterstatter, der in denjenigen Prozessen, deren Verfahrensansprache er beherrscht, auf sein Recht zum Gebrauch der Muttersprache ausdrücklich verzichtet, um die gedankliche Verständigung zu fördern; ein französischer Generalanwalt, der bei der Auslegung des Vertrages darauf verzichtet, ein Privileg seiner heimischen Rechtsbegriffe durchzusetzen; ... ein Gerichtshof, der seine innere Unabhängigkeit gegenüber nationalen Gewohnheiten dadurch beweist, daß er seine Urteile in einem Stil abfaßt, der sich in der Mitte der ... nationalen Traditionen hält ..., sie alle geben dem Rechtsbeflissenen, der sich neben dem Intellekt auch ein Stück Herz bewahrt hat, Vertrauen in die Zukunft der übernationalen Gemeinschaft und Gemeinsamkeit."
[80] Art. 11, § 2, VerfO.
[81] Art. 39, StatIGH.

Beim IGH wurde die Sprachenfrage meist schon in der Vereinbarung geregelt, mit der die Parteien dem Gerichtshof einen Streitfall unterbreiteten. Schon in den Haager Konventionen von 1899 und 1907 war vorgesehen, daß der Gerichtshof die Verfahrenssprache bei mangelnder Übereinkunft bestimmen kann. Die Verfahrenssprache beim StIGH war meist Französisch. Obwohl bei internationalen Gerichten die Sprachenfrage manchmal eine heikle Angelegenheit ist, hat es selten ernsthafte Schwierigkeiten gegeben. Regelmäßig haben weniger Gesichtspunkte des Prestiges als vielmehr praktische Erwägungen den Ausschlag bei der Wahl der Verfahrenssprache gegeben[82].

Eine andere Regelung wurde für den Gerichtshof der Europäischen Gemeinschaften getroffen. In der Erkenntnis, daß die Verfahrenssprache möglichst abstrakt im voraus bestimmt sein sollte, damit sich die Parteien bei der Wahl ihrer Rechtsbeistände und Prozeßvorbereitungen entsprechend einrichten können, ist man dazu übergegangen, die Bestimmung der Verfahrenssprache in erster Linie an objektive Kriterien zu knüpfen. Während beim IGH entweder die eine oder die andere Sprache Verfahrenssprache ist, sind beim Gerichtshof der Europäischen Gemeinschaften vier Sprachen, nämlich Deutsch, Französisch, Holländisch und Italienisch gleichberechtigte Amtssprachen; jedoch kann nur eine der Amtssprachen Verfahrenssprache sein[83]. Zur Bestimmung der jeweiligen Verfahrenssprache ist eine neuartige Regelung getroffen worden. Richtet sich die Klage gegen einen Mitgliedstaat oder gegen eine natürliche oder juristische Person, die einem Mitgliedstaat angehört, so ist die Amtssprache dieses Staates Verfahrenssprache; bestehen mehrere Amtssprachen wie z. B. in Belgien, so ist der Kläger berechtigt, eine von ihnen zu wählen. Diese Bestimmung begünstigt im einen Fall den Beklagten, im andern den Kläger. Für den Kläger, der sich gegen ein Organ der Gemeinschaften wendet, ist diese Regelung insofern freier, als die Verfahrenssprache nicht wie bei der Verfahrensordnung des Gerichtshofs der EGKS (Art. 27, ABl. 1953, S. 37) sich automatisch nach der Landessprache des Klägers richtet, sondern dieser die Verfahrenssprache wählen kann. Auf gemeinsamen Antrag der Parteien kann der Gerichtshof eine andere Amtssprache als Verfahrenssprache zulassen. Es kann also nicht wie beim IGH eine beliebige andere Sprache zugelassen werden, was möglicherweise wünschenswert gewesen wäre, wenn eine „gemeinschaftsfremde" Partei auftreten würde. Den Urkunden, die in einer anderen Sprache abgefaßt sind, ist eine Übersetzung in der Verfahrenssprache beizugeben[84]. Die Verfahrenssprache ist insbesondere bei den mündlichen Ausführungen und in den Schriftsätzen

---

[82] Manley O. *Hudson*, International Tribunals, S. 90, § 11.
[83] Art. 29, § 1, VerfO. Ebenso beim IGH entweder nur Französisch oder nur Englisch (Art. 39, Règlement IGH).
[84] Art. 29, § 3, Abs. 2, VerfO.

der Parteien einschließlich aller Anlagen sowie in den Protokollen und Entscheidungen des Gerichtshofs anzuwenden[85]. Die Veröffentlichungen des Gerichtshofs – also im wesentlichen die Urteile, Beschlüsse und gesetzgeberischen Akte – erscheinen in sämtlichen vier Amtssprachen[86].

Die Richter haben jedoch hinsichtlich der Sprachen gewisse Privilegien. Der Präsident des Gerichtshofs und die Kammerpräsidenten sind bei der Leitung der Verhandlungen nicht an die Verfahrenssprache gebunden, sondern können sich einer anderen Amtssprache als der Verfahrenssprache bedienen; die gleiche Befugnis haben die Berichterstatter hinsichtlich des Vorberichts und des Sitzungsberichts, die Richter und die Generalanwälte für ihre Fragen in der mündlichen Verhandlung[87]. Der Gebrauch einer anderen als einer der vier Amtssprachen ist aber auch ihnen nicht gestattet[88]. Weiterhin ist der Kanzler verpflichtet, auf Ersuchen eines Richters oder Generalanwalts oder auf Antrag einer Partei dafür zu sorgen, daß die vor dem Gerichtshof oder einer Kammer abgegebenen schriftlichen oder mündlichen Äußerungen in die gewünschte Amtssprache übersetzt werden[89].

Die eingehende Regelung, die die Sprachenfrage in einem besonderen Kapitel der Verfahrensordnung gefunden hat, zeigt bereits, welche Bedeutung diesem Problem vor allem bei einem supranationalen Gerichtshof zukommt. Bei der Lösung dieses Problems hat man keine Mühe gescheut, um die Sprachschwierigkeiten zu überbrücken. Der Gerichtshof verfügt darüber hinaus über einen eigenen Sprachendienst[90].

Die Verfahrensordnung enthält jedoch keine Bestimmung, in welcher Sprache die *Beratung* des Gerichtshofs geführt wird. Hier ist aber die gewählte Sprache für die Stellung des einzelnen Richters von noch viel größerer Bedeutung als bei der mündlichen Verhandlung. Die Verfahrensordnung bestimmt lediglich, daß jeder Richter, der an der Beratung teilnimmt – das sind die Richter, die bei der mündlichen Verhandlung zugegen waren, gegebenenfalls der Hilfsberichterstatter, der mit der Bearbeitung der Sache betraut ist –, seine Auffassung vorträgt und begründet[91]. Dabei kann jedoch jeder Richter verlangen, daß jede Frage, über die abgestimmt werden soll, in der von ihm gewünschten Amtssprache schriftlich

---

[85] Art. 29, § 3, Abs. 1, VerfO.
[86] Art. 30, § 2, VerfO. Vgl. dazu *Valentine*, The Court of Justice of the European Coal and Steel Community, S. 147.
[87] Art. 29, § 5, VerfO.
[88] Das mag auch mit ein Grund sein, warum bis jetzt keine Angehörigen eines gemeinschaftsfremden Staates zu Richtern ernannt worden sind, denn von ihnen müßte man verlangen, daß sie eine der vier Amtssprachen, möglichst aber mehrere beherrschen.
[89] Art. 30, § 1, VerfO.
[90] Vgl. Art. 21, VerfO. Dazu gehört auch die neuerdings eingerichtete Simultanübersetzungsanlage im Verhandlungssaal, von deren Funktionieren der Verfasser sich selbst überzeugen konnte.
[91] Art. 27, §§ 2, 3, VerfO.

niedergelegt wird. Das ist bis jetzt noch nicht geschehen, auch hat bis jetzt noch kein Dolmetscher das Beratungszimmer betreten[92]. Würde jeder Richter in seiner Muttersprache sprechen, so ließe sich die Zuziehung von Dolmetschern nicht vermeiden. Niemand kann von den Richtern verlangen, daß sie die deutsche, französische, italienische und holländische Sprache beherrschen; abgesehen davon würde die Zuziehung von Dolmetschern zu einer erheblichen Verlängerung der Sitzungen führen und überdies die ungezwungene freie Aussprache und Meinungsbildung beeinträchtigen, vielleicht auch die Wahrung des Beratungsgeheimnisses gefährden[93]. Tatsächlich fanden die Beratungen bisher fast nur in französischer Sprache statt. Wer schon einmal juristische Probleme in einer anderen als seiner Muttersprache diskutiert hat, kann leicht ermessen, daß das für die anderssprachigen Richter eine erhebliche Behinderung und zuweilen wohl auch eine Verminderung ihrer Einflußnahme bedeutet.

Damit ist ein Problem der „Stellung des Richters" berührt, das sich einerseits im Hinblick auf die Sprachenfrage nur bei internationalen Gerichten, die mit Richtern mit verschiedener Muttersprache besetzt sind, stellt, zum andern aber strukturell sich von dem unterscheidet, was sonst unter dem Begriff der „Rechtsstellung" des Richters verstanden wird. Wenn man von der Rechtsstellung der Richter spricht, so meint man damit im allgemeinen ihren „status negativus", wie man es nennen kann, die Abwehrstellung gegen sachfremde, von außen kommende Einflüsse, die nach unserer Vorstellung vom richterlichen Urteil auf dieses keinen Einfluß gewinnen dürfen. Hierher gehören die zahlreichen Sicherungen der Unabhängigkeit und der Integrität des Richters, von denen noch zu sprechen sein wird.

Davon ist die Stellung des Richters zu unterscheiden, die er in der Verhandlung und insbesondere in der Beratung als *aktives* Mitglied des Spruchkörpers einnimmt. Zwar ist noch niemand auf den Gedanken ge-

---

[92] „Une petite indiscrétion: une des quatre langues officielles de la Communauté est parfaitement connu de tous les juges et avocats généraux, ainsi que du greffier, et aucun interprète n'a jamais pénétré dans la salle des délibérations" (Generalanwalt *Lagrange*, Une réalité européenne, la Cour de Justice de la C.E.C.A., in: Cahiers Chrétiens de la fonction Publique, No. 28, avril 1955, pp. 16 – 25).

[93] *Riese*, Erfahrungen aus der Praxis des Gerichtshofs der Europäischen Gemeinschaft für Kohle und Stahl, DRiZ 1958, S. 270 (272);
vgl. dazu für die Erfahrungen beim StIGH: Statut et Règlement de la Cour Permanente de Justice Internationale, herausgegeben vom Institut für ausländisches öffentliches Recht und Völkerrecht, Berlin 1934:
„Le président de la Cour fit remarquer que, si l'on voulait rendre plus faciles et plus rapides les travaux de la Cour, la question des langues était téchniquement d'une grande importance; elle avait déjà occasionné des embarras considérables; si un juge se trouvait incapable de suivre les débats dans l'une des langues, le temps que prenait l'audition de l'affaire était virtuellement double et un échange de vues rapide entre les juges eux-mêmes était impossible."

kommen, dem einen oder anderen Richter eines Kollegiums mehrere Stimmen bei der Abstimmung zuzuerkennen, von der Möglichkeit eines Stichentscheids bei Stimmengleichheit, wie beim IGH, abgesehen. Trotzdem unterliegt es keinem Zweifel und ist in der Unterschiedlichkeit der Persönlichkeiten begründet, daß die Ansicht des einen Richters ein größeres Gewicht hat und bei den Kollegen mehr gilt als die eines anderen. Zu denken ist hierbei in erster Linie etwa an die Auffassung des Berichterstatters; manchmal auch (und oft leider!) an die des Vorsitzenden. Man könnte dies vielleicht den „status positivus" oder „activus" nennen. Freilich ist er aufs ganze gesehen weniger bedeutungsvoll als der „status negativus", manchmal mag das auch nur so scheinen, weil sich die Kämpfe um den „status activus" im Verborgenen abspielen. Von diesem „status activus" hat der anglikanische Rechtskreis dadurch Notiz genommen, daß er für den überstimmten Richter die Möglichkeit der „dissenting opinion" gewährt. Davon soll später die Rede sein; in Deutschland und beim EGH ist diese Einrichtung im Gegensatz zu zahlreichen internationalen Gerichten kaum bekannt.

Der Einfluß des einzelnen Richters auf die werdende Entscheidung ist vorwiegend eine Frage der Richterpersönlichkeit, des Ansehens und vor allem des fachlichen Könnens und daher durch Rechtsnormen nicht erfaßbar. Es sei in diesem Zusammenhang etwa an die überragende Rolle, die *Drews* beim Preußischen Oberverwaltungsgericht gespielt hat, erinnert.

Solange der „status activus" so bestimmt bleibt, ist dagegen nichts einzuwenden; das kann man weder verhindern, noch soll man es, besonders dann, wenn man sich in einem Lande befindet, das nicht über berühmte Richterpersönlichkeiten verfügt. Wenn sich aber wie bei der Sprachenfrage die „Stärke" des einzelnen Richters danach richtet, ob er die nun einmal gebräuchliche Verfahrenssprache und womöglich noch andere Sprachen beherrscht, wird ein Element mitgewogen, das von Haus aus nichts mit dem Richtertum zu tun hat, andererseits aber auch nicht eliminiert werden kann. Je besser ein Richter die tatsächlich benutzte Verfahrenssprache insbesondere in der geheimen Beratung beherrscht, desto eher ist er in der Lage, auf seine Kollegen Einfluß zu nehmen und der werdenden Entscheidung seinen Stempel aufzuprägen. Dazu kommt noch, daß die meisten Richter an verschiedene Rechtsordnungen gewöhnt sind und unter verschiedenen Methoden der Rechtsfindung groß geworden sind. Wenn man berücksichtigt, daß z. B. schon bei einem Bundesgericht wie dem Bundesverwaltungsgericht Schwierigkeiten auftreten, weil nord- und süddeutsche Richter oft eine unterschiedliche Auffassung von Rechtsbegriffen haben, an die sie sich im Laufe ihrer richterlichen Tätigkeit gewöhnten, so wird man einsehen, daß die Schwierigkeiten erheblich wachsen, wenn ein Richter sich im Richterkollegium nicht in seiner Muttersprache ausdrücken und die andern von seiner Auffassung überzeugen kann.

Daraus folgt, daß die Sprachenkenntnisse eines Richters, ohne daß dies in den Verträgen ausdrücklich erwähnt ist, eine außerordentlich große Rolle spielen. Was nützt es, wenn ein Richter über ein überragendes Können verfügt, es aber nicht nutzbar machen kann, weil die Mehrheit seiner Kollegen ihn nicht versteht? Je nach dem, ob er es versteht, die anderen Richter mit Hilfe des gesprochenen Wortes zu überzeugen, wird seine Position stark oder schwach sein. Aus den oben geschilderten Umständen ergibt sich die Notwendigkeit, bei der geheimen Beratung nach Möglichkeit auf die volle Gleichberechtigung aller vier Amtssprachen zu verzichten. Das bedingt aber für diejenigen Richter, die in der glücklichen Lage sind, sich in ihrer Muttersprache äußern zu können, die ernste Verpflichtung, diesen Vorteil nicht über Gebühr auszunutzen.

Andererseits muß allgemein als Voraussetzung für die Ernennung eines Richters — auch wenn dies nicht ausdrücklich vorgeschrieben ist, sondern allenfalls unter dem Begriff „Persönlichkeiten" zu fassen ist — verlangt werden, daß er mindestens eine der vier Amtssprachen vollkommen und möglichst noch eine oder zwei Amtssprachen ausreichend beherrscht.

Das hat Manley O. *Hudson*[94] schon für die Besetzung der internationalen Gerichte gefordert und darauf hingewiesen, daß dies auch gewöhnlich bei der Wahl der Richter eine Rolle spiele. Das internationale Recht erkennt keiner Sprache eine Vorherrschaft zu, auch nicht die Europaverträge, wenngleich für den EGKS-Vertrag aus dessen Art. 100 geschlossen wird, daß nur die französische Fassung verbindlich sei[95]. Demgegenüber sind die neuen Verträge ausdrücklich in allen vier Fassungen verbindlich[96]. Diese Regelung ist aus mehreren Gesichtspunkten heraus zu begrüßen; einmal wird dadurch der in gewisser Hinsicht diskriminierende Vorsprung beseitigt, der die Angehörigen bestimmter Länder bei der Erkenntnis des „wahren Rechts" begünstigt; außerdem ist der Spielraum des Gerichtshofs bei der Suche nach der vernünftigen Auslegung erweitert[97]; schließlich ist damit die Stellung derjenigen Richter in dem oben verstandenen Sinne formell verbessert, indem nun expressis verbis die sprachliche Gleichberechtigung festgelegt ist.

Gerade aber für den Gebrauch im Beratungszimmer richtet sich das „régime linguistique" weniger nach den formell festgelegten Amtssprachen, sondern danach, in welcher Sprache sich die Richter am besten ver-

---

[94] International Tribunals, S. 41, § 17.
[95] Schlußanträge des Generalsanwalts *Lagrange*, Sammlung der Rechtsprechung des Gerichtshofs, Bd. I, S. 178.
[96] Art. 248, EWG-Vertrag; Art. 225, Euratom-Vertrag.
[97] *Daig*, Die Gerichtsbarkeit in der Europäischen Wirtschaftsgemeinschaft und der Europäischen Atomgemeinschaft, AöR, Bd. 83, 1958, S. 132 (157). *Daig* weist mit Recht darauf hin, daß zwar auch mit Rücksicht auf die an der neuen Sprachenregelung z. T. geübte Kritik de lege lata an der (formellen) Gleichberechtigung der Sprachen nicht zu rütteln sei.

Sonstige Voraussetzungen 55

ständigen können. Bei den internationalen Gerichten wurde herkömmlicherweise französisch, englisch, spanisch oder deutsch gesprochen, beim Gerichtshof der EGKS vorwiegend französisch. Trotzdem hat bereits der Gerichtshof der EGKS sich erfreulicherweise bemüht, nach Möglichkeit der Gleichberechtigung der Sprachen Rechnung zu tragen, obwohl das Heimatrecht einiger Richter weitgehend vom französischen Recht beeinflußt ist oder war, sodaß ihnen die französische Rechtsprechung und Lehre wohlvertraut sind und vielfach als schlechthin richtunggebend angesehen werden, während einigen von ihnen die deutsche Lehre und Rechtsprechung kaum bekannt sind[98].

b) Körperliche Fähigkeiten

Die Kandidaten müssen nicht nur über die geistigen Fähigkeiten verfügen, sondern auch die körperlichen Voraussetzungen erfüllen, die für die Ausübung eines anstrengenden Richteramtes erforderlich sind. Das ist bei supranationalen und internationalen Gerichten deswegen von größerer Bedeutung als für innerstaatliche Gerichte, weil Ausfälle an Richtern wegen Krankheit oder Tod nur sehr schwierig und unter Zeitverlust zu ersetzen sind. Auch dauern die Prozesse selbst beim Gerichtshof der Europäischen Gemeinschaften oft sehr lang, was im übrigen zu beklagen ist[99]. Andererseits sind die Richter in vorgerücktem Alter anfälliger gegen Krankheiten als junge. Daß diese Fragen nicht allzu leicht zu nehmen sind, hat schon die Praxis des StIGH gezeigt. Zwar begegnet man unvorhersehbaren Ausfällen von Richtern damit, daß man festlegt, daß der Gerichtshof mit einer bestimmten geringeren Anzahl von anwesenden Richtern als vorschriftsmäßig besetzt gilt (quorum). Für den mit normalerweise 15 Richtern besetzten IGH ist das quorum 9 Richter, die Zahl der Richter sollte aber normalerweise nicht weniger als 11 betragen[100]. Wenn das quorum von 9 Richtern nicht erreicht ist und dies vom Gerichtshof ausdrücklich festgestellt wird, vertagt der Präsident die Sitzung. In jedem Fall werden etwaige „iudices ad hoc" bei der Berechnung des quorums nicht mitgezählt[101]. Beim deutschen Bundesverfassungsgericht genügt ebenfalls ein quorum von 6 oder 8 Richtern, um das Gericht beschlußfähig zu machen[102]. Auch der Gerichtshof der Europäischen Gemeinschaften braucht nicht immer in voller Besetzung beschließen. Die Beschlüsse sind gültig, wenn

---

[98] *Riese*, a.a.O., S. 273; vgl. auch *Breitner*, Die Bilanz des Montangerichtshofs, EA 195,9 S. 515.
[99] In diesem Sinne auch *Riese* und *Breitner*, a.a.O.
[100] Art. 25, Abs. 2, StatIGH.
[101] Art. 29, Règlement IGH: „Si la Cour étant convoquée, il est constaté que le quorum n'est pas atteint, le Président ajorne la séance jusqu'à ce que le quorum soit atteint. Les juges désignés en vertu de l'article 31 du Statut ne sont pas comptés pour le calcul du quorum".
[102] § 15, Abs. 2, S. 1, BVerfGG.

5 von 7 Richtern anwesend sind[103]. Das gilt jedoch nur für die Vollsitzungen des Gerichtshofs; für die z. Zt. mit 3 Richtern besetzten beiden Kammern gibt es kein quorum, dafür können die Richter von Kammer zu Kammer ausgewechselt werden[104].

Beim StIGH ist es mehrfach vorgekommen, daß das quorum (9 von 15 Richtern) nicht erreicht wurde, weil die Mitglieder des Gerichtshofs z. T. dispensiert waren oder – und das war vorwiegend der Fall – einige Richter krank waren. Daß dies aber in erster Linie auf ihr oft recht hohes Alter zurückzuführen war, ist offensichtlich.

Aus diesen Gründen ist zu fordern, daß die Kandidaten über einen einwandfreien Gesundheitszustand verfügen; daß sie nicht zu alt sein sollen, wurde schon oben bemerkt. Sie sollten aber auch sonst keine körperlichen Gebrechen haben, die sie irgendwie bei der vollen Ausübung ihres Amtes behindern könnten. Dabei wird man strengere Maßstäbe als im innerstaatlichen Gerichtsverfassungsrecht anlegen müssen; Blinde oder Taube können nicht Richter werden[105], mindestens bei tauben Richtern müßte das Gericht als nicht vorschriftsmäßig besetzt angesehen werden[106].

Ob bei den bekannten internationalen Gerichten der Gegenwart und der Vergangenheit körperlich erheblich behinderte Richter tätig gewesen sind, ist nicht bekannt geworden. Die mit der Richterwahl betrauten und vor allem diejenigen Organe, die die Kandidaten vorzuschlagen haben, werden kaum bereit sein, einem körperlich Behinderten ihre Gunst zu erweisen. Darum wird die Frage erst dann Schwierigkeiten bereiten, wenn die Behinderung während der Amtszeit des Richters eintritt.

---

[103] Art. 18, Abs. 2, S. 2, Satzung[1]; Art. 15, S. 2, Satzung[2/3]. Dabei braucht hier nicht auf die Frage eingegangen zu werden, ob der Gerichtshof möglicherweise trotzdem als nicht vorschriftsmäßig besetzt anzusehen wäre, falls üblich würde, nur noch regelmäßig mit 5 statt mit 7 Richtern zu verhandeln. Vgl. dazu für das Bundesverfassungsgericht *Lechner*, Die Besetzung des Bundesverfassungsgerichts, NJW 1952, S. 854.
[104] Art. 26, § 3, VerfO.
[105] Nach deutschem Gerichtsverfassungsrecht hält *Kern* (Gerichtsverfassungsrecht, 2. Aufl., S. 50) Blinde und Taube zwar beim Sitzungsdienst, nicht aber in Beschwerdesachen für unfähig, das Richteramt auszuüben. Dazu ist allerdings zu bemerken, daß nach Angaben des Deutschen Richterbundes (DRiZ 1959, S. 124) in der Bundesrepublik zur Zeit 56 blinde Richter tätig sind, ohne daß vermerkt wäre, daß diese nur in Beschwerdesachen oder gewissen Angelegenheiten der freiwilligen Gerichtsbarkeit als Richter tätig seien.
[106] Vgl. für das deutsche Gerichtsverfassungsrecht z. B. RGZ 124, 153; RGSt JW 1928, S. 821, Nr. 46; RGSt 60, 63.

Zweites Kapitel

Beginn und Beendigung der Tätigkeit

1. Die Ernennung der Richter

a) Frühere Ernennungsmethoden

Die Richter am Gerichtshof der Europäischen Gemeinschaften werden ebenso wie die Richter am Gerichtshof der EGKS „von den Regierungen der Mitgliedstaaten im gemeinsamen Einvernehmen" ernannt[1]. Dieses Ernennungsverfahren auf dem Gebiete der inter- oder übernationalen Gerichte ist durchaus neu. Um diese Regelung richtig zu erfassen und beurteilen zu können, sei es gestattet, einen Blick auf die bisher üblichen Ernennungsmethoden zu werfen.

Seit Beginn des internationalen Gerichts- und Schiedsgerichtswesens steht und fällt die Einrichtung eines solchen Gerichts mit der Einigung über die Art der Ernennung zum Richter. Es sei daran erinnert, daß gerade die Haager Friedenskonferenz von 1907 daran scheiterte, daß keine Einigung über die Ernennung und – was damit zusammenhängt – die Verteilung der Richtersitze erzielt werden konnte[2]. Bei den internationalen Schiedsgerichten, mögen sie für einen einzelnen Streitfall oder für eine zukünftige unbestimmte Anzahl von Fällen gebildet werden, wird im allgemeinen die Art der Bestellung der Schiedsrichter schon im Schiedsvertrag geregelt. Die übliche Methode war und ist, daß jede der Parteien von sich aus einen Schiedsrichter oder auch mehrere bestellt. Diese sind in der Regel eigene Staatsangehörige, brauchen es aber nicht zu sein. Ein oder mehrere „neutrale" Mitglieder (vgl. darüber oben Kapitel I, 4) werden durch gemeinsamen Beschluß ernannt. Diese sind in der Regel nicht Staatsangehörige einer der Parteien. Da die Zahl der durch die Parteien ernannten Richter so bestimmt zu werden pflegt, daß keine Partei mit „ihren" Richtern ein Übergewicht besitzt, besteht die Aufgabe der „neutra-

---

[1] Art. 32, Abs. 1, EGKS-Vertrag; Art. 167, Abs. 1, EWG-Vertrag; Art. 139, Abs. 1, Euratom-Vertrag.

[2] Vgl. Manley O. *Hudson*, The Permanent Court of International Justice, § 116 (Art. 3, StatIGH); derselbe, International Tribunals, § 16. *Eichler*, Zur Stellung der Richter in überstaatlichen Gemeinschaften, NJW 1953, S. 1043: „Bei dem 1920 vom Völkerbund errichteten Ständigen Internationalen Gerichtshof im Haag gelang es nur dadurch, diese Schwierigkeiten zu meistern, daß man für die Ernennung der Richter einen Wahlmodus fand, der den Großmächten eine Vorzugsstellung sicherte, ohne eine unterschiedliche Behandlung der großen und der kleinen Staaten festzulegen . . ."

len" Mitglieder des Schiedsgerichts, schließlich durch ihre Stimme den Ausschlag zu geben. Gelegentlich wird die Bestimmung der neutralen Mitglieder, falls keine Übereinstimmung zwischen den Parteien erzielt werden kann, einem dritten Staat oder einer internationalen Organisation oder einem anderen internationalen Gericht übertragen[3].

Die Art der Wahl beim IGH ist noch dieselbe wie beim StIGH. Die Richter werden vom Sicherheitsrat *und* der Generalversammlung in getrennten Wahlgängen mit einfacher Stimmenmehrheit gewählt. Die Wahl vollzieht sich auf Grund einer Kandidatenliste, die auf Grund von Vorschlägen der „nationalen Gruppen" vom Generalsekretär der Vereinten Nationen zusammengestellt wird. Die Staaten, die Mitglieder der Konvention über den Ständigen Schiedshof im Haag sind, bestellen diese „nationalen Gruppen" aus den nach Art. 44 der „Convention for the Pacific Settlement of International Disputes" vom 29. Juli 1899, erneuert 1907, von den Vertragsstaaten vorgeschlagenen Schiedsrichtern. In den übrigen Staaten werden die „nationalen Gruppen", von denen jede höchstens vier Personen umfassen darf, von den Regierungen neu aufgestellt (Art. 4, StatIGH). Bleiben nach dem dritten Wahlgang noch Sitze frei, so kann jederzeit auf Antrag entweder von der Generalversammlung oder dem Sicherheitsrat ein Vermittlungsausschuß mit sechs Mitgliedern gebildet werden, der einen oder mehrere Kandidaten der Generalversammlung und dem Sicherheitsrat empfiehlt. Gelingt auch dann die Wahl noch nicht, dann wählen die bereits gewählten Richter die restlichen von denen, die entweder Stimmen von der Generalversammlung oder dem Sicherheitsrat erhalten haben (Art. 12 StatIGH).

Beim Ständigen Internationalen Schiedshof im Haag ist das Wahlverfahren ähnlich kompliziert.

Der von der ad-hoc-Versammlung in Straßburg am 12. März 1953 angenommene Entwurf eines Vertrages über die Satzung der Europäischen (Politischen) Gemeinschaft[4] sieht in Art. 39, § 1 vor, daß die Richter auf

---

[3] An Schiedsgerichten dieser Art seien z. B. genannt: Der durch die Haager Friedenskonferenz vom 29. Juli 1899 geschaffene Ständige Internationale Schiedsgerichtshof im Haag; dieses Schiedsgericht spielt außerdem noch eine Rolle bei der Ernennung der Mitglieder des Internationalen Gerichtshofes im Haag; eine Mitwirkung bei der Richterernennung war auch bezüglich des Gerichtshofs der Europäischen (Politischen) Gemeinschaften vorgesehen (vgl. Walter *Genzer*, Die Satzung der Europäischen Gemeinschaft, EA 1953, S. 5653 (5662); das auf Grund des Vertrages zwischen der Bundesrepublik Deutschland und den Drei Mächten vom 26. Mai 11952 (BGBl. 1955 II, S. 305, Anhang B) errichtete Schiedsgericht; als internationales Schiedsgericht – wenn auch mit einem besonderen Charakter – muß das durch den Vertrag zur Regelung aus Krieg und Besatzung entstandener Fragen vom 26. Mai 1952 (BGBl. 1955 I, S. 405) angesehen werden; desgleichen die durch denselben Vertrag (V. Teil, § 7) errichtete Schiedskommission sowie das Schiedsgericht zur Lösung der Streitigkeiten aus dem Vertrag vom 15. Juni 1957 zwischen der Bundesrepublik Deutschland und der Republik Österreich zur Regelung vermögensrechtlicher Beziehungen (BGBl. II, S. 129).

[4] Abgedruckt im EA 1953, S. 5669.

Grund einer doppelten Liste vom Europäischen Exekutivrat, der mit Zustimmung des Senats entscheidet, ausgewählt werden. Jeder Mitgliedstaat kann drei Kandidaten vorschlagen; das gleiche gilt für die nationalen Gruppen des Ständigen Schiedshofes in jedem Mitgliedstaat.

Beim Gerichtshof für Menschenrechte werden die Richter von der Beratenden Versammlung mit Stimmenmehrheit aus einer Liste von Personen gewählt, die von den Mitgliedern des Europarates vorgeschlagen werden; jedes Mitglied hat drei Kandidaten vorzuschlagen, von denen mindestens zwei eigene Staatsangehörige sein müssen[5].

Dieses System stellt einen beklagenswerten Rückfall in die Vorstellung dar, jeder Mitgliedstaat müsse mit einem Richter „vertreten" sein; ein Umstand, der wenig geeignet ist, die Unabhängigkeit des Richters zu sichern. Dabei macht es keinen wesentlichen Unterschied, ob der betreffende Richter ein Staatsangehöriger des vorschlagenden Staates ist oder nicht. In jedem Fall besteht die Gefahr, daß sich der Richter dem Staat verpflichtet fühlt, dem er seine Ernennung verdankt. Bei der Errichtung des StIGH war man sich darüber einig, daß die Zahl der Richter deswegen verhältnismäßig niedrig gehalten werden sollte, um jeden Anschein einer Staatenvertretung auszuschließen[6]. Der englische Vorschlag, die Zahl der Richter auf neun zu begrenzen, fand jedoch keinen Anklang. Die Zahl wurde auf elf festgesetzt mit der Möglichkeit, die Zahl auf fünfzehn zu erhöhen, was dann auch geschah; allerdings nicht aus Gründen der Staatenvertretung, sondern wegen dem vermehrten Arbeitsanfall.

Von den bedeutendsten internationalen Gerichten befriedigte der Ernennungsmodus beim Mittelamerikanischen Gerichtshof am wenigsten. Die Richter wurden nicht nur von den jeweiligen Regierungen ernannt, sondern auch noch von ihnen bezahlt (vgl. oben I. Kapitel, 4.). Diese Mängel sowie der Umstand, daß Urteile des Gerichtshofs von Mitgliedstaaten nicht akzeptiert wurden[7], haben dazu beigetragen, daß der Gerichtshof 1918 aufgelöst wurde.

b) Unterschiede zur Ernennung der Richter beim EGH

Diese Mängel hat man beim Ernennungsverfahren für den Gerichtshof der EGKS und ebenso für den jetzigen Gerichtshof auszuschalten versucht und ein gänzlich neuartiges Verfahren gewählt. Gemeinsam mit dem Ernennungsverfahren beim Mittelamerikanischen Gerichtshof ist, daß kein besonderes Wahlorgan besteht, sondern die beteiligten Staaten die Ernennung selbst und unmittelbar vornehmen. Der grundsätzliche Unterschied

---

[5] Art. 39, Abs. 1, Konvention zum Schutze der Menschenrechte und Grundfreiheiten.
[6] Manley O. *Hudson*, International Tribunals, S. 26, § 17.
[7] Manley O. *Hudson*, a.a.O., S. 131, § 7.

zwischen beiden Verfahren besteht darin, daß im ersteren Falle auf die Meinung der anderen Mitgliedstaaten – mindestens de jure – keine Rücksicht genommen zu werden braucht, während beim letzteren die Regierungen in einem gemeinsamen Akt zusammenwirken müssen, keine also der anderen ihren Willen aufzwingen kann. Faktisch steht damit jedem Staat ein absolutes Veto gegen die Ernennung eines bestimmten Richters zu. Dieses Veto ist nicht überprüfbar wie das Veto gegen die Ernennung eines Mitglieds der Hohen Behörde[8].

c) Ernennungsmethoden in den Mitgliedstaaten

Da die „Regierungen" die Richter ernennen, muß eine Mitwirkung der anderen Gewalten, insbesondere die des Parlaments, als ausgeschlossen angesehen werden. Das verwundert ein wenig, da in den meisten Ländern der Gemeinschaften den Gerichten selbst oder der Legislative oder einem andern Organ eine Mitwirkungsbefugnis zusteht. In Frankreich und Italien übt diese Befugnis der „Oberste Richterrat" aus[9]. In Belgien werden die Räte an den Appelationshöfen, die Präsidenten und Vizepräsidenten an den Gerichten erster Instanz vom König auf Grund zweier Listen ernannt, von denen die eine von den Gerichten, die andere von den Provinzialräten vorgelegt wird. Die Räte am Kassationshof werden ebenfalls vom König ernannt, und zwar auf Grund zweier Listen, von denen die eine durch den Senat, die andere durch den Kassationshof vorgelegt wird. Die Gerichte wählen selbst aus ihrer Mitte ihren Präsidenten und Vizepräsidenten[10]. Den Gerichten ist hier ein erhebliches Mitwirkungsrecht bei der Richterernennung eingeräumt. In Deutschland besteht eine ähnliche Mitwirkungsbefugnis der Gerichte und Richter nicht, dagegen werden die Bundesrichter und Verfassungsrichter von einem besonderen Richterwahlausschuß[11] gewählt und vom Bundespräsidenten ernannt. Den Gerichten

---

[8] Art. 10, Abs. 11, EGKS-Vertrag; während die Ernennung der Mitglieder der Kommissionen der EWG und Euratom in der gleichen Weise vorgenommen wird wie die Ernennung der Richter; dabei ist das Veto, das folglich jedem Staat zusteht, entgegen der Regelung im EGKS-Vertrag durch den Gerichtshof nicht überprüfbar. Die Regelung im EGKS-Vertrag kann auch nicht als glücklich bezeichnet werden, abgesehen davon, daß dem Gerichtshof damit die Entscheidung einer vorwiegend politischen Frage zugemutet wird.

[9] Art. 65, Abs. II der französischen Verfassung vom 5. Oktober 1958 lautet: „Le Conseil Supérieur de la Magistrature fait des propositions pour les nominations de magistrats de siège à la Cour de Cassation et pour celles de Premier Président de Cour d'Appel. Il donne son avis dans les conditions fixés par la loi organique sur les propositions du Ministre de la Justice relatives aux nominations des autres magistrats du siège".
Art. 105, 106, 107 der italienischen Verfassung von 1948. Vgl. im einzelnen zum „Consiglio Superiore della Magistratura": *Virga*, Diritto Costituzionale 1955, S. 558.

[10] Art. 99 der belgischen Verfassung von 1831; Art. 90 der luxemburgischen Verfassung vom 17. Oktober 1868.

[11] Richterwahlgesetz vom 25. August 1950 (BGBl. I, S. 368); §§ 4 f. Bundesverfassungsgerichtsgesetz vom 12. März 1951 (BGBl. I, S. 662).

selbst und den Rechtsfakultäten ist kein Mitwirkungsrecht eingeräumt; auch in dem Entwurf eines Deutschen Richtergesetzes ist dies nicht vorgesehen[12].

Im Gegensatz dazu empfiehlt Art. 6 StatIGH die Anhörung des höchsten Gerichtshofs, der Rechtsfakultäten und der Akademien der Rechte[13]; ein Mitwirkungs*recht* besteht aber auch hier nicht. Beim StIGH haben einige Staaten diese Empfehlung regelmäßig befolgt, manche haben auch noch andere Gremien angehört[14].

Ob sich für die Wahl der Richter beim Gerichtshof der Europäischen Gemeinschaften eine zwingende oder fakultative Anhörung gewisser nationaler Gremien empfohlen hätte, mag eine Geschmacksfrage sein, da das letzte Wort ohnehin bei den Regierungen liegt. Eine Anhörung wenigstens der obersten Gerichte hätte aber zum mindesten nicht geschadet, zumal die Richter ja doch in der Regel aus den Reihen der obersten Richter genommen zu werden pflegen.

d) Vor- und Nachteile des Systems

Man kann zunächst gegen das System einwenden, es binde die Richter zu sehr an die Regierungen und mache sie von ihrem Wohlwollen abhängig[15].

Dieses Argument gewinnt im Zusammenhang mit der Dauer der Amtszeit eine erhebliche Bedeutung. Aus diesem Grunde soll darauf später eingegangen werden. Wenn die Richter von den Regierungen gewählt werden, dann liegt es nahe, daß jede Regierung nur einen ihr genehmen Richter präsentiert, den die anderen Regierungen entweder akzeptieren oder ablehnen können. Darin steckt die Gefahr, daß die Regierungen sich mehr von politischen Motiven leiten lassen, indem sie ihre Parteigänger nominieren. Darin liegt an sich noch nichts Verwerfliches, sofern diese Personen die geforderten sachlichen Voraussetzungen erfüllen. Das System wird erst dann bedenklich, wenn um des Parteibuches willen ein weniger qualifizierter Bewerber einem besseren vorgezogen wird. Das wäre ein durchaus verwerfliches Unterfangen, und man mag sich von den Regierungen soviel Großmut und „europäischen" Geist wünschen, daß sie sich nicht von derartigen Gesichtspunkten leiten lassen. Gewiß steht immer das potentielle Veto eines anderen Staates dahinter. Ob es tatsächlich aus-

---

[12] Bundesratsdrucksache Nr. 183/1957.

[13] „Avant de procéder à cette désignation, il est recommandé à chaque groupe national de consulter la plus haute Cour de justice, les facultés et écoles de droit, les académies internationales, vouées à l'étude du droit."

[14] Manley O. *Hudson*, a.a.O., S. 147, § 22.

[15] Vgl. *Daig*, Die Gerichtsbarkeit in der Europäischen Wirtschaftsgemeinschaft und der Europäischen Atomgemeinschaft, AöR, Band 83, 1958, S. 148, Anmerkung 46.

geübt werden wird, weiß man nicht, ebenso, ob es bereits einmal ausgeübt worden ist. In der Tat scheint das Veto keine allzu große Garantie für
eine streng sachliche Richterwahl zu sein, denn das Veto steht jedem Mit-
gliederstaat zu, und ein Staat könnte sich immerhin auf den Standpunkt
stellen: „Wie du mir, so ich dir!" oder: „Wenn du meinen Richter akzep-
tierst, dann will ich auch keine Einwendungen gegen deinen erheben". Daß
eine solche Praktik dem „Geist" der Verträge wenig entsprechen würde,
bedarf keiner näheren Erläuterung.

Die Gefahr der Besetzung der Richterämter nach politischen Gesichtspunkten besteht nicht nur auf der europäischen Ebene, sondern auch im
innerstaatlichen Bereich. So ist z. B. der Wahlmodus der Richter am Bundesverfassungsgericht und der Bundesrichter[16] in Deutschland vielfach
kritisiert worden, indem man befürchtete, daß die Personalpolitik politischen Einflüssen ausgesetzt sein würde und die parteipolitische Aufschlüsselung Platz gewinnen würde[17]. Die Befürchtungen haben sich zum Teil
als berechtigt erwiesen. Glücklicherweise hat sich aber dieser Umstand
auch beim Bundesverfassungsgericht nicht auf die Rechtsprechung ausge-
wirkt. Das beweist, daß ein bedenklicher Wahlmodus nicht notwendigerweise eine bedenkliche Rechtsprechung nach sich zieht, weil die Richter
sich trotzdem ihrer hohen Verantwortung bewußt sind und danach handeln.

Seltsamerweise wird im allgemeinen dem Justizminister als Ernennungs-
berechtigtem mehr Vertrauen geschenkt als der Legislative; mit Ausnahme
der USA, wo die Ernennungspraxis des Präsidenten zum Teil stark kritisiert worden ist[18], nicht etwa nur deswegen, weil er politischen Erwägungen Raum gegeben habe, sondern weil darüber die sachlichen Gesichtspunkte vernachlässigt worden seien.

e) Abhängigkeit von der politischen Lage

Im Gegensatz zum Wahlmodus bei den Kommissionen der EWG, Euratom und den Richtern des Gerichtshofs der Europäischen Gemeinschaften
werden nach Ablauf der in Art. 10, Abs. 2 EGKS-Vertrag bestimmten Sechs-
jahresfrist die Mitglieder der Hohen Behörde nicht mehr einstimmig durch
die Mitgliederstaaten ernannt, sondern es genügt eine Mehrheit von fünf
Sechsteln[19]. Nach wie vor wird aber das neunte Mitglied von den bereits

---

[16] Die Richter werden je zur Hälfte vom Bundestag und Bundesrat gewählt.
Die vom Bundestag zu wählenden Richter werden in indirekter Wahl durch
einen Wahlmännerausschuß gewählt, §§ 4 ff. Bundesverfassungsgerichtsgesetz;
Richterwahlgesetz vom 25. August 1950 (BGBl. I, S. 368).

[17] Vgl. statt vieler: Werner *Weber*, Spannungen und Kräfte im westdeutschen Verfassungssystem, 2. Auflage, Stuttgart 1958, S. 102.

[18] „Perhaps the greatest weakness in practice, of the system of selecting
federal judges in the United States arises from the fact that, all too often the
presidential power of appointment has been used for political purposes . . ."
(Bernhard *Schwartz*, American Constitutional Law, Cambridge 1955, S. 132 ff.).

[19] Art. 10, Abs. 5, EGKS-Vertrag.

gewählten Mitgliedern hinzugewählt. Diese Tatsache hat Paul *Reuter* zu der Bemerkung veranlaßt: „Les juges dépendent plus étroitement des gouvernements nationaux que les membres de la Haute Autorité: ils sont nommés à l'unaminité des gouvernements nationaux, et s'il n'y a plus pour les juges d'exigence de nationalité, les Etats pour les premières nominations semblent les candidatures nationales . . .‟[20]. Mitbestimmend für diese Lösung war, daß die Regierungen sich nicht völlig des Einflusses auf die Besetzung des Gerichtshofs begeben wollten. Es steht dahinter trotz allen Vorrechten und Sicherungen ein gewisses Maß an Vorsicht oder gar Mißtrauen gegen das eigene Werk, die neugeschaffene europäische Gerichtsbarkeit. Das Bedenkliche an dieser Art der Ernennung der Richter besteht aber nicht so sehr darin, daß eine gewisse Abhängigkeit von Organen besteht, die selbst oft als Parteien vor dem Gerichtshof auftreten[21], sondern darin, daß sie von Organen abhängen, die zugleich Vertragspartner sind und damit die Macht haben — vorausgesetzt, daß sie sich einig sind —, die Verträge zu ändern, ganz gleichgültig, ob im Einzelfall das reguläre Verfahren eingehalten wird. Sie können auch für einen Einzelfall gewisse Änderungen vornehmen, ohne daß sie jemand — auch nicht der Gerichtshof — dabei hindern könnte. Wenn die Staaten sich *einig* sind, dann sind die Richter gegen Willkürmaßnahmen *nicht* geschützt. Hier zeigt es sich besonders deutlich, wie stark die Stellung der Richter von den jeweiligen politischen Umständen abhängig ist. Eine Sicherung besteht in diesem System nur gegen die Unsachlichkeit eines einzelnen Staates oder eines Teiles der Mitgliedstaaten, *nicht* aber gegenüber ihrer Gesamtheit.

Eine weitere Möglichkeit der Einflußnahme besteht darin, daß die Zahl der Richter auf Vorschlag des Gerichtshofs durch einstimmigen Beschluß des Rates erhöht werden kann[22]. Diese Bestimmung findet sich in allen drei Verträgen, sodaß sich zunächst die Frage stellt, welcher Rat zum Beschluß über die Erhöhung der Richterzahl überhaupt zuständig ist. Dabei ist zu bemerken, daß zwar durch das Abkommen über die Gemeinsamen Organe für die Europäischen Gemeinschaften[23] die parlamentarischen und

---

[20] Paul *Reuter*, Le Plan Schuman, Recueil des Cours de l'Académie de Droit International, Band 81, 1952, S. 559.

[21] Darum geht die Meinung *Eichlers* (Zur Stellung der Richter in überstaatlichen Gemeinschaften, NJW 1953, S. 1043) fehl, wenn er glaubt, dieses Verfahren eigne sich mehr, die Unabhängigkeit der Richter zu festigen, wie wenn diese durch ein oder mehrere Organe der Gemeinschaft ernannt würden. Richtig ist dagegen, daß die Gefahr — wenn sie überhaupt bestünde — Entscheidungen einseitig im nationalen Interesse zu fällen, dadurch begegnet ist, daß der Richter das Vertrauen aller Regierungen braucht und bei einer Wiederwahl kaum die Stimmen aller bekommen würde, wenn er sich von nationalen Interessen hätte leiten lassen. In jedem Fall kann einem Richter nur dann etwas geschehen, wenn sich die Staaten einig sind.

[22] Art. 32, Abs. 4, EGKS-Vertrag; Art. 165, Abs. 4, EWG-Vertrag; Art. 137, Abs. 4, Euratom-Vertrag.

[23] BGBl. 1957 II, S. 1165.

rechtsprechenden Organe der drei Gemeinschaften vereinheitlicht worden sind, nicht jedoch die Ministerräte, sodaß für jede der Gemeinschaften ein besonderer Ministerrat besteht. Den Regierungen bleibt es natürlich unbenommen, jeweils dasselbe Mitglied der Regierung zu den jeweiligen Ministerratssitzungen zu entsenden[24]. Was die Erhöhung der Richterzahl betrifft, so enthalten die Verträge auch keine Bestimmung darüber, ob diese Funktion durch einen einzigen Ministerrat ausgeübt und die Funktionen der anderen Räte auf einen einzigen übertragen werden können. Es gibt auch keine Bestimmung darüber, ob und gegebenenfalls in welcher Weise ein Zusammenwirken der drei Räte erforderlich ist. Unter diesen Umständen muß man annehmen, daß die Zahl der Richter nur durch einen *gleichlautenden Beschluß aller drei* Räte erhöht werden kann und zwar auch dann, wenn sich die Vermehrung der Richtersitze nur hinsichtlich *einer* Gemeinschaft rechtfertigt[25]. Nirgends findet sich ein Anhalt, daß diese Entscheidung des jeweiligen Rates davon abhängig sein soll, ob gerade mit Rücksicht auf die von einer bestimmten Gemeinschaft anfallenden Rechtssachen die Vermehrung der Richterstellen sich rechtfertigt. Vielmehr ist es eine notwendige Folge eines gemeinsamen Gerichtshofs, daß eine generelle Arbeitsüberlastung Grund genug ist, um die Zahl der Richtersitze zu vermehren und dazu auch die Zustimmung der anderen Räte mit Recht zu verlangen.

In der Praxis dürften sich hieraus jedoch kaum Schwierigkeiten ergeben; entweder wollen die *Regierungen*, an deren Weisungen die Minister ja gebunden sind, der Vermehrung der Richterstellen zustimmen oder sie wollen nicht. Schwer vorstellbar wäre deshalb auch, daß die Räte verschieden entscheiden. Die Weisungen werden von den Mitgliedern der Regierungen beschlossen. Wenn sie dem einen Minister eine andere Weisung als dem anderen mitgeben würden, würden sie sich dem berechtigten Vorwurf des „venire contra factum proprium" aussetzen.

Wenn die Regierungen die Richter selbst ernennen, so ist es nicht verwunderlich, sondern durchaus folgerichtig, daß sie in Form der Ratsbeschlüsse auch darüber entscheiden, *ob* die Zahl der Richter vermehrt werden soll. In Wirklichkeit handelt es sich hier um eine vereinfachte Ver-

---

[24] Das haben die Regierungen bis jetzt noch nicht getan. Es gibt keine Minister für „Angelegenheiten der Europäischen Gemeinschaften", wie es bei den Regierungen der Länder in der Bundesrepublik Deutschland Minister für Bundesratsangelegenheiten gibt. Vielmehr war es bis jetzt üblich, immer wieder einen anderen Minister oder Staatssekretär zu entsenden. Man will damit verhindern, daß sich unter den Mitgliedern der Räte ein „europäischer Corpsgeist" entwickelt und sie sich mehr als Mitglieder eines europäischen Organs, als vielmehr als Vertreter ihrer Regierungen fühlen" (Bundesminister v. *Meerkatz* in einem Vortrag, gehalten an der Faculté Internationale de Droit Comparé in Luxemburg am 22. August 1959).
[25] Ebenso Pierre *Pinay*, La Cour de Justice des Communautés Européennes, Revue du Marché Commun 1959, p. 139.

tragsrevision; einen wesentlichen Zuwachs an Befugnissen erhalten die
Regierungen – wie vielfach angenommen wird – dadurch nicht. Bestünde diese Bestimmung nicht, so wäre kaum zweifelhaft, daß die Regierungen zusammen mit den Parlamenten trotzdem jederzeit die Möglichkeit hätten, die Zahl der Richter zu vermehren. In Wirklichkeit bekommen die Regierungen der Mitgliedstaaten damit nicht mehr, als sie
ohnehin schon haben. Wenn die Regierungen auf die Bearbeitung von gewissen Fällen dadurch Einfluß nehmen wollen, daß sie mit der Zustimmung zögern oder sie gar nicht erteilen, obwohl für den geordneten Gang
der Geschäfte eine Vermehrung erforderlich ist, so haben sie diese Möglichkeit ohnehin schon dadurch, daß ihnen allein die Ernennung obliegt[26].

Immerhin hat der Gerichtshof ein Vorschlagsrecht. Dieses Vorschlagsrecht bezieht sich jedoch nur auf das „ob" der Vermehrung der Richterstellen, nicht aber auch auf die Auswahl der Kandidaten. Diese obliegt
allein den Regierungen. Sie erstreckt sich aber auf die Zahl der neu zu
schaffenden Richtersitze. Nur die Richter selbst sind in der Lage anzu-
geben, mit wieviel „neuen" Richtern dem Mißstand abgeholfen werden
kann. Diese Regelung verdient insoweit Beifall, als der Gerichtshof von
sich aus die Initiative ergreifen kann, wenn er der Auffassung ist, daß
wegen dem vermehrten Arbeitsanfall eine Vermehrung der Richterstellen
angebracht sei. Diese Frage kann er ohnehin selbst am besten beurteilen.
Außerdem ist es für den Gerichtshof selbst angenehmer, wenn er den
Wunsch auf Vermehrung der Richterzahl direkt und auf legalem Wege
vorbringen kann, als wenn er, wie es bei deutschen oberen Bundesgerichten der Fall ist, darauf angewiesen ist, sich auf mehr oder minder ille-
galem Wege Gehör zu verschaffen[27].

Das Vorschlagsrecht des Gerichtshofs bedeutet aber zugleich auch eine
Vorschlagspflicht, falls die objektiven Voraussetzungen, die eine Vermehrung notwendig machen, vorliegen. Das ist zwar in den Verträgen nicht
ausdrücklich ausgesprochen, folgt jedoch aus Verpflichtung zur gewissen-
haften Amtsführung, die die Richter durch ihren Amtseid (Art. 3, § 1,
VerfO.) geloben.

---

[26] *Breitner* (Der Gerichtshof der Montangemeinschaft und seine Anrufung
bei fehlerhaften Organakten, 2. Aufl., S. 23) meint, diese Bedenken ließen sich
leicht dadurch zerstreuen, „daß der Rat nur in den seltensten Fällen, ungleich
weniger oft jedenfalls als die Hohe Behörde, in einen Konflikt mit der dritten
Gewalt geraten kann". Das ist sicher richtig, aber wenn man die Dinge praktisch betrachtet, so muß man sich vor Augen halten, daß die Räte „ständige Ver-
treterkonferenzen" der *Regierungen* der Mitgliedstaaten darstellen, daher ist die
Meinung der Räte die Meinung der Regierungen.
[27] Es sei in diesem Zusammenhang auf die Auseinandersetzung des Bundesverfassungsgerichts – die allerdings andere Fragen betraf – mit der Bundesregierung hingewiesen. (Der Status des Bundesverfassungsgerichts: Eine Mate-
rialsammlung mit einer Einleitung von Gerhard *Leibholz*, Jahrbuch des öffentlichen Rechts der Gegenwart, Neue Folge. Bd. 6, 1957, S. 109 ff.).

Die Regierungen sind an den Vorschlag des Gerichtshofs nicht gebunden. Sie müssen sich jedoch sagen, daß — wenn sie dem Vorschlag nicht folgen — ein geordneter Geschäftsgang beim Gerichtshof nicht mehr gewährleistet ist.

Auf welchem Wege die Übereinstimmung der Regierungen der Mitgliedstaaten bei der Ernennung der Richter herbeizuführen ist, ist in den Verträgen nicht festgelegt, vielmehr bleibt dies den Regierungen selbst überlassen. Möglich ist, daß die Vertreter in einem der Räte mit dieser Aufgabe betraut werden. So ist in der Tat auch bisher verfahren worden[28]; wie das Verfahren bei der Ernennung der Richter am Gerichtshof der Europäischen Gemeinschaften abgelaufen ist, ist nicht bekannt, da die Ernennungen nicht wie bei dem Montangerichtshof im Amtsblatt bekannt gemacht worden sind.

Der mit der Aufgabe der Ernennung betraute Rat tritt dabei nicht als Organ einer der Gemeinschaften auf, sondern nur als eine Versammlung von Regierungsvertretern. Die Ernennung wirkt vom Tage des Ratsbeschlusses an, falls nichts anderes bestimmt ist. Bisher wurde jedoch gleichzeitig mit der Ernennung ausgesprochen, zu welchem Zeitpunkt die Ernennung wirksam wird[29]. Die Ernennung stellt nach der deutschen Terminologie einen „mitwirkungsbedürftigen Verwaltungsakt"[30] dar, der Kandidat muß daher die Ernennung annehmen. Von der Ernennung wurden die Kandidaten bisher von einem Mitglied des Rates oder der Regierung eines Mitgliedstaates benachrichtigt. Diesem gegenüber haben die Kandidaten die Annahme des Amtes ausgesprochen[29].

2. Beendigung der Tätigkeit

a) Ordentliche Beendigung

Das Amt eines Richters endet mit dem Ablauf der Amtsperiode, d. h. der Zeit, für die er gewählt ist. Das Amt erlischt von selbst, es bedarf daher weder eines Beschlusses der Ministerräte noch des Richterkollegiums.

Das Richteramt endet ferner durch Tod oder durch Rücktritt des Richters[31]. Da in einem der beiden letzten Fälle der Beendigung des Richter-

---

[28] ABl. 1953, S. 16 („Auf Grund des Art. 32 des Vertrags . . ., haben die Vertreter der Regierungen der Mitgliedstaaten der EGKS anläßlich der zweiten Tagung des Rates am 1. und 2. Dezember 1952 zu Richtern ernannt: . . ."); ABl. 1954, S. 437; ABl. 1955, S. 584; ABl. 1955, S. 926.
[29] ABl. 1953, S. 16; ABl. 1955, S. 926.
[30] Vgl. *Forsthoff*, § 11, 4. Für das französische Recht Gaston *Jèze*, Les principes généraux du Droit Administratif, 3. Aufl., Paris 1930, S. 245, Anmerkung 2; André de *Laubadère*, Traité Elémentaire de Droit Administratif, 2. Aufl., Paris 1957, S. 646, Anmerkung 1266 mit Nachweisen aus der Rechtsprechung des Conseil d'Etat.
[31] Art. 32, EGKS-Vertrag; Art. 6, Absatz 1, Satzung$_1$. Art. 167, EWG-Vertrag; Art. 5, Absatz 1, Satzung$_2$. Art. 139, Euratom-Vertrag; Art. 5, Absatz 1, Satzung$_3$.

amtes der Rhythmus der dreijährigen Wiederbesetzung der Ämter gestört werden würde, beendet der Nachfolger die Amtszeit seines Vorgängers[32]. Dies entspricht der schon beim StIGH getroffenen Regelung[33].

In Art. 6, Abs. 3 (Art. 5, Abs. 3, Satzung$_{2/3}$) ist bestimmt, daß jeder Richter mit Ausnahme der Fälle, in denen Art. 7, Satzung$_1$ (Art. 6, Satzung$_{2/3}$) Anwendung findet, bis zum Amtsantritt seines Nachfolgers im Amt bleibt. Naturgemäß kann dies nur beim Rücktritt eines Richters in Frage kommen oder wenn zwar die Amtszeit abgelaufen, ein Nachfolger aber noch nicht ernannt ist. Mit dieser Bestimmung wird bezweckt, daß das Richteramt kontinuierlich weitergeführt wird. Es kann sonach nicht der Fall eintreten, daß der Gerichtshof beschlußunfähig wird, weil infolge des Ausscheidens mehrerer Richter nicht einmal das quorum erreicht werden könnte[34]. Nur der Richter, der nach Art. 7 (Art. 6) des Amtes enthoben wird, darf die Amtsgeschäfte nicht bis zur Ernennung des Nachfolgers weiterführen, sondern muß sofort ausscheiden. Hier überwiegt das Interesse am sofortigen Ausscheiden des Richters das Interesse an der vollen Besetzung des Gerichts. Es dürfte ausgeschlossen sein, daß mehrere Richter gleichzeitig des Amtes enthoben werden mit der Folge, daß das Gericht beschlußunfähig wird.

Die Bestimmung stellt einen Fortschritt gegenüber der Regelung beim StIGH und beim IGH dar. Gemäß Art. 13, Abs. 2 StatStIGH (StatIGH) bleibt zwar auch der zurückgetretene Richter oder derjenige, dessen Amtszeit bereits abgelaufen ist, solange noch im Amt, bis ein Nachfolger ernannt ist; darüber hinaus ist er aber verpflichtet, die Fälle, mit deren Bearbeitung er bereits begonnen hat, auch dann selbst zu Ende zu führen, wenn bereits sein Nachfolger amtiert. Daß dies zu Unzuträglichkeiten führen kann, liegt auf der Hand. Auf der anderen Seite ist zu berücksichtigen, daß die Fälle beim IGH zwar in der Regel nicht umfangreicher sind als beim EGH; das Verfahren ist jedoch umständlicher und dauert daher länger. Für die Richter, die wegen des Ablaufs ihrer Amtszeit ausscheiden, bedeutet die Bestimmung ein Gegenmittel gegen die möglicherweise vorhandene Neigung, umfangreiche Fälle gegen Ende der Amtszeit nicht mehr mit der gebotenen Intensität zu bearbeiten, sondern sie dem Nachfolger zu überlassen. Den Richter, der zurücktreten möchte, kann die Bestimmung veranlassen, den geplanten Schritt noch einmal zu überdenken.

Für den Gerichtshof der EGKS hat man eine solche Bestimmung für überflüssig gehalten. Auch durch die Verträge von Rom wurde nichts geändert. Der Nachfolger ist daher verpflichtet, die angefangenen Arbeiten des Vorgängers zu übernehmen, dafür ist er der alleinige und unbe-

---

[32] Art. 8, Satzung$_1$; Art. 7, Satzung$_2$; Art. 7, Satzung$_3$.

[33] Art. 15, StatStIGH.

[34] Nach § 4, Abs. 3, BVerfGG führen die Richter die Amtsgeschäfte bis zur Ernennung des Nachfolgers fort.

schränkte Amtsinhaber. Wegen ihrer Einfachheit und Klarheit ist die neue Regelung zu begrüßen.

Anders als im Beamtenrecht braucht der Richter, der sein Amt zur Verfügung stellen will, kein „Gesuch" einzureichen. Er hat vielmehr das *Recht*, zurückzutreten[35]. Niemand, weder die Ministerräte noch der Präsident des Gerichtshofs haben über den Rücktritt zu befinden[36]. Der Rücktritt ist dem Präsidenten des Gerichtshofs anzuzeigen und bedarf der Schriftform[37]. Der Präsident des Gerichtshofs leitet das Schreiben an den Präsidenten „des Rates" weiter. Nachdem aber nunmehr drei Ministerräte bestehen, müssen alle Präsidenten unterrichtet werden. Mit der Benachrichtigung des Präsidenten wird der Sitz frei[38]. Das bedeutet, daß der Rücktritt erst dann wirksam wird, wenn alle drei Präsidenten der Ministerräte durch den Präsidenten des Gerichtshofs von dem Rücktrittsschreiben Kenntnis erlangt haben. Es genügt also nicht, daß nur der Präsident des Ministerrates der EWG Kenntnis erhalten hat. Die Präsidenten müssen durch ein Schreiben *des Zurücktretenden* benachrichtigt werden. Der Präsident des Gerichtshofs leitet dieses Schreiben nur weiter.

Daraus folgt aber, daß die Rücktrittserklärung zurückgenommen werden kann, solange das Rücktrittsschreiben nicht allen Präsidenten der Ministerräte zugegangen ist. Das Verfahren schließt insbesondere nicht aus, daß der Präsident des Gerichtshofs den Richter umstimmt. Er kann das Schreiben solange zurückhalten, denn das Gesetz verlangt nicht, daß das Schreiben innerhalb einer bestimmten Frist weiterzuleiten sei. Eine willkürliche Zurückhaltung ist jedoch in keinem Falle statthaft. Der Text enthält ferner keine Bestimmung darüber, ob die Präsidenten der Ministerräte verpflichtet sind, die übrigen Ratsmitglieder oder die einzelnen Regierungen von dem Rücktritt in Kenntnis zu setzen. Eine solche Verpflichtung wird man aber auch ohne eine ausdrückliche Bestimmung bejahen müssen, da die Regierungen unverzüglich eine Neuwahl vorzunehmen haben. Dabei ist auf Art. 28, Abs. 6, EGKS-Vertrag hinzuweisen, wonach der Rat mit den Mitgliedstaaten über seinen Präsidenten verkehrt[39]. Im Falle des Todes eines Richters wird entsprechend verfahren, wobei aber der

---

[35] Dem entspricht die Regelung in § 12 BVerfGG. Vgl. dazu *Lechner*, Kommentar zum BVerfGG, Anmerkung 1 zu § 12; *Geiger*, Kommentar zum BVerfGG, Anmerkung 1 zu § 12. Während jedoch beim BVerfGG die Entlassung durch den Bundespräsidenten ausgesprochen wird, entscheidet beim EGH keine andere Stelle; vgl. ferner Gerhard *Leibholz*, Der Status des Bundesverfassungsgerichts, Jahrbuch des öffentlichen Rechts der Gegenwart, Bd. 6 neue Folge, S. 133.

[36] Vgl. Jean de *Richmont*, La Cour de Justice, Paris 1954, § 8; *Delvaux*, La Cour de Justice de la C.E.C.A., Paris 1956, S. 15.

[37] Art. 6, Abs. 2, Satzung$_1$; Art. 5, Abs. 2, Satzung$_{2/3}$.

[38] Art. 6, Abs. 2, Satzung$_1$; Art. 5, Abs. 2, Satzung$_{2/3}$.

[39] Eine entsprechende Bestimmung findet sich in den Verträgen von Rom nicht. Vgl. Jean de *Richmont*, a.a.O.

Sitz des Richters schon mit dessen Tod, nicht erst mit der Benachrichtigung der Präsidenten der Ministerräte oder gar erst der Regierungen frei wird. Im Gegensatz hierzu enthält Art. 14 StatIGH (StIGH) genaue Vorschriften darüber, wie im Falle der Sedisvakanz vorgegangen werden muß.

Im übrigen entspricht die Bestimmung des Art. 6, Abs. 2 (Art. 5, Abs. 2, Satzung$_2$/$_3$) wörtlich der des Art. 13, Abs. 2 StatIGH (StatStIGH).

Mit dem Ausscheiden aus dem Amt erlöschen alle Rechte und Pflichten, insbesondere die Privilegien und der Anspruch auf die Dienstbezüge. Der Richter, der das Amt bis zur Ernennung seines Nachfolgers weiterführt, behält, ohne daß dies ausdrücklich bestimmt wäre, sämtliche Rechte aus dem Amt. Diese Rechte hat der Richter *wegen* seiner Tätigeit; insbesondere sind ihm die Vorrechte im Interesse der Gemeinschaften gewährt (vgl. Art. 13, Abs. 1 des Protokolls über die Vorrechte und Immunitäten der EGKS; Art. 17, Abs. 1 des Protokolls über die Vorrechte und Befreiungen der EWG (Euratom). Seine Rechtsstellung erfährt daher äußerlich bis zur Ernennung des Nachfolgers keine Beeinträchtigung[40].

b) Außerordentliche Beendigung

a) Frühere Regelungen

Eine ganz wesentliche Garantie der richterlichen Unabhängigkeit stellt Art. 7, Satzung$_1$ dar. Danach können die Richter ihres Amtes nur dann enthoben werden, wenn sie nach einstimmigem Urteil der anderen Richter nicht mehr die erforderlichen Vorbedingungen erfüllen.

Diese Bestimmung der Satzung des Gerichtshofs der EGKS erscheint nicht unerheblich verändert in den Satzungen der Gerichtshöfe der EWG und Euratom: „Ein Richter kann nur dann seines Amtes enthoben oder seiner Ruhegehaltsansprüche oder anderer an ihrer Stelle gewährter Vergünstigungen für verlustig erklärt werden, wenn er nach einstimmigem Urteil der Richter und Generalanwälte des Gerichtshofs nicht mehr die erforderlichen Voraussetzungen erfüllt oder den sich aus seinem Amt ergebenden Verpflichtungen nicht mehr nachkommt".

Derartige Bestimmungen sind dem Gerichtsverfassungsrecht nicht fremd. Es mag daher ein kurzer historischer Exkurs am Platze sein.

Wie schon mehrfach gezeigt worden ist, lehnen sich viele Bestimmungen der Europäischen Verträge, insbesondere was das Statut der Richter betrifft, an die Bestimmungen des Statuts des StIGH und IGH an. Die Vergleichbarkeit der Stellung der Richter hier und dort läßt es auch geraten erscheinen, bewährte Regeln heranzuziehen und nicht vorschnell Neuerungen in diesem Bereich zu schaffen. Art. 18 StatIGH lautet in der fran-

---

[40] Ebenso Jean de *Richmont*, a.a.O.

zösischen Fassung: „Les membres de la Cour ne peuvent être relevés de leurs fonctions que si, au jugement unanime des autres membres, ils ont cessé de répondre aux conditions requises". Diese Bestimmung entspricht wörtlich dem Art. 18 StatStIGH. Bei der Beratung dieses Artikels in der Juristenkommission des Völkerbundes herrschte keineswegs Einmütigkeit darüber, ob die Aufnahme einer solchen Vorschrift wünschenswert wäre. *De Lapradelle* sprach sich vor allem deswegen dagegen aus, weil die Kollegen eines unfähigen Richters nie den Mut haben würden, für seine Amtsenthebung zu stimmen, außerdem wäre das Verbleiben im Amt eines solchen Richters keine große Gefahr. Dagegen war Lord *Phillimore* schon deswegen für die Annahme des Art. 18, um einen Druck auszuüben, obwohl auch er glaubte, daß es nie zu einer Amtsenthebung kommen würde. Von italienischer Seite hielt man das Erfordernis der Einstimmigkeit für übertrieben und sah eine Mehrheit von vier Fünfteln für ausreichend an[41].

Nicht nur bei hohen internationalen Gerichtshöfen bestanden solche Bestimmungen, sondern auch bei nationalen Gerichten. An dieser Stelle wäre das deutsche Bundesverfassungsgericht zu nennen[42]; dagegen besteht bei den oberen Bundesgerichten einschließlich des Bundesgerichtshofs keine entsprechende Regelung; eine solche bestand aber beim Reichsgericht[43]. Die Vorschriften waren insgesamt ausführlicher als die der Satzungen der Europäischen Gerichtshöfe oder des IGH. Im Gegensatz zu diesen war eine *vorläufige* Amtsenthebung durch Plenarbeschluß zulässig, wenn gegen ein Mitglied wegen eines Verbrechens oder Vergehens das Hauptverfahren eröffnet worden ist. Auch beim Bundesverfassungsgericht ist eine vorläufige Amtsenthebung durch Plenarbeschluß zulässig. Einstimmigkeit des Beschlusses ist nicht erforderlich. Nach § 105, Abs. 4, S. 1 BVerfGG. genügt eine Mehrheit von zwei Dritteln. Eine Zweidrittelmehrheit genügt auch zur Amtsenthebung der Richter am italienischen Verfassungsgerichtshof[44].

Eine andersartige Regelung wurde beim französischen Conseil d'Etat mit Rücksicht darauf getroffen, daß seine Mitglieder keine Richter und daher nicht unabsetzbar sind. Die Conseillers d'Etat können aber nur durch Beschluß des Kabinetts abgesetzt werden. Die Ungesichertheit der Conseillers d'Etat ist aber in Wirklichkeit nur scheinbar. Selbst in bewegten Zeiten wurde die Besetzung des Conseil d'Etat von der nachfolgenden Regierung respektiert[45].

---

[41] Manley O. *Hudson*, The Permanent Court of International Justice, New York 1934, S. 139.

[42] § 105 BVerfGG.

[43] §§ 128 – 131 des Gerichtsverfassungsgesetzes vom 27. Januar 1877 (RGBl. S. 41) a. F.

[44] Art. 7, L. cost. 1953 zitiert nach Pietro *Virga*, Diritto Costituzionale, 3. Aufl., Palermo 1950, S. 310.

[45] *Dalloz*, Répertoire de Droit Public et Administratif, publié sous la direction de Mess. Raymond Odet, Marcel Waline, Tome I, Paris 1958, No. 41, p. 473.

Die das Reichsgericht betreffenden Vorschriften sind fast wörtlich aus dem Gesetz über die Errichtung eines Obersten Gerichtshofs für Handelssachen (Bundes-Oberhandelsgericht) des Norddeutschen Bundes vom 12. Juni 1869 übernommen worden[46]. Im Reichstag des Norddeutschen Bundes ist dieselbe Frage gestellt worden, die auch heute angesichts der Bestimmungen in den Satzungen der Gerichtshöfe der Europäischen Gemeinschaften gestellt werden könnte, nämlich ob man nicht ein überflüssiges Gesetz gemacht habe. Soweit ersichtlich, ist ein Fall der Amtsenthebung weder beim StIGH[47] noch beim IGH oder Bundesverfassungsgericht einmal vorgekommen. Dennoch rechtfertigt sich eine Bestimmung dieser Art. Die Möglichkeit, daß einmal ein solcher Fall eintritt, ist trotz allem nicht völlig von der Hand zu weisen. Der Gesetzgeber muß auch für den unwahrscheinlichen Fall Vorsorge treffen, wenn er seine Schuldigkeit tun will. Gewiß wäre es verfehlt, einen Fall, der nur mit ganz geringer Wahrscheinlichkeit eintreten wird, bis in alle Einzelheiten zu regeln. Schon die Bestimmungen des Gerichtsverfassungsgesetzes a. F. erscheinen uns zu ausführlich. Das kann man weder von der entsprechenden Bestimmung im StatStIGH (StatIGH) noch von der in den Satzungen über die Gerichtshöfe der Europäischen Gemeinschaften sagen. Hier wie dort ist dem Fall nur ein Artikel gewidmet worden[48].

---

[46] Vgl. dazu die amtliche Begründung (Motive) des Regierungsentwurfs zum Gerichtsverfassungsgesetz, Sitzungsberichte des Deutschen Reichstags 2. Legislaturperiode, II. Session 1874, Nr. 4, S. 9, abgedruckt bei *Hahn*, Die gesamten Materialien zum Gerichtsverfassungsgesetz vom 27. Februar 1877, Berlin 1879, S. 14 (133). Ferner: Stenographische Berichte über die Verhandlungen des Reichstags des Norddeutschen Bundes, Bd. 6 – 9 (1 – 3), Berlin 1869.

[47] Abgesehen von einem Fall im Jahre 1929, der einen Hilfsrichter betraf. Dieser Richter war zur Verhandlung, an der die Regierung seines Landes als Partei beteiligt war, nicht erschienen. Schließlich wurde aber dem Gerichtshof ein ärztliches Attest vorgelegt. Der Gerichtshof ließ es dabei bewenden, indem er den Präsidenten beauftragte, an den betreffenden Richter einen Brief zu richten, dessen Zweck es war, die Schaffung eines Präzedenzfalles, der voll Gefahren für das Ansehen des Gerichtshofs gewesen wäre, zu verhindern (Rapport Annuel de la Cour Internationale de Justice Série E, No. 6, 1929 – 1930, p. 273).

[48] In England besteht z. B. seit alters her eine andere Regelung. Bis zum „Act of Settlement" stand es formal im Belieben des Königs, ob er einen Richter abberufen wollte. Der „Act of Settlement" von 1701 bestimmt jedoch, daß die Richter im Amt bleiben „quamdiu se bene gesserint", dazuhin ist ein Antrag *beider* Häuser des Parlaments erforderlich. Nunmehr gilt der „Supreme Court of Judicature (Consolidation) Act" von 1925: „All the Judges of the High Court and the Court of Appeal, . . . , shall hold their offices during good behaviviour subject to power of removal by His Majesty on an address presented to His Majesty by both Houses of Parliament" (zitiert nach *Hood Phillips*, A first book of English Law, 3. Aufl., London 1955 (1957), S. 18 ff.). Die gleiche Regelung besteht in den USA für den Supreme Court (Art. 3, Section 1 der Verfassung der USA, The Constitution of the USA – Analysis and interpretation – Prepared by the Legislative Reference Service, Library of Congress, Washington 1953, S. 511).

β) Zweck der Regelung

Die Bestimmung rechtfertigt sich noch aus einem ganz anderen Grund. Auch ohne praktisch zu werden, ist sie geeignet, den Richtern das Gefühl der Sicherheit zu geben. Sie ist ein handgreiflicher Ausdruck der richterlichen Unabhängigkeit[49]. Bei einem solch hohen Gericht wäre es unzuträglich, wollte man eine andere Instanz als den Gerichtshof selbst darüber entscheiden lassen, ob eines seiner Mitglieder noch die erforderlichen Voraussetzungen zur Bekleidung des Richteramtes erfüllt.

Darüber hinaus ist die Amtsenthebung eine so scharfe, ja äußerste Maßnahme, daß sie auch nur im äußersten Falle praktisch werden darf[50]. Auf der anderen Seite wäre es für das Richterkollegium selbst mißlich, wenn es einen Richter in seiner Mitte behalten müßte, der offensichtlich seinem Amt nicht mehr gewachsen ist oder beginnen würde, seine Amtspflichten gröblichst zu vernachlässigen. Es kann auch vorkommen, daß ein Richter wegen zu hohen Alters nicht mehr in der Lage ist, seine Amtspflichten voll zu erfüllen. Das Fehlen einer Altersgrenze wird zwar durch die Ernennung auf Zeit einigermaßen ausgeglichen; durch die Möglichkeit der Amtsenthebung ist jedenfalls eine Vorsorge für „atypische" Fälle geschaffen.

Die Aufnahme einer solchen Bestimmung in die Satzungen der Gerichtshöfe hat nur vereinzelt Kritik gefunden, jedoch zu Unrecht. *Breitner* sieht darin sogar eine „Handhabe . . . zur Verdrängung . . . unbequemer Richter . . ."[51]. Die Erfahrung hat wie schon erwähnt gezeigt, daß eher das Gegenteil der Fall ist, nämlich daß die übrigen Richter sich nur im äußersten Fall zu einem solchen Schritt bereitfinden werden (vgl. Anmerkung 49).

γ) Einzelfragen

a) In den Satzungen der Gerichtshöfe der EWG und Euratom findet sich je eine ähnliche Bestimmung (Art. 6) wie Art. 7, Satzung₁. Die Abweichungen sind aber zum Teil so erheblich, daß sich die Frage stellt, welche Bestimmung geltendes Recht ist. Sie widersprechen sich, regeln aber denselben Gegenstand, nachdem durch das Abkommen über die Gemeinsamen Organe für die Europäischen Gemeinschaften (BGBl. 1957 II, S. 1165) davon abgesehen wurde, für jede der Gemeinschaften einen besonderen Ge-

---

[49] Vgl. Manley O. *Hudson*, International Tribunals, Washington 1944, S. 28, 47.
[50] Vgl. Manley O. *Hudson*, a.a.O., S. 47.
[51] Franz *Breitner*, Der Gerichtshof der Montangemeinschaft und seine Anrufung bei fehlerhaften Organakten, 1. Aufl., Hamburg 1953 (Forschungsstelle für Völkerrecht und ausländisches öffentliches Recht der Universität Hamburg), S. 21. – Die Ansicht *Breitners* wurde indessen heftig kritisiert von *Daig* in einer Besprechung der Arbeit von *Breitner* in: Zeitschrift für ausländisches und internationales Privatrecht, 1954, S. 383. In der 2. Auflage (Hamburg 1954, S. 16) spricht *Breitner* von Art. 7, Satzung₁ als einer „Bestimmung, die wegen ihrer Dehnbarkeit keinen Beifall auszulösen vermag".

richtshof zu schaffen, sondern der schon bestehende Gerichtshof der EGKS in einen für alle Gemeinschaften gemeinsamen Hof umgewandelt wurde (Art. 3). Wie schon erwähnt, kann aber ein Richter am EGH unmöglich drei (in Wirklichkeit wären es nur zwei, da die Satzung$_2$ und Satzung$_3$ sich entsprechen) verschiedenen Statuten unterliegen je nachdem, ob er gerade mit einer Streitigkeit aus dem einen oder anderen Vertrag befaßt ist.

Herkömmlicherweise wird ein solcher Konflikt nach dem Grundsatz: „lex posterior derogat legi priori‘ gelöst. Dem stehen hier aber Bedenken entgegen. Art. 232 EWG-Vertrag scheint diesen Grundsatz sogar ausdrücklich auszuschließen. Man könnte einwenden, daß sich Art. 232 nur auf die Vorschriften der Verträge im engeren Sinne, nicht aber auf die Protokolle und Anhänge zu den Verträgen bezöge. Dem ist aber Art. 84 EGKS-Vertrag entgegenzuhalten, wonach unter dem Ausdruck „dieser Vertrag" auch die Anlagen, Zusatzprotokolle und Abkommen über die Übergangsbestimmungen zu verstehen sind. Nach Art. 239 EWG-Vertrag (Art. 207 Euratom-Vertrag) sind die dem Vertrag „im gegenseitigen Einvernehmen der Mitgliedstaaten beigefügten Protokolle . . . Bestandteil dieses Vertrages". Protokolle und Anlagen müssen als gedankliche Einheit aufgefaßt werden[52].

Wenn man aber den Sinn und Zweck des Art. 232 EWG-Vertrag berücksichtigt, kommt man zu einem anderen Ergebnis. Diese Bestimmung soll zwar im allgemeinen den Grundsatz: „lex posterior . . ." ausschalten. Die Schöpfer der Vertragswerke von Rom wollten damit erreichen, daß das einmal durch den EGKS-Vertrag Erreichte bestehen bleibt und nicht gewissermaßen durch die Hintertür der neuen Verträge wieder in Frage gestellt werden kann. So gesehen verbietet Art. 232 EWG-Vertrag nicht schlechthin jede Anwendung des genannten Auslegungsgrundsatzes. Eine Abwandlung der Ausdrucksweise oder die abweichende Regelung ein und desselben Gegenstandes kann auf die Bemühung zurückzuführen sein, das gleiche mit deutlicheren Worten zu sagen als zuvor; sie kann aber auch bedeuten, daß man mit Rücksicht auf bisher negativ beurteilte Erfahrungen . . . *sachlich* vom Montanunionsvertrag abweichen wollte[53]. Auch der EGH selbst hat zur Auslegung des einen Vertrags schon entsprechende Vorschriften der anderen Verträge mit herangezogen[54].

Vergleicht man den Inhalt von Art. 7, Satzung$_1$ und Art. 6, Satzung$_{2/3}$, so kann man nicht erkennen, daß bei Anwendung dieser Bestimmungen spezifische Errungenschaften des EGKS-Vertrags in Gefahr gebracht würden. Im Gegenteil erscheinen die neuen Bestimmungen durchaus als ein Fort-

---

[52] Handbuch der Montanunion, herausgegeben von *Armbruster-Engel,* A 161, S. 1, Frankfurt 1953.
[53] *Daig,* Die Gerichtsbarkeit in der Europäischen Wirtschaftsgemeinschaft und der Europäischen Atomgemeinschaft, AöR, Bd. 83, 1958, S. 158.
[54] Rechtssachen 9/56; 10/56 (Meroni); 15/57 (Hauts Fourneaux), Sammlung der Rechtsprechung des Gerichtshofs, Bd. IV, 1958 (S. 9 ff., 51 ff., 159 ff.).

schritt gegenüber den alten. Wollte man aber die verschiedenen Statute nebeneinander anwenden, so käme man, wie sich leicht erkennen läßt, zu sinnlosen Ergebnissen. Das ist aber nicht der Zweck des Art. 232 EWG-Vertrag. Als allein sachgerecht erscheint demnach die Lösung nach dem Grundsatz: „lex posterior . . .". Art. 7, Satzung$_1$ ist insoweit außer Kraft getreten.

Ähnliche Unklarheiten und Widersprüche finden sich vielfach in den Vertragswerken. Zu einer sorgfältigen Durcharbeitung im Stile eines BGB oder Code Civil fehlte die Zeit; es galt, die Gunst der politischen Umstände auszunutzen. Andererseits ist allen internationalen Verträgen eine gewisse Verschwommenheit in der Terminologie eigen, was den Generalanwalt *Lagrange* zu der Bemerkung veranlaßt hat: „Einerseits kann die genaue Feststellung des gemeinsamen Willens, die der Auslegung zugrunde gelegt werden muß, bei solchen Vereinbarungen wie den internationalen Abkommen, die gewöhnlich das Ergebnis mehr oder weniger mühseliger Kompromisse darstellen und wo die Unklarheit oder die genaue Abfassung häufig nur dazu dienen soll, den Mangel an grundsätzlicher Übereinstimmung zu verbergen, fast immer schwer mit Bestimmtheit erfolgen[55].

b) Bei Art. 6, Satzung$_{2/3}$ fällt zunächst gegenüber Art. 7, Satzung$_1$ auf, daß in den Kreis der Stimmberechtigten die Generalanwälte einbezogen worden sind. Der Deutlichkeit halber sei an dieser Stelle darauf hingewiesen, daß weder der Kanzler des Gerichtshofs noch die Generalanwälte sonst an der Urteilsberatung teilnehmen. Der Generalanwalt nimmt nur an der Sitzung des Gerichtshofs teil und stellt im Anschluß an sein Plädoyer die Schlußanträge, an die das Gericht aber in keiner Weise gebunden ist[56].

Nach Art. 13, Abs. 2, Satzung$_1$ konnten auch die Generalanwälte ihres Amtes enthoben werden, wenn sie nicht mehr die erforderlichen Vorbedingungen erfüllen. Über die Amtsenthebung entschied der Besondere Mi-

---

[55] *Lagrange*, Schlußanträge in der Rechtssache 8/55, Sammlung der Rechtsprechung des Gerichtshofs, Bd. II, S. 254. Zur Auslegung der Vertragstexte allgemein u. a.: *Daig*, a.a.O., S. 156, mit weiteren Nachweisen; derselbe: Die ersten vier Urteile des Gerichtshofs der Europäischen Gemeinschaft für Kohle und Stahl, JZ 1955, S. 369; Franz *Jerusalem*, Das Recht der Montanunion, München 1954, S. 78; Sammlung der Rechtsprechung des Gerichtshofs, Bd. III, S. 118; Pierre *Pinay*, La Cour de Justice des Communautés Européennes, Revue du Marché Commun 1959, p. 145; Frederik *Hausmann*, Der Schumanplan im europäischen Zwielicht, München – Berlin 1952, S. 116; *Lagrange*, L'Ordre juridique de la C.E.C.A., vu à travers la jurisprudence de la Cour de justice, Revue du Droit Public et da la Science Politique en France et à l'étranger, 1958, p. 849. Zur Auslegung internationaler Verträge vgl. auch *Schwarzenberger*, International Law I, International Tribunals, London 1957, S. 222 ff.; StIGH (I. L. O. and conditions of labour in agriculture P.C.I.D. Series 3, Nr. 2 and 3, p. 23; Polish Postal Service in Danzig, P.C.I.J. Series B, Nr. 11, p. 39) zitiert bei *Hambro*, La jurisprudence de la Cour Internationale, Leyden 1952, p. 27; Léontin *Constantinesco*, in: Actes officielles du Congrès international d'études sur la C.E.C.A. – Milano – Stresa – 31 mai – 9 juin 1957, Milano 1958, Bd. II, S. 213 ff.

[56] Art. 11, Satzung$_1$; Art. 166, EWG-Vertrag; Art. 138, Euratom-Vertrag.

nisterrat durch einstimmigen Beschluß, nachdem der Gerichtshof dazu Stellung genommen hatte. Da nunmehr die Generalanwälte bei der Amtsenthebung der Richter mitwirken, ist diese Bestimmung ebenfalls geändert worden. Über die Amtsenthebung der Generalanwälte entscheidet jetzt das Plenum des Gerichtshofs einschließlich des anderen Generalanwalts[57].

Dadurch ist die Rechtsstellung der Generalanwälte derjenigen der Richter noch weiter als bisher angenähert worden. Die Wirkung dieser Änderung – auch ohne daß ein Fall des Art. 6, Satzung₂/₃ eintritt – wird sein, „daß die Verbundenheit der Generalanwälte mit dem Gerichtshof verstärkt wird"[58].

c) Verlangt ist ein einstimmiger[59] Beschluß, wobei aber der allgemeinen Übung entsprechend der Betroffene nicht mitwirkt[60].

Die Bestimmung scheint klar genug zu sein, in Wirklichkeit ist sie es jedoch nicht. Abgesehen von einer möglichen Erhöhung der Zahl der Richtersitze[61] dürften z. Zt. abgesehen von den Generalanwälten die sechs übrigen Richter zur Entscheidung berufen sein. Fraglich ist, ob hier Art. 18, Abs. 2, S. 2, Satzung₁ (Art. 15, S. 2, Satzung₂/₃) (quorum) angewendet werden kann, oder ob eine Entscheidung über die Amtsenthebung nur gültig ist, wenn sie mit den Stimmen *sämtlicher* übrigen Richter getroffen ist.

Es wurde bereits darauf hingewiesen, daß es in der Natur eines solchen Gerichtshofs liegt, daß seine Mitglieder ein verhältnismäßig hohes Durchschnittsalter aufweisen (vgl. oben Kapitel I, 3a, b). Dazu kommt, daß der Gerichtshof in der Regel nur *einen* Spruchkörper hat. Im Falle des Art. 6, Satzung₂/₃ ist dies sogar ausdrücklich hervorgehoben. Durch die Einrichtung des „quorums" soll verhindert werden, daß der ganze Gerichtshof bei Ausfall eines Mitglieds funktionsunfähig wird. Es sei darauf hingewiesen, daß der StIGH selten in voller Besetzung getagt hat und oft genug infolge zahlreicher Erkrankungen die Gefahr einer Funktionsunfähigkeit bestand[62].

---

[57] Art. 8, Satzung₂/₃; Art. 6, Abs. 1, S. 2, Satzung₂/₃.

[58] *Daig,* a.a.O., S. 148.

[59] Entsprechend Art. 18 StatIGH (StIGH); beim Bundesverfassungsgericht ist die Mehrheit von zwei Dritteln erforderlich (§ 105, Abs. 4 BVerfGG.). Beim Reichsgericht war eine bestimmte Mehrheit des Plenums nicht vorgeschrieben.

[60] Art. 6, Abs. 1, S. 2, Satzung₂/₃. Daß nach Satzung₁ dasselbe galt, folgt aus der gebrauchten Wendung: „. . . nach einstimmigem Urteil der *anderen* Richter . . .". Die französische Fassung lautet: „. . . au jugement unanime des *autres* juges . . .". Richtiger wäre wohl die Übersetzung mit *„übrigen* Richter" gewesen (Hervorhebungen vom Verfasser).

[61] Art. 32, Abs. 4 EGKS-Vertrag; Art. 165, Abs. 3 EWG-Vertrag; Art. 137, Abs. 3 Euratom-Vertrag.

[62] Einmal geschah es sogar, daß der StIGH, weil ein Richter in der Sitzung plötzlich von einem Unwohlsein befallen wurde, tagelang beschlußunfähig war, sodaß der Präsident die Sitzungsperiode für geschlossen erklären mußte (Rapport Annuel de la Cour Permanente de Justice Internationale, Série E, No. 5, 1928/1929, p. 237/238).

Diese Gesichtspunkte müssen auch für den Fall der Amtsenthebung gelten. Träte der Fall tatsächlich einmal ein, so wäre es unerträglich, wenn der Gerichtshof wegen Erkrankung *eines* Mitglieds auf unabsehbare Zeit nicht wirksam beschließen könnte[63].

Fraglich ist auch, ob die Vorschriften über die Befangenheit von Richtern[64] angewandt werden können. Grundsätzlich wird man die Frage bejahen müssen. Es sind jedoch hier besonders strenge Maßstäbe anzulegen, da in einem solchen Fall jeder Richter mehr oder weniger befangen ist. Ist der Präsident oder ein anderes Mitglied der Auffassung, daß ein Grund zur Nichtmitwirkung wegen Befangenheit nicht vorliegt, so entscheidet darüber der Gerichtshof, wobei aber die Generalanwälte nicht mitwirken.

Die Vorschrift des Art. 18, Abs. 2, S. 2, Satzung$_1$ (Art. 15, S. 1, Satzung$_{2/3}$), wonach der Gerichtshof nur in der Besetzung mit einer ungeraden Zahl von Richtern rechtswirksam tätig werden kann, kann im Falle der Amtsenthebung eines Richters nicht angewandt werden. Diese Vorschrift soll eine Stimmengleichheit verhindern, da dem Präsidenten des EGH nicht wie beim IGH (Art. 55, Abs. 2 StatIGH) der Stichentscheid zusteht. Wollte man diese Bestimmung hier anwenden, so müßte immer ein Richter, und zwar nach Art. 26, § 1 VerfO. der mit dem niedrigsten Dienstalter, auf eine Teilnahme an den Beratungen verzichten. Der Sinn dieser Vorschrift trifft aber im Falle der Amtsenthebung eines Richters oder Generalanwalts nicht zu, da eine Stimmengleichheit in jedem eine Ablehnung der Amtsenthebung bedeutet. Für den Fall der Amtsenthebung ist eine einstimmige Entscheidung der Richter *und* Generalanwälte erforderlich. Die Stimmenthaltung eines Richters, die im Gegensatz zu § 195 Gerichtsverfassungsgesetz nicht ausdrücklich verboten ist, hindert eine Amtsenthebung. Beim StIGH wurden Stimmenthaltungen jedoch generell als ungültige Stimmen angesehen und von der Zahl der anwesenden Richter abgezogen. War die Zahl der abgegebenen Stimmen nicht ebenso groß wie das quorum, so war das Gericht nicht beschlußfähig[65].

d) Während sonst die Verhandlungen des EGH öffentlich sind, ist die Öffentlichkeit hier ausgeschlossen, auch nimmt der Kanzler des Gerichtshofs kraft ausdrücklicher Vorschrift an der Sitzung nicht teil[66]. Das charakterisiert das Verfahren als Disziplinarverfahren. Das Verfahren nach Art. 7, Satzung$_1$ (Art. 6, Satzung$_{2/3}$) bedarf keines Antrags. Es steht jedoch den Organen der Gemeinschaften wie den Mitgliedern des Gerichtshofs

---

[63] Ebenso *Breitner*, Der Gerichtshof der Montangemeinschaft und seine Anrufung bei fehlerhaften Organakten, 1. Auflage, Hamburg 1953, S. 22; a. A. ohne nähere Begründung *Daig*, Zeitschrift für ausländisches und internationales Privatrecht, 1954, S. 383; de *Richmont*, La Cour de Justice, Paris 1954, § 9.

[64] Art. 19, Satzung$_1$; Art. 16, Satzung$_{2/3}$.

[65] Rapport Annuel de la Cour Permanente de Justice Internationale, Série E, No. 1, 1922 – 1925, p. 240.

[66] Art. 26, Satzung$_1$; Art. 29, Satzung$_{2/3}$; Art. 5 VerfO.

frei, einen entsprechenden Antrag zu stellen. Bestehen Anhaltspunkte, daß die Voraussetzungen der Amtsenthebung gegeben seien, so ist das Verfahren von Amts wegen einzuleiten. Der Präsident fordert den Betreffenden auf, sich hierzu vor dem Gerichtshof zu äußern (Art. 5 VerfO.). Fraglich ist, ob der Betroffene sich eines Beistandes bedienen kann. Im Text findet sich keine diesbezügliche Bestimmung. Die Unternehmen und alle natürlichen und juristischen Personen müssen sich im Verfahren vor dem EGH des Beistandes eines Anwalts bedienen, der zur Anwaltschaft in einem Mitgliedstaat zugelassen ist[67]. Diese Vorschrift ist nicht abschließend. Man wird sie auf den Fall der Amtsenthebung in der Weise entsprechend anwenden müssen, daß sich der Betroffene zwar eines Beistandes bedienen *kann*, aber nicht *muß*. Beistand kann aber nur ein in einem Mitgliedstaat zugelassener Anwalt oder Hochschullehrer sein[68].

e) Gegenüber Art. 7, Satzung$_1$ erscheint Art. 6, Satzung$_{2/3}$ etwas verändert. Während Art. 7, Satzung$_1$ nur darauf abstellt, ob der Betreffende „nicht mehr die erforderlichen Voraussetzungen erfüllt", heißt die entsprechende Stelle in Art. 6, Satzung$_{2/3}$: „. . . nicht mehr die erforderlichen Voraussetzungen erfüllt oder den sich aus seinem Amt ergebenden Verpflichtungen nicht mehr nachkommt". Sachlich hat sich hierbei nichts geändert, der Zusatz dient vielmehr der Klarstellung. Beide Tatbestände werden sich in der Regel decken.

Bei der Entscheidung ist nicht auf den Zeitpunkt der Ernennung abzustellen, sondern auf den Zeitpunkt der Entscheidung. Problematisch wird der Fall, wenn ein Richter nach Ansicht des Gerichtshofs schon bei der Ernennung die geforderten Voraussetzungen nicht erfüllte. Bei der Lösung wird man nicht darauf abstellen können, ob den ernennenden Regierungen der Mangel bekannt war oder nicht. Etwas anderes könnte allenfalls im Falle der Erschleichung des Amtes gelten. Es ist nicht Sache des Gerichtshofs, die Regierungen zu berichtigen. Das ergibt sich bereits aus den Verträgen zugrundeliegenden Funktionsteilung der Organe. Sind z. B. die Regierungen übereinstimmend der Auffassung, daß ein Kandidat „Jurist" im Sinne des Art. 167, Abs. 1 EWG-Vertrag (Art. 139, Abs. 1 Euratom-Vertrag) ist, so muß es dabei auch dann bewenden, wenn der Gerichtshof anderer Auffassung ist[69]. Zweckmäßigerweise werden sich aber die Regierungen

---

[67] Art. 20, Abs. 2, Satzung$_1$; Art. 17, Abs. 2, Satzung$_{2/3}$.
[68] de *Richmont*, La Cour de Justice, Paris 1954, § 9.
[69] Ebenso de *Richmont*, a.a.O., § 9, S. 15, welcher hieraus die weitere Folgerung zieht, daß ernennende Regierungen von den durch die Verträge festgelegten Ernennungvoraussetzungen dispensieren können. Der StIGH hat in einem Gutachten betreffend die „Jaworzina Boundary" (1923) die Auffassung ausgesprochen, daß das Recht einer autoritativen Auslegung allein der Person oder derjenigen Körperschaft zusteht, die die Macht hat, den Vertrag zu ändern oder aufzuheben. In einem solchen Fall haben ausschließlich die Vertragspartner diese Macht (zitiert nach *Schwarzenberger*, International Law I, International Tribunals, London 1957, S. 222).

der Mitgliedstaaten vor einer Neuernennung formlos bei den Mitgliedern des Gerichtshofs erkundigen, ob der in Aussicht genommene Kandidat den Vorstellungen der Mitglieder des Gerichtshofs entspricht[70]. Das liegt im gemeinsamen Interesse an einer künftigen fruchtbaren Zusammenarbeit zwischen den Mitgliedern des Gerichtshofs.

Im einzelnen reicht das Anwendungsgebiet von Art. 6, Satzung$_{2/3}$ sehr weit. So wird man auch dann eine Amtsenthebung für zulässig erachten müssen, wenn ein Richter oder Generalanwalt sich Handlungen zuschulden kommen läßt, „die ein Verbleiben im Amt mit der Würde des Amtes unvereinbar machen". Eine derartige Bestimmung muß notwendigerweise weit sein, will man nicht ein vollständiges und schließlich großer Wahrscheinlichkeit nach überflüssiges Disziplinarrecht schaffen. Der Kritik *Breitners*[71], daß die Bestimmung „wegen ihrer Dehnbarkeit keinen Beifall auszulösen" vermöge, kann ich mich daher nicht anschließen.

Art. 6, Satzung$_{2/3}$ bietet seinem Wortlaut nach nur die Möglichkeit der Amtsenthebung, nicht geringerer Disziplinarmaßnahmen. Das Bundesverfassungsgericht hat sich jedoch in einem Fall offenbar auch zu solchen (Mißbilligung) per argumentum a maiore ad minus für befugt erachtet[72]. Auch der StIGH hat, wie schon erwähnt, in einem Falle den Präsidenten des Gerichtshofs ermächtigt, an den betreffenden Richter ein entsprechendes Schreiben zu richten, dessen Wortlaut vom Gerichtshof selbst beschlossen wurde und das einen „précédent plein de dangers pour l'autorité de la Cour" verhindern sollte[73]. Die Befugnis, auch geringere Disziplinarmaßnahmen zu ergreifen (Hinweis, Mißbilligung), muß man dem EGH zuerkennen. Den Mitgliedern sind, wie noch zu zeigen sein wird, zahlreiche Verpflichtungen auferlegt, deren Tragweite nicht immer eindeutig ist. Es wäre unerträglich, wenn sich ein Richter bei irriger Auslegung einer solchen Vorschrift bereits der Gefahr einer Amtsenthebung aussetzen würde. Der Berücksichtigung des Grundsatzes der Verhältnismäßigkeit steht Art. 6, Satzung$_{2/3}$ m. E. nicht entgegen. Ob und inwieweit dem Präsidenten Dienstaufsichts- und Disziplinarbefugnisse zustehen, soll später erörtert werden.

f) Der Kanzler des Gerichtshofs teilt den Beschluß des Gerichtshofs dem Präsidenten der Gemeinsamen Versammlung, den Präsidenten der Hohen Behörde, der Kommission der EWG und der Euratom mit. Der Kanzler „übermittelt" das Erkenntnis den Präsidenten der Ministerräte[74].

---

[70] Soweit der Verfasser erfahren konnte, war dies z. B. bei der Ernennung des jetzigen Präsidenten der Fall.

[71] Der Gerichtshof der Montangemeinschaft und seine Anrufung bei fehlerhaften Organakten, 2. Aufl., Hamburg 1954, S. 16.

[72] *Lechner*, Kommentar zum BVerfGG., München–Berlin 1954, § 105, Anmerkung 1.

[73] Rapport Annuel de la Cour Permanente de Justice Internationale, Série E, No. 6, 1929–1930, p. 273.

[74] Art. 7, Abs. 2, Satzung$_2$; Art. 6, Abs. 2, Satzung$_{2/3}$.

Gemeint ist damit, daß die Präsidenten der Ministerräte eine Ausfertigung des Beschlusses erhalten, während den übrigen Präsidenten die Entscheidungsformel mitgeteilt wird.

Art. 6, Abs. 2 und 3, Satzung$_{2/3}$ enthalten gegenüber Art. 7, Satzung$_1$ eine geringfügige Änderung. Nach den neuen Bestimmungen werden die Präsidenten des Rates nicht nur „benachrichtigt", sondern ihnen wird „die Entscheidung des Gerichtshofs . . . übermittelt". In Art. 6, Abs. 3, Satzung$_{2/3}$ heißt es weiter, „wird durch eine solche Entscheidung ein Richter seines Amtes enthoben, so wird sein Sitz mit der Benachrichtigung des (der) Präsidenten des (der) Rates (Räte) frei". Unter „Benachrichtigung" ist der Zugang der Ausfertigung des Beschlusses zu verstehen. Im Gegensatz zu der früheren Regelung ist die Benachrichtigung der übrigen Präsidenten ohne Einfluß auf das Freiwerden des Richtersitzes. Die Folge dieser Regelung ist, daß erst mit der Übersendung der Ausfertigung die Wirkungen des Spruches eintreten, jedoch kann das Gericht selbst seinen Spruch nicht mehr ändern. Der Betreffende verliert mit dem Wirksamwerden des Beschlusses sämtliche Rechte aus dem Amt, während gewisse Pflichten, z. B. die Pflicht zur Amtsverschwiegenheit, herkömmlicherweise fortdauern. Der Ruhegehaltsanspruch sowie der Anspruch auf die Hinterbliebenenbezüge erlischt nicht in jedem Fall, sondern nur, wenn das Mitglied des Gerichtshofs „wegen einer schweren Verfehlung" seines Amtes enthoben worden ist[75].

Ihrem Inhalt nach entspricht die Bestimmung Art. 18 StatIGH (StIGH). Im Gegensatz zu § 105, Abs. 5 BVerfGG. besteht keine Möglichkeit, den Betreffenden vorläufig des Amtes zu entheben. Zwar ist der Gerichtshof und der Präsident gemäß Art. 83 bis 86 VerfO. befugt, einstweilige Anordnungen zu treffen. Ihrem Inhalt und der Stellung innerhalb der VerfO. nach sind diese Vorschriften auf den Fall der Amtsenthebung nicht, auch nicht entsprechend, anwendbar. Der Richter oder Generalanwalt bleibt demnach auch dann weiter im Amt, wenn nach Aufhebung der Immunität ein Strafverfahren von einem nationalen Gericht eingeleitet worden ist.

---

[75] Beschluß des Ministerrats über die Festsetzung der Gehälter usw. (§ 11 vom 24. Juni 1954, ABl. 1954, S. 437).

Drittes Kapitel

Besondere Pflichten der Richter

1. Die Eidespflicht

a) Fehlen der Eidesleistung

Herkömmlicher Übung entsprechend ist jeder Richter verpflichtet, vor Aufnahme seiner Amtstätigkeit den Eid, sein Amt unparteiisch und gewissenhaft auszuüben und das Beratungsgeheimnis zu wahren, abzulegen (Art. 2, Satzung$_2$/$_3$). Diese Bestimmung weicht nur in der Formulierung geringfügig von der entsprechenden Vorschrift der Satzung$_1$ (Art. 2) ab.

Die Bestimmung wurde fast wörtlich aus dem StatIGH (StIGH) übernommen (Art. 20). Beim IGH sind nicht nur die ordentlichen Mitglieder des Gerichtshofs, sondern auch die eventuell von den Parteien bezeichneten Richter „ad hoc" verpflichtet, den Eid zu leisten. Bevor der Eid nicht geleistet ist, kann der Richter an keiner Sitzung des Gerichtshofs teilnehmen. Eine Schwierigkeit ergab sich aus diesem Grunde beim StIGH im Jahre 1923 in der Sache „Wimbledon" und „Mauromatis". Im ersten Fall, bei dem die deutsche Reichsregierung beteiligt war, sollte Prof. Schücking als Richter „ad hoc" teilnehmen, hatte jedoch den Eid noch nicht geleistet. Der Gerichtshof war der Auffassung, daß er einerseits nicht ohne den deutschen Richter „ad hoc" in die Verhandlung eintreten könne, andererseits Prof. Schücking nur zugelassen werden könne, nachdem er den vorgeschriebenen Eid geleistet habe[1].

Das Fehlen des Richters „ad hoc" wurde also nach Ansicht des StIGH nicht durch die Zulässigkeit des quorums ausgeglichen. Darin zeigt sich die Notwendigkeit, den Parteien entgegenzukommen, wenn man schon nicht generell auf die Einrichtung des Richters „ad hoc" verzichten will. Etwas Ähnliches kann für den EGH nicht gelten. Richter „ad hoc" gibt es nicht. Wenn ein Richter wegen noch ausstehender Eidesleistung an einer Verhandlung nicht teilnehmen kann, so ist damit der Gerichtshof noch nicht beschlußunfähig, sofern das quorum von fünf Richtern erreicht werden kann. Für die Zulässigkeit einer Entscheidung mit weniger als sieben Richtern kommt es weder darauf an, welcher Richter verhindert ist noch darauf, aus welchem Grunde dies der Fall ist. Darum wird man schon deswegen nicht den Gerichtshof als nicht ordnungsgemäß besetzt ansehen

---

[1] Rapport Annuel de la Cour Permanente de Justice Internationale, Série E, No. 1, 1922 – 1925, p. 240.

können, wenn zwar ein Richter mitwirken würde, der den Eid noch nicht geleistet hat, auf jeden Fall aber das quorum erreicht wäre. Darüber hinaus muß man aber auch ein Urteil des Gerichtshofs, an dem ein Richter mitgewirkt hat, ohne den Eid geleistet zu haben, als gültig ansehen. Zwar muß der Eid vor Beginn der Tätigkeit abgelegt werden, von der Leistung des Eides hängt aber die Begründung des Richterverhältnisses und die Wirksamkeit oder Ordnungsmäßigkeit einer richterlichen Handlung nicht ab. Die Pflicht zur Ablegung des Amtseides ist eine Folge der Ernennung zum Richter[2].

Die Auffassung von de *Richmont*[3], wonach bei Verletzung dieser Bestimmung jede richterliche Handlung ungültig und das Urteil, an dem der Richter mitgewirkt hat, nichtig sein soll, findet im Vertrag keine Stütze. Ist die Eidesleistung unterblieben oder war sie fehlerhaft, so kann sie jederzeit nachgeholt werden.

b) Keine Verweigerung der Eidesleistung

Der Richter darf die Leistung des Eides nicht verweigern. Für diesen Fall schweigen die Verträge. Die Verweigerung des Eides würde aber eine schwere Pflichtverletzung darstellen, die regelmäßig die Einleitung eines Verfahrens nach Art. 7, Satzung$_1$ (Art. 6, Satzung$_{2/3}$) rechtfertigen würde.

c) Form der Eidesleistung

Der Eid wird in *öffentlicher* Sitzung geleistet. Nach bisheriger Praxis wurde der Eid in einer dazu bestimmten feierlichen Sitzung geleistet. Den Feierlichkeiten wohnten Mitglieder der großherzoglichen Familie in Luxemburg, offizielle Vertreter der Europäischen Gemeinschaften und der Luxemburgischen Regierung, Richter der Obersten Gerichte sowie Vertreter der Rechtsanwaltskammern der sechs Mitgliedstaaten sowie zahlreiche Gäste bei[4].

Die Form, in der die Eidesleistung geschieht, entspricht der hohen Würde dieses Richteramtes. Sowohl beim StIGH als auch beim IGH wurde der Eid in öffentlicher Sitzung geleistet. In Frankreich legen die Richter den

---

[2] *Geiger*, Kommentar zum BVerfGG., Berlin–Frankfurt 1952, Anmerkung 1 zu § 11; *Lechner*, Kommentar zum BVerfG., München–Berlin 1954, Anmerkung 1 zu § 11; entsprechend für das Beamtenrecht *Bochalli*, Kommentar zum Bundesbeamtengesetz, 2. Aufl., München–Berlin 1958, Anmerkung 3 zu § 58. Heinrich *Daniels* in: *Anschütz-Thoma*, Handbuch des Deutschen Staatsrechts, Bd. II, S. 43, mit Nachweisen aus der Rechtsprechung; Eduard *Kern*, Der gesetzliche Richter, Berlin 1927, S. 161/162. Der SPD-Entwurf sah für das Bundesverfassungsgericht vor, daß die Ernennung zum Bundesverfassungsrichter erst mit der Eidesleistung wirksam wird (zitiert nach *Geiger*, a.a.O., vor Anmerkung 1).
[3] La Cour de Justice, Paris 1954, § 11.
[4] Anläßlich der feierlichen öffentlichen Sitzung vom 7. Oktober 1958 hat der Gerichtshof eine Broschüre herausgegeben, in der die bei dieser Gelegenheit gehaltenen Ansprachen abgedruckt sind (ohne Titel, Orts- und Jahresangabe).

Eid vor dem zuständigen Appellationshof, die Richter am Kassationshof vor diesem ab. Sie werden in feierlicher Sitzung des Gerichts, bei dem sie ernannt sind, in ihr Amt eingeführt[5]. In Deutschland wurde der Eid bisher in der Regel nicht in öffentlicher Sitzung geleistet. § 35, Abs. 1 des Entwurfs eines Deutschen Richtergesetzes[6] sieht vor, daß der Richter den Eid in öffentlicher Sitzung eines Gerichts leistet. „Gericht" kann danach das Gericht sein, bei dem der Richter künftig tätig sein soll, aber auch jedes andere.

Wird ein Richter nach Ablauf seiner Amtszeit wiedergewählt, so braucht er den Eid nicht noch einmal zu leisten. Dies entspricht der Übung beim IGH[7]. Der Dienst des Richters wird im Falle der Wiederwahl praktisch nicht unterbrochen, was auch in Art. 4, Abs. 2 VerfO. zum Ausdruck kommt. Danach behalten ausscheidende Richter, die wiederernannt werden, ihren bisherigen Rang, auch das Dienstalter wird weitergezählt.

Der Eid, den der Richter leistet, lautet: „Ich schwöre, daß ich mein Amt unparteiisch und gewissenhaft ausüben und das Beratungsgeheimnis wahren werde". (Art. 3, § 1 VerfO.) Die Form entspricht ungefähr der beim IGH verwendeten.

Eine religiöse Beteuerungsformel ist nicht vorgesehen, dafür kann der Eid in der vom Heimatrecht des Richters vorgesehenen Form geleistet werden. Bemerkenswert ist, wie wichtig den Urhebern der Vertragswerke die Berücksichtigung einheimischer Einrichtungen und die persönliche Überzeugung des einzelnen auch im Rahmen eines nicht nur internationalen, sondern vielmehr supranationalen Gerichtshofs war. Dieser Vorbehalt zeugt von einem Bekenntnis zur menschlichen Persönlichkeit und zur Gewissensfreiheit.

Wenn der Eid in der Form des Heimatlandes geleistet werden darf, so muß man daraus schließen, daß er auch dann in der Heimatsprache gesprochen werden darf, wenn diese nicht Amtssprache des Gerichtshofs sein sollte[8]. Auffällig ist, daß der Eid keine Bindung an irgendeine Rechtsordnung hält. Das ist ohne weiteres verständlich, wenn man bedenkt, daß der Gerichtshof zwar die Wahrung des Rechts bei der Auslegung und Anwendung der Verträge sichert[9], die Verträge jedoch nicht alle Rechtsfragen erschöpfend regeln können. Der Gerichtshof ist darauf angewiesen, allgemeine Rechtsprinzipien, insbesondere die den Mitgliedstaaten gemein-

---

[5] Ordonance No. 58 – 1270, du 22 décembre 1958, Art. 6 (Journal Officiel, 23 décembre 1958, p. 11 551).

[6] Bundesratsdrucksache Nr. 183/57.

[7] Annuaire de la Cour Internationale de Justice 1949/1950, herausgegeben vom Internationalen Gerichtshof im Haag, S. 91; 1951/1952, S. 99.

[8] A.A. anscheinend de *Richmont*, a.a.O., § 11, S. 19.

[9] Art. 31, EGKS-Vertrag; Art. 164, EWG-Vertrag; Art. 136, Euratom-Vertrag.

samen Regeln, anzuwenden[10]. Es wurde bereits darauf hingewiesen, daß dem Gerichtshof damit die bedeutende Aufgabe der Fortbildung und Entwicklung des europäischen Gemeinschaftsrechts zukommt. Die Wahl dieser Eidesformel ist daher zu begrüßen.

2. Pflicht zur Wahrung des Beratungsgeheimnisses

a) Umfang

Die Pflicht zur Wahrung des Beratungsgeheimnisses ist den Richtern *ausdrücklich* auferlegt[11]. Dasselbe gilt auch für die Richter am IGH. Art. 20 StatIGH bestimmt, daß die Beratungen geheim sind und bleiben[12]. Die Richter verpflichten sich jedoch nicht durch einen Eid zur Wahrung des Beratungsgeheimnisses[13].

Es überrascht den unbefangenen Betrachter, daß die Pflicht zur Wahrung des Beratungsgeheimnisses ausdrücklich statuiert ist. Nach der herkömmlichen Auffassung in den nationalen Rechten folgt diese Pflicht schon aus der Pflicht zur Amtsverschwiegenheit, die ihrerseits wieder zu den elementaren Amtspflichten gehört. Nach deutschem Recht ist die Pflicht zur Wahrung des Beratungsgeheimnisses nur für die Schöffen und Geschworenen ausdrücklich festgelegt (§ 198 GVG), daß sie aber auch für die Berufsrichter gilt, unterliegt keinem Zweifel[14].

b) Zweck

Das Beratungsgeheimnis ist ein wesentliches Element richterlicher Unabhängigkeit[15]. Außenstehenden ist es verwehrt, die Ansichten und Stellungnahmen der Richter bei der Beratung zu erfahren. Wie ein Richter abgestimmt hat und mit welchem Stimmenverhältnis die Entscheidung getroffen worden ist, entzieht sich der Öffentlichkeit. „Die Beratungen des Gerichtshofs sind und bleiben geheim", heißt es in Art. 29, Satzung$_1$ (Art. 32, Satzung$_{2/3}$) noch einmal. Daß bei Offenbarung des Beratungsgeheimnisses erhebliche Gefahren für die Unabhängigkeit und Unparteilichkeit der

---

[10] Vgl. dazu Art. 215, Abs. 2, EWG-Vertrag.

[11] Art. 2, Satzung$_{1/2/3}$, in Verbindung mit Art. 3, § 1 VerfO.

[12] Art. 54 StatIGH. Im Gegensatz zum IGH (StIGH) wird über die Urteilsberatung ein Protokoll nicht aufgenommen (vgl. dazu Manley O. *Hudson*, International Tribunals, Washington 1944, S. 96).

[13] Art. 20 StatIGH; Art. 5, Abs. 1, Règlement IGH.

[14] Statt aller: Eduard *Kern*, Gerichtsverfassungsrecht, 2. Aufl., München – Berlin 1954, S. 222. Die Eidespflicht soll künftig auch dem Berufsrichter ausdrücklich auferlegt werden. Nach § 41 des Entwurfs eines Deutschen Richtergesetzes (Bundesratsdrucksache Nr. 183/57) hat der Richter „über den Hergang bei der Beratung und Abstimmung auch nach Beendigung seines Dienstverhältnisses zu schweigen. Die vorgesetzte Dienstbehörde kann einen Richter von der Amtsverschwiegenheit, nicht aber vom Beratungsgeheimnis entbinden" (Amtliche Begründung des Entwurfs zu § 41, Bundesratsdrucksache Nr. 183/57).

[15] André *Philip*, Rapport présenté au nom du Conseil économique, Journal Officiel de la République Française 30 novembre 1951, p. 243.

Richter entstehen würden, bedarf keiner näheren Begründung[16]. Auch beim EGH besteht ein Bedürfnis dafür, die Vorgänge bei der Beratung *insbesondere* vor den Regierungen der Mitgliedstaaten geheimzuhalten. Einerseits treten diese als Parteien vor dem Gerichtshof auf, andererseits ernennen *sie*, wenn auch im gemeinsamen Einvernehmen, die Richter. Man kann nicht ohne weiteres annehmen, daß die Regierungen allezeit den Großmut aufbringen werden, einen Richter, der wiederholt gegen ihre Auffassung stimmt, nach Ablauf seiner Amtsperiode wiederzuernennen. Ein lehrreiches, wenn auch makabres Beispiel hat der Generalsekretär der Vereinten Nationen im Jahre 1951 gegeben. Da sich der Fall an einem internationalen, dem EGH verwandten Gerichtshof ereignet hat, mag er hier kurz erwähnt werden. – Der auf eine bestimmte Zeit abgeschlossene Vertrag eines Beamten der Vereinten Nationen wurde nach Ablauf der vorgesehenen Zeit vom Generalsekretär nicht verlängert. Dies hat der Generalsekretär dem Beamten *ohne* Angabe von Gründen mitgeteilt. Gegen diesen Bescheid erhob der Beamte Klage vor dem Verwaltungsgericht der Vereinten Nationen. Das Gericht kam zu der Auffassung, daß der Generalsekretär, auch ohne daß dies ausdrücklich festgelegt ist, die Gründe seiner Entscheidung hätte bekanntgeben müssen, der Bescheid daher rechtswidrig gewesen sei. Die Entscheidung erregte den heftigen Unwillen des Generalsekretärs, der daraufhin einen Beschluß der Generalversammlung der Vereinten Nationen herbeiführte, wonach die Personalordnung dahingehend geändert wurde, daß künftig den Betreffenden die Gründe der Entscheidung nicht mitgeteilt werden brauchen. Handelte es sich unter diesen Umständen um einen reinen Zufall, daß zwei Mitglieder des Gerichtshofs, Professor *Egger* und Dr. *Oribe* nach Ablauf ihrer Amtszeit im Jahre 1951 nicht wiederernannt wurden?[17].

Die Pflicht zur Wahrung des Beratungsgeheimnisses ist nicht absolut. In einem Strafverfahren wegen Rechtsbeugung oder in einem Amtshaftungsprozeß kann das Beratungsgeheimnis durchbrochen werden; diesen Standpunkt hatte bereits das Reichsgericht vertreten[18]. Es ist aber zu beachten, daß den Richtern Immunitätsrechte zustehen, die nur durch den Gerichtshof aufgehoben werden können, sodaß praktisch der Gerichtshof jeweils über die Offenbarung des Beratungsgeheimnisses entscheidet. Die bloße Pflicht, als Zeuge vor (einem anderen) Gericht auszusagen, kann in keinem Falle zur Offenbarung des Beratungsgeheimnisses führen.

---

[16] Vgl. dazu Eduard *Kern*, a.a.O., S. 94/95.

[17] Vgl. dazu näher Henri *Puget*, Le Tribunal Administratif des Nations Unies – ses décisions récentes en matière de licenciéments et leurs inexécution – in: Juris Classeur Périodique – La Semaine Juridique – 1952, I, No. 994.

[18] RGSt 20, 202; 60, 295. Vgl. hierzu insbesondere *von Coelln*, Das Beratungsgeheimnis, Berlin 1931, S. 81, 86; Eduard *Kern*, a.a.O., S. 94/96.

c) Dissenting opinion

Es ist schon für den Gerichtshof der EGKS die Frage aufgeworfen worden, ob die Bekanntgabe einer abweichenden Ansicht (dissenting opinion) mit der Pflicht zur Wahrung des Beratungsgeheimnisses vereinbar sei. Es ist in diesem Zusammenhang an die Praxis der Gerichte im anglo-amerikanischen Rechtskreis, insbesondere aber an die des StIGH und IGH zu erinnern. Beim StIGH und IGH spielte und spielt die „dissenting opinion" eine große Rolle. Art. 57 StatIGH bestimmt: „Si l'arrêt n'exprime pas en tout ou en partie l'opinion unanime des juges, les dissidentes ont le droit d'y joindre l'exposé de leur opinion individuelle" (vgl. Art. 30, Abs. 7, Règlement IGH). Trotzdem fand auch die Beratung als solche nicht öffentlich statt (Art. 54, Abs. 3 StatIGH, Art. 30, Abs. 1, Règlement IGH). Mit der ausdrücklichen Zulassung der „dissenting opinion" steht nach der Praxis des IGH, Art. 54, Abs. 3 StatIGH nicht in Widerspruch: „Les déliberations de la Cour sont et restent secrètes". Der StIGH pflegte jedoch vor der Schlußabstimmung zu verlangen, daß eventuelle „dissenting opinions" angezeigt werden[19]. Über die Zweckmäßigkeit der „dissenting opinions" bestand seit jeher Streit[20]. Auf der einen Seite wurde vorgebracht, daß sie das Beratungsgeheimnis durchbreche und dem Ansehen des Gerichts schade, auf der anderen Seite sah man in der Möglichkeit der Abgabe einer „dissenting opinion" ein Mittel zur Fortentwicklung der Rechtsprechung[21]. Zum Argument der Schwächung des Ansehens des Gerichtshofs meint Hudson[22], wenn im „Lotus-Fall" und im „Deutsch-Österreichischen Zollgrenzen-Streit" das Ansehen des StIGH gelitten habe, dann nicht wegen der Veröffentlichung der „dissenting opinions", sondern wegen der zahlenmäßigen Schwäche der Mehrheit. Dem ist aber entgegenzuhalten, daß die Öffentlichkeit – falls nicht das Beratungsgeheimnis überhaupt mißachtet wird[23] – gerade von den „dissenting opinions" auf die Stimmenverhältnisse schließen kann. Im ganzen gesehen werden die Nachteile die Vorteile dieser Einrichtung überwiegen. Es ist darum zu begrüßen, daß die sechs Mitgliedstaaten sich gegen die Zulässigkeit der „dissenting opinion" entschieden haben[24]. Was wäre eine Entscheidung bei Bekannt-

---

[19] Manley O. *Hudson*, International Tribunals, Washington 1944, S. 117.

[20] Manley O. *Hudson*, a.a.O., S. 117; *Hambro*, Dissenting and individual opinions in the International Court of Justice (ZaöRVR, 1956, S. 247). Das Recht zur Abgabe von „dissenting opinions" wird von den Richtern beim IGH regelmäßig in Anspruch genommen. Einer der Richter soll geäußert haben, lieber wolle er auf das Amt als auf das Recht der Abgabe einer „dissenting opinion" verzichten *(Hambro*, a.a.O.).

[21] Manley O. *Hudson*, a.a.O., S. 116.

[22] Manley O. *Hudson*, a.a.O., S. 117.

[23] Beim Gerichtshof der EGKS soll es hin und wieder vorgekommen sein, daß etwas nach außen gedrungen ist.

[24] *Riese* (DRiZ. 1958, S. 273) hält dagegen die „dissenting opinion" für wünschenswert: „Daß die mit ihrer Ansicht in der Minderheit verbliebenen Richter nach Vertrag und Satzung nicht berechtigt sind, ihre abweichende Ansicht dem

werden der Stimmenverhältnisse noch wert, wenn sie mit vier zu drei Stimmen getroffen worden wäre und beispielsweise durch dieses Urteil eine von der Hohen Behörde als einem Kollegium von Fachleuten *ein-stimmig* erlassene Entscheidung aufgehoben würde?

Vereinzelt ist die Ansicht vertreten worden, daß trotz des festgelegten Beratungsgeheimnisses zweifelhaft sei, ob daraus gefolgert werden könne, die Abgabe von „dissenting opinions" sei im Gegensatz zum IGH unzuläs-sig[25]. Die herrschende Meinung ist jedoch mit Recht anderer Auffassung[26].

Die Gesichtspunkte, die für oder gegen die Zulassung der „dissenting opinion" beim IGH (StIGH) einerseits und beim EGH andererseits spre-chen, sind völlig verschieden. Man muß sich immer wieder vergegenwär-tigen, daß die Urteile des IGH keine bindende Kraft haben und nicht zwangsweise vollstreckt werden können, daß nur Staaten als Parteien vor dem IGH auftreten können. Dabei ist der IGH mit Richtern aus der gan-zen Welt zusammengesetzt. Das bedingt notwendigerweise beträchtliche Verschiedenheiten der Rechtsanschauungen. Darüber hinaus ist vorge-schrieben, daß bei der Besetzung des IGH die wesentlichen Rechtssysteme berücksichtigt werden sollen (Art. 9 StatIGH). Unter diesen Gesichtspunk-ten läßt sich die Zulassung der „dissenting opinion" gewissermaßen als „Ventil" rechtfertigen. Anders jedoch beim EGH. Seine Rechtsprechung gründet sich auf das romanistisch-kontinentale Rechtssystem; seine Ent-

---

Urteil beizufügen, entspricht der kontinental-europäischen Gewohnheit, erschien aber doch zuweilen bedauerlich. Ob ein Urteil einstimmig oder etwa nur mit vier gegen drei Stimmen gefällt wurde, wäre vielfach für die Betroffenen und vor allem für die Hohe Behörde, die darin niedergelegten Grundsätze auch in Zukunft bei ihren Entscheidungen beachten möchte, von Wert".

[25] Rudolf L. *Bindschedler*, Rechtsfragen der Europäischen Einigung, Basel 1954, S. 225, Anmerkung 37.

[26] Rapport de la Délégation Française sur le Traité instituant la Communauté du Charbon et de l'Acier — Ministère des Affaires Etrangères, Paris 1951, p. 46; *Jaenicke*, Die Sicherung des übernationalen Charakters der Organe internationa-ler Organisationen (ZaöRVR, 1951/52, S. 71); *Schlochauer*, AdV, 1951/52, S. 390).

Wenn *Jaenicke* (a.a.O.) ausführt, die Richter seien verpflichtet, das Beratungs-geheimnis gegenüber allen Mitgliedstaaten zu wahren, so ist darauf hinzuweisen, daß das Beratungsgeheimnis selbstverständlich *jedermann* gegenüber zu wahren ist. Vgl. ferner *Eichler*, Zur Stellung der Richter in überstaatlichen Gemein-schaften, NJW 1953, S. 1043; *Ule*, Verwaltungsgerichte überstaatlicher und inter-nationaler Organisationen, DVBl. 1953, S. 493; de *Richmont*, La Cour de Justice, Paris 1954, § 11, S. 19; Daniel *Vignes*, La C.E.C.A., Paris 1956, p. 38.

Interessehalber sei vermerkt, daß in der „Hague Convention for the Pacific Settlement of International Disputes" vom 18. Oktober 1907 für den Ständigen Schiedsgerichtshof und in dem Haager Plan für einen StIGH von 1907 die Ein-richtung der „dissenting opinion" nicht vorgesehen war. Die Juristenkommission wies die Anregung zurück, eine entsprechende Bestimmung in den Entwurf auf-zunehmen mit der Begründung, daß die Zulassung der „dissenting opinion" nicht wünschenswert sei, besonders im Hinblick auf die nationalen Richter (Richter „ad hoc"). In der Beratung des Entwurfs hat sich auch der nachmalige Richter am StIGH *Loder* sowie die italienische Delegation gegen die Zulassung ausge-sprochen (vgl. Manley O. *Hudson*, The Permanent Court of International Ju-stice, New York 1934, § 176).

scheidungen sind bindend und in den einzelnen Mitgliedstaaten vollstreckbar. Als Parteien treten nicht nur Staaten auf. Die Autorität des Gerichtshofs gründet sich nicht vorwiegend auf die Person des Richters, sondern
auf die Institution als solche.

d) Amtsgeheimnis

Die Richter sind außerdem verpflichtet, das allgemeine Amtsgeheimnis
zu wahren. Dies ist zwar nicht ausdrücklich vorgeschrieben, ist aber in
allen sechs Mitgliedstaaten gemeinsamer Grundsatz im Recht des öffentlichen Dienstes. Dagegen ist das Beratungsgeheimnis nur ein besonderer
Ausschnitt aus dem allgemeinen Amtsgeheimnis. Keinesfalls kann man
aus der ausdrücklichen Verpflichtung zur Wahrung des Beratungsgeheimnisses schließen, andere Offenbarungen seien erlaubt. Die Wahrung des
Amtsgeheimnisses ist beim Gerichtshof der Europäischen Gemeinschaften
wichtiger als bei irgendeinem anderen Gerichtshof, weil dieser auf Grund
seiner besonderen Stellung mit zahlreichen Geschäfts- und Entwicklungs-
geheimnissen vor allem der Montanunternehmen und der Atomenergie-
wirtschaft in Berührung gerät. Es verwundert daher keineswegs, daß nach
Art. 47, Abs. 2 EGKS-Vertrag die Hohe Behörde verpflichtet ist, „Auskünfte, die ihrem Wesen nach unter das Beratungsgeheimnis fallen, nicht
bekanntzugeben; dies gilt insbesondere für Auskünfte über die Unternehmen, die ihre Geschäftsbeziehungen oder ihre Kostenelemente betreffen".
Verletzt die Hohe Behörde diese Pflicht und erleidet dadurch ein Unternehmen einen Schaden, so ist sie gemäß Art. 40 EGKS-Vertrag zum Schadensersatz verpflichtet (Art. 47, Abs. 4 EGKS-Vertrag). Freilich ist damit
nur ein kleiner Teil von möglichen Geheimnisverletzungen herausgegrif-
fen, zugleich ist er aber charakteristisch. Diese Art von Geheimnisverlet-
zung verursacht in der Regel materiellen Schaden.

3. Die Residenzpflicht

a) Umfang

Die Richter, die Generalanwälte und der Kanzler des Gerichtshofs un-
terliegen nach den übereinstimmenden Vorschriften der Satzungen einer
Residenzpflicht. Sie sind verpflichtet, „am Sitz des Gerichtshofs zu woh-
nen"[27]. Da als vorläufiger Sitz des Gerichtshofs von den Regierungen der
sechs Mitgliedstaaten Luxemburg bestimmt worden ist, sind die Richter,
Generalanwälte und der Kanzler verpflichtet, in Luxemburg zu wohnen.
Kommen die Richter dieser Pflicht nicht nach, so könnte als äußerste
Maßnahme die Amtsenthebung in Frage kommen.

Angesichts der schwierigen Wohnungsverhältnisse muß man dem neu
ernannten Richter einen angemessenen Zeitraum zugestehen, in dem er

---

[27] Art. 9, Satzung$_1$; Art. 13, Satzung$_{2/3}$.

den Umzug von seinem bisherigen Wohnsitz an den Sitz des Gerichtshofs bewerkstelligen kann. Man wird aber dem Richter zumuten können, falls die Wohnungssuche längere Zeit in Anspruch nimmt, in dieser Zwischenzeit von seiner Familie getrennt zu sein. Fraglich ist, ob die Bestimmung so ausgelegt werden kann, daß der Richter innerhalb des Gemeindebezirks des Ortes, an dem der Gerichtshof seinen Sitz hat, wohnen muß. M. E. muß man die Bestimmung angesichts der heutigen Verkehrsverhältnisse weit auslegen. Dabei ist vom Zweck dieser Vorschrift auszugehen. Sie soll sicherstellen, daß der Richter seine ganze Kraft in den Dienst des EGH stellen kann. Dies ist nur möglich, wenn der Richter in der Nähe des Gerichtshofs wohnt und nicht übermäßig viel Zeit und Mühe auf die Zurücklegung des Wegs zur Dienststelle verwenden muß.

b) Regelung beim IGH

Die Bestimmung ist im Verhältnis zu den vergleichbaren Gerichtshöfen internationaler Prägung neu. Beim IGH (und beim früheren StIGH) unterliegen nur der Präsident des Gerichtshofs und der Kanzler der Residenzpflicht (Art. 22 StatIGH), die übrigen Richter jedoch nicht. Das rechtfertigte sich aus der Tatsache, daß der Gerichtshof in Sitzungsperioden tagt. Es ist aber in dem Sinne „ständig" wie schon der Name des StIGH besagte, daß er nicht erst auf Antrag einer Partei zusammentritt (Art. 23, Abs. 1 StatIGH). Die Länge der Gerichtsferien[28] rechtfertigt es, daß die übrigen Mitglieder des Gerichtshofs nicht verpflichtet sind, dauernd am Sitz des Gerichtshofs zu wohnen. Dazu kommt, daß die Tätigkeit des IGH bei weitem nicht so umfangreich ist wie die des EGH, sodaß eine Lockerung in dieser Hinsicht am Platze ist.

c) Zweck

Die für den EGH getroffene Bestimmung erlaubt den Richtern nicht, in ihren Heimatländern wohnen zu bleiben und sich nur zu den Sitzungen einzufinden. Dennoch wird man es genügen lassen müssen, daß ein Richter sich nicht in der Stadt selbst, sondern in einer solchen Entfernung vom Sitz des Gerichtshofs niederläßt, daß er in der ordnungsmäßigen Wahrnehmung seiner Dienstgeschäfte nicht beeinträchtigt wird[29]. Wo der Richter sonach seinen Wohnsitz nehmen darf, hängt also im wesentlichen

---

[28] Vgl. dazu Règlement IGH. Die Richter können jedoch, falls dies dringend geboten ist, vom Präsidenten während der Gerichtsferien zusammengerufen werden.

[29] Vgl. dazu § 74 Bundesbeamtengesetz, der keine starre Regelung trifft, sondern darauf abstellt, daß die ordnungsmäßige Erledigung der Dienstgeschäfte nicht beeinträchtigt werden darf; entsprechend auch Art. 9 des Personalstatuts der Gemeinschaft (EGKS) vom Juli 1956: „Die Bediensteten haben an ihrem Dienstort oder in dessen Umgebung Wohnung zu nehmen; der Wohnort darf vom Dienstort nicht so weit entfernt sein, daß die Bediensteten in der Ausübung ihres Amtes behindert werden".

von den Umständen des Einzelfalles ab, wobei die Zugrundelegung von
Maßstäben, die bei Beamten herkömmlicherweise angewandt werden, als
durchaus zulässig angesehen werden kann. Wo der Wohnsitz im Rechts-
sinne begründet ist, bestimmt sich nach dem jeweiligen nationalen Recht.
Das ist dann von Bedeutung, wenn zwischen Residenz und Wohnsitz (Do-
mizil) unterschieden wird. Die französische Fassung der Vorschrift spricht
von „résider". Danach wird das „domicile" etwa im Sinne des Code
civil durch die Übersiedlung des Richters an den Sitz des Gerichtshofs
nicht verändert[30]. Interessehalber sei darauf hingewiesen, daß die Richter
am Bundesverfassungsgericht einer Residenzpflicht nicht unterliegen[31].

Wie schon erwähnt, kann – falls ein Richter der Verpflichtung nicht nachkommt – im äußersten Falle die Amtsenthebung in Frage kommen. Daraus folgt aber, daß das Richterkollegium indirekt selbst darüber entscheidet, ob ein bestimmter Wohnsitz eines Richters mit der Residenzpflicht im
Einklang steht. Falls dies nicht der Fall sein sollte, erscheint es als selbstverständlich, daß die übrigen Richter dem Betroffenen ohne (oder vor)
Einleitung eines Verfahrens über die Amtsenthebung ihre Meinung kund-
tun. Am einfachsten aber wird ein Richter, der nicht unmittelbar am Ort
selbst wohnen kann oder will, seine Kollegen befragen, ob sie darin einen
Verstoß gegen die Residenzpflicht erblicken würden.

4. Mit dem Richteramt unvereinbare Tätigkeiten

a) Politische Tätigkeit, Verwaltungstätigkeit

Art. 4, Abs. 1, Satzung$_1$ bestimmt: „Die Richter dürfen weder eine politische Funktion noch eine Verwaltungstätigkeit ausüben". Im Wortlaut
nahezu identisch, heißt es in Art. 4, Abs. 1, Satzung$_{2/3}$: „Die Richter dürfen weder ein politisches Amt noch ein Amt in der Verwaltung ausüben".
Der Wortlaut des französischen Textes ist in den drei Satzungen nicht
ganz derselbe: „Les juges ne peuvent exercer aucune fonction politique
ou administrative", heißt es in Satzung$_{2/3}$. Art. 4, Abs. 1, Satzung$_1$ spricht
dagegen von „fonction publique". Dieses Verbot hat drei Wurzeln. Die
eine ist der Grundsatz der Gewaltenteilung, der – mindestens in der
Form der Funktionsteilung – auch innerhalb der Europäischen Gemeinschaften gilt[32]. Die zweite ist die Wahrung der richterlichen Unbefangenheit und Unabhängigkeit; die dritte Wurzel liegt in dem allgemeinen Verbot der Nebentätigkeit, das verhindern will, daß der Betreffende seiner
eigentlichen Aufgabe entzogen wird.

---

[30] Vgl. de *Richmont*, La Cour de Justice, Paris 1954, § 15.

[31] Der Status des Bundesverfassungsgerichts, Einleitung von G. *Leibholz*, Jahrbuch des öffentlichen Rechts, Bd. 6, n. F., S. 133.

[32] Vgl. *Ule*, Verwaltungsgerichte überstaatlicher und internationaler Organisationen, DVBl. 1953, S. 492.

Der Grundsatz, daß ein Richter weder eine politische Tätigkeit noch
eine Verwaltungstätigkeit ausüben darf, findet sich in vielen Rechtsordnungen. Einesteils wird dem Richter jede politische Tätigkeit untersagt,
andernteils nur gewisse – meist nicht näher umrissene – Beschränkungen auferlegt[33]. Die Zugehörigkeit zu einer gesetzgebenden Körperschaft
ist dem Richter unter allen Umständen untersagt.

Das Problem der Nebentätigkeit spielt bei den internationalen Gerichten eine viel größere Rolle als bei den nationalen. Das ist leicht verständlich, wenn man sich vor Augen hält, wie sich die internationalen Gerichte im Laufe der Zeit entwickelt haben. Während in früheren Zeiten
das Schiedsgericht die Regel bildete, an das die einzelnen Staaten oder
Organisationen Beamte oder Richter abordneten, sei es für einen bestimmten Zeitraum oder nur für bestimmte Sitzungen, bestehen heute *ständige*
internationale Gerichte, die die volle Arbeitskraft eines Richters erfor-
dern und nicht mehr zulassen, daß das Richteramt nur nebenberuflich
ausgeübt wird. Das geht so weit, daß nicht nur das Richteramt das Haupt-
amt ist, sondern daß grundsätzlich daneben keine andere berufliche Tätigkeit erlaubt ist. Aus der Natur der Sache ergibt sich, daß diejenigen, die
an ein internationales Gericht berufen werden, bereits vorher eine umfangreiche internationale Tätigkeit ausgeübt und Ämter innegehabt haben,
die sie mit der Berufung in das Richteramt nicht aufgeben oder verlieren
möchten. Dies gilt insbesondere dann, wenn ihnen das neue Amt nicht
auf Lebenszeit übertragen wird. Da nicht *jede* Tätigkeit schlechthin verboten wurde, ergab sich das Problem, wo die Grenze zwischen einer zulässigen und nicht zulässigen Nebentätigkeit zu ziehen sei. In der Regel
wird sich die Frage, ob eine bestimmte Nebentätigkeit als zulässig anzusehen ist, nur an Hand des konkreten Falles entscheiden lassen. Der
StIGH und ihm folgend der IGH haben es jedoch verstanden, gewisse

---

[33] Die Schweiz verbietet eine aktive politische Betätigung, gestattet jedoch die
bloße Parteizugehörigkeit. Belgien und Spanien verbieten jede politische Aktivi-
tät; ein gleicher, allerdings ungeschriebener Grundsatz besteht in England. In
Italien und den Vereinigten Staaten (vor allem in den canons of Judicial Ethics
der American Bar Association) ist in den letzten Jahren mit Nachdruck gefordert worden, daß sich die Richter eine politische Mäßigung auferlegen. Die französische Ordonnanz No. 58. 1270 vom 22. Dezember 1958 erklärt in Art. 8 jede
öffentliche und berufsmäßige oder bezahlte Tätigkeit für mit dem Richteramt
unvereinbar. Ausdrücklich wird die Tätigkeit im Parlament oder im Conseil Economique oder Conseil Social für unvereinbar erklärt (Art. 9). An dieser Stelle
sei vermerkt, daß schon den Mitgliedern am Mittelamerikanischen Gerichtshof
untersagt war, sich in der Presse in den Widerstreit der politischen Meinungen
über die mittelamerikanische Politik einzumischen oder darin für eine der Regierungen der mittelamerikanischen Staaten Partei zu ergreifen (vgl. dazu Manley O. *Hudson*, International Tribunals, Washington 1944, S. 35). Nach der italienischen Verfassung dürfen die Richter am Verfassungsgericht keine berufsmäßige Tätigkeit ausüben oder ein Amt bekleiden oder Mitglied eines Parlaments
sein (vgl. Pietro *Virga*, Diritto costituzionale, 3. Aufl., Palermo 1955, S. 309).
Ebenso Art. 103 der belgischen Verfassung.

allgemeine Prinzipien herauszuarbeiten. Da die Vorschrift über die Nebentätigkeit der Richter am EGH fast wörtlich aus dem StatIGH (Art. 16) übernommen wurde, rechtfertigt sich ein Blick auf die Praxis des StIGH (IGH).

b) Standpunkt des StIGH (IGH)

Am 4. Februar 1922 bot sich für den StIGH die Gelegenheit, zum ersten
Mal seit seinem Bestehen zu Fragen der Inkompatibilität Stellung zu nehmen. Nach Auffassung des Gerichtshofs ist die Tätigkeit eines Richters
als Mitglied des rechtsberatenden Ausschusses am italienischen Außen-
ministerium unzulässig. Dagegen besteht keine Unvereinbarkeit zwischen
dem Richteramt und der Mitgliedschaft bei einer Regierungskommission,
die damit beauftragt ist, Gesetzentwürfe über das Literatururheberrecht
vorzubereiten; ebensowenig widerspricht eine Mitgliedschaft bei einer nationalen Prüfungskommission für Anwärter des diplomatischen Dienstes
der Tätigkeit als Richter. Im übrigen würden, so führt der Gerichtshof
aus, die Richter selbst oder im Zweifelsfall der Gerichtshof von Fall zu
Fall entscheiden, ob ein Tätigwerden in international-privatrechtlichen
Streitigkeiten mit dem Richteramt unvereinbar ist. Auf der anderen Seite
erklärte der Gerichtshof, daß „außer in besonderen Fällen" den Richtern
eine Nebentätigkeit, auch wenn sie keinen politischen Charakter trägt,
untersagt sei[34]. Später hat der StIGH seinen Standpunkt genauer umrissen
und ausgeführt: „Die Teilnahme eines Richters an den Arbeiten einer Vermittlungskommission als Kommissar zieht für ihn die Verpflichtung nach
sich, sich für befangen zu erklären, falls der Streitfall später dem Gerichtshof zur Entscheidung vorgelegt wird. Daher besteht „de facto" eine
Unvereinbarkeit zwischen der Tätigkeit als Richter und der als Mitglied
der Vermittlungskommission, wenn derselbe Vertrag für den Fall des
Scheiterns der Verhandlungen vor der Vermittlungskommission ein gerichtliches Verfahren vorsieht. Dagegen besteht keine Unvereinbarkeit,
wenn ein Mitglied des Gerichtshofs auf Grund eines Vertrages berufen
wird, als Vermittlungsinstanz tätig zu werden, der als mögliche Lösung
der Streitfragen kein gerichtliches Verfahren vorsieht"[35]. An dieser Auffassung hielt der Gerichtshof auch später fest und bekräftigte nochmals,
daß ein Richter nicht Mitglied einer Vermittlungskommission werden
könne, wenn der zugrunde liegende Vertrag vorsieht, daß der Rechtsstreit
dem StIGH zur Entscheidung vorgelegt werden kann[36]. In einer Entschlie-
ßung vom 20. Februar 1931[37] sagt der Gerichtshof: „Darüber hinaus steht

---

[34] Rapport Annuel de la Cour Permanente de Justice Internationale
(C.P.D.J.I.) Série E, No. 1, p. 239.
[35] Rapport Annuel de la C.P.D.J.I., Série E, No. 3, p. 178 (1926 – 1927).
[36] Rapport Annuel de la C.P.D.J.I., Série E, No. 7, p. 264 (1930 – 1931).
[37] Rapport Annuel, a.a.O., S. 266. Weitere Entscheidungen des StIGH bzw.
des Präsidenten: Rapport Annuel de la C.P.D.J.I., SérieE, No. 8, p. 242 (1932
bis 1933); Série E, No. 13, p. 135 (1936 – 1937). Im letzteren Falle lehnte es der

der Mitgliedschaft gewisser Mitglieder, falls sie es für tunlich halten, an Vermittlungs- und Untersuchungskommissionen tätig zu sein, nichts entgegen unter dem Vorbehalt der möglichen Anwendung der Vorschriften des Statuts".

Denselben Standpunkt nimmt der heutige IGH ein[38]. Aus den zitierten Äußerungen des StIG und des IGH läßt sich deutlich erkennen, daß sie nicht der Meinung sind, die Nebentätigkeit habe zur Folge, daß der Richter nicht mehr die erforderliche Arbeitskraft dem Gerichtshof zur Verfügung stellen könnte; vielmehr prüft der Gerichtshof die Zulässigkeit der Nebentätigkeit allein unter dem Gesichtspunkt der Unabhängigkeit und der Unbefangenheit des Richters. Es war nur *ein* Fall bekanntgeworden, in dem bei einem Richter des IGH weniger der Gesichtspunkt der Unbefangenheit und Unparteilichkeit entscheidend gewesen ist, sondern der Umstand, daß er durch die Tätigkeit in der Kommission seinen eigentlichen Pflichten als Richter hätte entzogen werden können[39]. Die Unbefangenheit scheint dem IGH (StIGH) schon dann nicht mehr gewährleistet zu sein, wenn auch nur die Möglichkeit besteht, daß eine Angelegenheit, mit der sich der Richter in seiner Eigenschaft als Mitglied einer Kommission zu befassen hat, Gegenstand eines Verfahrens vor dem IGH (StIGH) werden könnte. Da die Rechtsprechung des IGH nicht obligatorisch ist, muß immer eine Vereinbarung der Parteien vorliegen, auf Grund deren der IGH tätig werden kann. Daher läßt sich auch leicht feststellen, ob die Möglichkeit besteht, daß eine bestimmte Angelegenheit einmal Gegenstand eines Verfahrens vor dem IGH wird.

c) Lage beim EGH

Obwohl sich die Bestimmungen der Statute des IGH und des EGH gleichen, lassen sich die Grundsätze, die der StIGH und der IGH zur Frage der Zulässigkeit der Nebentätigkeit herausgearbeitet hat, nicht ohne weiteres übertragen. Es ist insbesondere gegenüber den Regelungen im innerstaatlichen Bereich zu berücksichtigen, daß auch die Richter am EGH z. T. über hervorragende Spezialkenntnisse verfügen, die sie oft bei ihrer ordentlichen Tätigkeit nicht verwerten können. Es wäre deshalb ein Verlust, wenn es nicht möglich sein sollte, die Kräfte vor allem auch im Hinblick auf die zwischen- und überstaatliche Zusammenarbeit zu nutzen.

Präsident des StIGH ab, Präsident einer Vermittlungskommission zu werden, weil der zwischen den beiden Staaten geschlossene völkerrechtliche Vertrag die Möglichkeit der Vorlage des Rechtsstreits beim StIGH vorsah. Da sich die streitenden Parteien jedoch nicht auf einen anderen Präsidenten der Kommission einigen konnten, zeigte sich der Präsident des StIGH bereit, ihnen einen Präsidenten für die Vermittlungskommission vorzuschlagen.

[38] Annuaire de la Cour Internationale de Justice, 1953–1954, p. 88.
[39] Annuaire de la Cour Internationale de Justice, 1956–1957, p. 83.

Der Gang des Verfahrens beim EGH gleicht, insbesondere was die Beschleunigung betrifft, mehr dem der nationalen Gerichte. Die Streitsachen sind in der Regel weniger umfangreich als beim IGH, dafür sind sie wesentlich eilbedürftiger. Schon daraus ergibt sich, daß der Gesichtspunkt, daß der Richter nicht seiner eigentlichen Aufgabe entzogen werden soll, eine stärkere Berücksichtigung verdient als bei den Richtern des IGH.

Auch unter dem Gesichtspunkt der Unvoreingenommenheit ist eine einschränkende Praxis am Platze. Es gibt heute keine Angelegenheit auf dem Tätigkeitsgebiet der drei Europäischen Gemeinschaften mehr, das nicht Gegenstand eines Verfahrens vor dem EGH werden könnte. Besonders deutlich kommt dies in Art. 4, Abs. 3, Satzung$_1$ zum Ausdruck, wonach jede Beteiligung an Montanunternehmen untersagt ist. Das muß entsprechend etwa für die Mitgliedschaft bei Industriekommissionen, Verbänden, Ausschüssen usw. gelten. Wegen der obligatorischen Rechtsprechung des EGH läßt sich im voraus schwer sagen, ob eine bestimmte Angelegenheit vor den EGH gelangen wird. Jedoch wird man beispielsweise kaum Bedenken gegen eine Teilnahme an einer Beratung von Sachverständigen zur Vorbereitung von Gesetzentwürfen erheben können. Daß sich im Laufe der Zeit auch beim StIGH ein gewisser Wandel in der Bewertung des Gesichtspunktes, daß der Richter nicht seiner eigentlichen Aufgabe entzogen werden soll, eingetreten ist, beweist die Tatsache, daß bis 1929 Art. 16 des StatIGH lautete: „Les membres de la Cour ne peuvent exercer aucune fonction politique ou administrative", dann aber folgender Zusatz angefügt wurde: „ni se livrer à aucune autre occupation du caractère professionnel"[40]. Dieser Beweggrund spricht auch aus dem Bericht von *Politis*[41]. Man strebte an, dem Gericht noch mehr den Charakter eines ständigen Gerichtshofs zu geben. *Basdevant*[42] betont die Notwendigkeit der vollen Hingabe des Richters an sein Amt als Gegenleistung für die ihm eingeräumten Rechte.

d) Auslegungsfragen

Was versteht aber die Satzung$_1$ unter „politischer Funktion"? Die Satzungen stimmen weder in der französischen Fassung noch in der deutschen überein. Während es in der französischen Fassung in allen drei Satzungen „fonction" heißt, steht in der deutschen Fassung der Satzung$_1$ dafür „Funktion", in Satzung$_{2/3}$ jedoch „Amt". Daß das ein erheblicher Unterschied ist, leuchtet ohne weiteres ein; eine Funktion ist noch lange kein „Amt". Ein sachlicher Grund für die Abweichung ist nicht ersichtlich, sodaß nur die Annahme einer ungenauen Übersetzung übrig bleibt

---

[40] *Basdevant*, Les fonctionnaires internationaux, Paris 1931, p. 161.
[41] Vgl. *Basdevant*, a.a.O.
[42] Les fonctionnaires internationaux, Paris 1931; ebenso Manley O. *Hudson*, International Tribunals, Washington 1944, S. 25.

und zwar auch dann, wenn man berücksichtigt, daß in den neuen Verträgen nicht nur der französische Wortlaut maßgebend ist. Freilich kann
im Einzelfall „fonction" = „Amt" bedeuten, meist aber nur schlicht: Tätigkeit. So muß man auch die Bestimmung in den neuen Satzungen lesen.
Der Begriff der „Tätigkeit" geht erheblich weiter als der des „Amtes".
Zu alledem ist kein Grund ersichtlich, warum das Verbot auf die Ausübung eines „Amtes" beschränkt sein sollte, zumal im französischen Text
nach wie vor „fonction" steht. Sinn und Zweck der Bestimmung sprechen
gegen die Auffassung, die den Begriff „Amt" im technischen Sinne verstehen will.

Es sei noch auf eine weitere Differenz aufmerksam gemacht, auch wenn
sie eine sachliche Bedeutung m. E. nicht hat. Die französische Fassung der
Satzung$_1$ spricht von „fonction publique", während es in Satzung$_{2/3}$ „fonction politique" heißt. Die entsprechende Stelle im deutschen Text heißt
jeweils „politisch". Auch in dieser unterschiedlichen Ausdrucksweise ist
keine sachliche Änderung zu finden. Zudem wird eine „öffentliche" Tätigkeit oft eine „politische", wenn auch nicht notwendigerweise „parteipolitische" Tätigkeit sein.

Den Richtern ist demnach eine politische Betätigung untersagt. Das ist
verständlich, wenn man bedenkt, daß nach herkömmlicher und durchaus
billigenswerter Auffassung ein Richter dergestalt aus dem politischen Tagesgeschehen herausgenommen sein soll, damit nicht seine Unvoreingenommenheit beeinträchtigt werde. Das soll nicht heißen, daß der Richter
eine unpolitische, farblose Gestalt sein muß, aber es steht ihm an, auf
seinem Richterstuhl *über* dem politischen Tagesgeschehen zu sitzen. Es
ist mit seiner Stellung nicht verträglich, daß er selbst irgendwie aktiv an
diesem Geschehen teilnimmt. Es ist ihm keinesfalls erlaubt, irgendein Parteiamt anzunehmen oder Mitglied eines politischen Organs zu werden. Für
unbedenklich wird man aber die bloße Mitgliedschaft in einer Partei halten müssen, sofern der Richter nicht *werbend* für sie tätig wird[43]. Erst
recht wäre die Zugehörigkeit zu den politischen Gremien der Legislative
der Mitgliedstaaten, deren Länder und Kommunen unzulässig[44]. Bei der
Beratung des Entwurfs der Satzung des StIGH im Unterausschuß des Völkerbundes wurde dagegen die Ansicht vertreten, in England sei die Mitgliedschaft im Oberhaus mit dem Richteramt nicht unvereinbar. Im Gegensatz zur Schweiz war man aber französischerseits für eine strenge
Regelung in der Frage der Unvereinbarkeit. Was im Einzelfall noch als
„politische" Tätigkeit angesehen wird, kann zweifelhaft sein. Der StIGH

---

[43] Ebenso die amtliche Begründung zum Entwurf eines Deutschen Richtergesetzes, Bundesratsdrucksache Nr. 183/57, S. 12.
[44] Für die Bundesverfassungsrichter ist die Inkompatibilität der Mitgliedschaft
in Gesetzgebungskörperschaften des Bundes und der Länder bereits im Grundgesetz (Art. 94, Abs. 1, S. 3) ausgesprochen. Vgl. *Ule*, a.a.O., S. 492.

hat jedenfalls mit der Mehrheit seiner Mitglieder die Auffassung vertreten, daß die offizielle Bekanntgabe eines Exposés der eigenen Regierung durch einen Richter anläßlich eines Banketts „politische" Tätigkeit im Sinne des Art. 16 StatIGH darstellt, ferner auch jede Handlung, die jemanden verpflichtet, den Weisungen seiner Regierung zu folgen[45].

In gleicher Weise ist den Richtern eine Verwaltungstätigkeit untersagt. Dieses Verbot beschränkt sich wiederum nicht auf eine Tätigkeit innerhalb der Europäischen Gemeinschaften[46], sondern gilt ganz allgemein für jede Tätigkeit in der öffentlichen Verwaltung. Damit ist aber nur eine Verwaltungstätigkeit *außerhalb* des Gerichtshofs untersagt. Es ist selbstverständlich zulässig, daß ein Richter und insbesondere der Präsident des Gerichtshofs Gerichtsverwaltungstätigkeit oder eine Verwaltungstätigkeit, die die Verträge selbst vorsehen, ausübt[47]. Man wird es auch für zulässig erachten müssen, daß ein Richter den Vorsitz in einer Studien- oder Prüfungskommission übernimmt[48].

e) Berufliche Tätigkeit

Wesentlich schwieriger sind die Fragen zu beantworten, die sich aus Art. 42, Abs. 2, Satzung$_{1/2/3}$ ergeben. Nach diesen Vorschriften dürfen die Richter keine entgeltliche oder unentgeltliche Tätigkeit ausüben. Die entsprechende Bestimmung des StatIGH, Art. 16 lautet ganz ähnlich: „.. . . ni se livrer à aucune autre occupation de caractère professionnel". Obwohl dieser Zusatz schon 1929 dem Art. 16 StIGH angefügt worden war, ist nicht bekannt geworden, daß der StIGH oder IGH einen Fall zu entscheiden gehabt hätte, der nicht bereits vom ersten Absatz des Art. 16 StatIGH erfaßt worden wäre. Dennoch stellt diese Vorschrift klar, daß nicht nur die Unbefangenheit der Richter gewährleistet werden soll, sondern daß auch der Gesichtspunkt, daß der Richter seiner eigentlichen Tätigkeit nicht entzogen werden soll, eine größere Rolle als früher spielt. Aber aus

---

[45] Rapport Annuel de la C.P.D.J.I., Nr. 7, 1930/1931, p. 266.

[46] Vgl. *Ule*, a.a.O.

[47] Vgl. Art. 16, Abs. 1, Art. 14, Abs. 2, Satzung$_1$. Art. 7, § 1 VerfO., Art. 19, Abs. 1, Satzung$_1$. Der durch Art. 78, Abs. 2 EGKS-Vertrag geschaffene Ausschuß der vier Präsidenten übt reine Verwaltungstätigkeit aus.

[48] So führte der Richter *Delvaux* den Vorsitz im sogenannten Delvaux-Kommitee, das die Fragen eines einheitlichen Personalstatuts für die EGKS geprüft hat. Vgl. auch § 4 des Entwurfs eines Deutschen Richtergesetzes (Bundesratsdrucksache Nr. 183/57). Danach soll der Richter jedoch wahrnehmen können: Aufgaben der Gerichtsverwaltung, andere Aufgaben, die auf Grund eines Gesetzes den Gerichten zugewiesen sind, Aufgaben der Forschung und Lehre an einer Universität, Hochschule, öffentlichen Unterrichtsanstalt oder amtlichen Unterrichtseinrichtung, Prüfungsangelegenheiten. Es unterliegt aber keinem Zweifel, daß der Tätigkeit am EGH der Vorrang vor der Lehrtätigkeit gebührt. Der Richter kann die Lehr- oder Prüfungstätigkeit nur insoweit ausüben, als seine richterliche Tätigkeit dadurch nicht beeinträchtigt wird (so ausdrücklich § 3, Abs. 4 BVerfGG.).

der Fassung des Wortlauts ist erkennbar, daß nicht jede Tätigkeit außerhalb des Richteramts verboten sein soll, sondern nur eine *berufliche* Tätigkeit. Art. 16 sagt das noch etwas deutlicher: „. . . occupation de caractère professionnel". Was „Berufstätigkeit" ist, war von jeher, besonders im
deutschen Recht, sehr umstritten. Man versteht darunter im Anschluß an
die Rechtsprechung des Bundesverwaltungsgerichts[49] „jede auf die Dauer
berechnete und nicht nur vorübergehende, der Schaffung und Erhaltung
einer Lebensgrundlage dienende Betätigung". Damit fallen nur entgeltliche
Tätigkeiten unter den Begriff der Berufstätigkeit. Art. 4, Abs. 2, Satzung$_{1/2/3}$
sagt aber ausdrücklich, daß auch unentgeltliche Tätigkeiten unter das Verbot fallen. Damit soll klargestellt sein, daß solche Tätigkeiten, die –
wenn sie gegen Entgelt geleistet würden – unter den allgemeinen Begriff
der Berufstätigkeit fallen würden, ebenfalls von dem Verbot erfaßt werden sollen. Der Sinn ist klar: es sollen solche Tätigkeiten, die wegen ihrer
Dauer und Regelmäßigkeit geeignet sind, den Richter von seiner eigentlichen Aufgabe abzuhalten, auch dann untersagt sein, wenn ein Entgelt
dafür nicht gewährt wird.

Unter diese Bestimmung fiele auch eine regelmäßige richterliche Tätigkeit im Nebenamt, sei es innerhalb einer anderen internationalen Organisation, sei es innerhalb eines Staates. Von Abs. 1 würde eine rechtsprechende Tätigkeit nicht erfaßt[50].

Von dem Verbot der Nebentätigkeit kann der Rat[51] Befreiung erteilen,
nicht aber von dem Verbot der Betätigung in der Politik oder der Verwaltung. In Satzung$_1$ wird für den Beschluß des Rates eine qualifizierte Mehrheit von zwei Dritteln festgelegt. In Satzung$_{2/3}$ ist davon überraschenderweise nicht mehr die Rede. Man wird daher annehmen müssen, daß die
einfache Mehrheit genügt. Es stellt sich aber die Frage, ob durch diese
Neuregelung auch Art. 4, Abs. 2, Satzung$_1$ geändert hat, sodaß nunmehr
auch der Besondere Ministerrat der EGKS mit einfacher Mehrheit beschließt. Eine Auslegung gemäß dem Grundsatz „lex posterior . . ." ist
hier nicht zwingend geboten, da ja jeder Ministerrat getrennt entscheidet.
Trotzdem ist kein sachlicher Grund erkennbar, weshalb beim Besonderen
Ministerrat eine Zweidrittelmehrheit erforderlich sein soll, bei den anderen Räten aber schon mit einfacher Mehrheit vom Verbot der Nebentätigkeit befreit werden kann. Da es sich jeweils um die Richter ein und desselben Gerichtshofs handelt, muß man annehmen, daß nunmehr auch beim
Besonderen Ministerrat eine einfache Mehrheit genügt.

---

[49] BVerwGE 1, 269; BVerwG., NJW 55, S. 1532; BVerwG., NJW 56, S. 196/97.
[50] Richtig *Ule*, Verwaltungsgerichte überstaatlicher und internationaler Organisationen, DVBl.1 953, S. 493.
[51] Nunmehr muß ein übereinstimmender Beschluß aller drei Ministerräte herbeigeführt werden. Vgl. ABl. 1959, S. 849; *Pinay*, La Cour de Justice des Communautés Européennes, in: Revue du Marché Commun, 1959, S. 139.

Noch eine weitere bedeutsame Änderung ist durch Satzung$_{2/3}$ erfolgt. In Art. 4, Abs. 4, Satzung$_{2/3}$ heißt es: „Im Zweifelsfalle entscheidet der Gerichtshof". Es kann nicht zweifelhaft sein, daß sich diese Vorschrift auf den gesamten Art. 4 und nicht nur auf den vorletzten Absatz bezieht. Diese Bestimmung ist sehr zu begrüßen. Sie eröffnet einen neuen Rechtsweg zum Gerichtshof. Lehnen die Räte die Genehmigung einer Nebentätigkeit ab, so kann gegen diesen Beschluß der Gerichtshof angerufen werden. Ergibt sich ein Zweifel, ob ein Richter eine unerlaubte Bindung in Industrie oder Wirtschaft eingeht oder aufrechterhält, so hat der Gerichtshof das letzte Wort. Dieselbe Regelung findet sich im StatIGH und es ist bekannt, daß die Rechtsprechung des StIGH und IGH auf diesem Gebiet niemals zu Unannehmlichkeiten geführt hat und sich die Richter immer der Ansicht des Gerichtshofs gefügt haben. Zwar ist in Art. 4, Satzung$_1$ eine Entscheidungsbefugnis des Gerichtshofs nicht erwähnt. Jedoch wird Satzung$_1$ jetzt insoweit von Satzung$_{2/3}$ ergänzt.

Auch wenn die Möglichkeit der Befreiung vom Verbot der Nebentätigkeit besteht, so werden in den Mitgliedstaaten der Gemeinschaften gewisse Tätigkeiten von jeher als mit dem Richteramt vereinbar gehalten, z. B. schriftstellerische, künstlerische und wissenschaftliche Betätigung. Die Stellung des Richters bedingt jedoch eine besondere Vorsicht und Zurückhaltung[52]. Zu den mit dem Richteramt zu vereinbarenden Tätigkeiten wäre auch die Prüfungstätigkeit und die Lehrtätigkeit an einer Hochschule zu rechnen. In diesem Falle wird man die Genehmigung der Räte als generell erteilt anzusehen haben[53]. Tatsächlich wurde die Prüfungs- und Lehrtätigkeit von Richtern am EGH noch nie beanstandet. Dagegen war die Tätigkeit eines Richters als Finanzberater der französischen Regierung einmal Gegenstand einer parlamentarischen Anfrage an die Ministerräte[54].

Ist heute noch beim IGH die Gefahr der Befangenheit der tragende Gedanke für das Verbot der Nebentätigkeit, so ist für die Regelung beim

---

[52] Vgl. *Lechner*, Kommentar zum BVerfGG, München – Berlin 1954, Anm. zu § 3, Abs. 3 BVerfGG.; *Dalloz*, Encyclopédie, Droit Administratif, Paris 1958, p. 472, No. 28; §§ 11, 14 des Bundesbeamtengesetzes vom 18. Dezember 1957 (BGBl. I, S. 1338); Verordnung über die Nebentätigkeit der Beamten vom 6. Juli 1937, RGBl. I, S. 753; Art. 10 des Personalstatuts der EGKS vom Juli 1956.

[53] Für die Zulässigkeit: *Ule*, a.a.O., S. 493; Manley O. *Hudson* (The Permanent Court of International Justice, New York 1934, § 1 36): „It was early agreed in the Committee that the duties of a professor or a magistrate were not incompatible with those of a judge"; § 4, Abs. II des Entwurfs eines Deutschen Richtergesetzes, Bundesratsdrucksache Nr. 183/57; *Eichler*, Zur Stellung der Richter in überstaatlichen Gemeinschaften, NJW 1953, S. 1046; a. A. *Basdevant*, Les fonctionnaires internationaux, Paris 1931, p. 161.

[54] Schriftliche Anfrage Nr. 27 des Herrn *van der Goes van Naters*, Mitglied des Europäischen Parlaments (Gemeinsame Versammlung) vom 23. Juni 1959 und Antwort der Ministerräte vom 25. Juli 1959 (EWG), 25. Juli 1959 (EAG), 31. Juli 1959 (EGKS), veröffentlicht im ABl. 1959, S. 849. Bemerkenswert ist, daß die Antworten der Räte denselben Wortlaut haben, also abgesprochen wurden. Da formell drei Satzungen für den Gerichtshof bestehen, beschließt jeder Rat für sich, aber inhaltlich übereinstimmend.

Gerichtshof der Europäischen Gemeinschaften der Gesichtspunkt entscheidend, daß ein Richter nicht seiner eigentlichen Aufgabe entzogen werden soll. Diese Entwicklung hat zwar schon beim StIGH 1929 angefangen, hat aber, wie aus den vom StIGH (IGH) entschiedenen Fällen ersichtlich ist, nicht die Bedeutung gehabt wie heute beim EGH. In diesem Punkt hat sich der Status des internationalen und noch mehr des supranationalen Richters dem des nationalen angenähert.

5. Pflichten, die auch nach dem Ausscheiden aus dem Amt fortdauern

a) Amts- und Beratungsgeheimnis

Herkömmlicherweise gibt es im Recht des öffentlichen Dienstes eine Reihe von Pflichten, die dem Betreffenden auch dann noch obliegen, wenn er aus dem Amt ausgeschieden ist. Dabei spielt es in der Regel keine Rolle, aus welchem Grunde das Dienstverhältnis beendet wurde. Auch bei Beendigung eines Dienstverhältnisses durch eine Disziplinarmaßnahme bestehen gewisse Pflichten weiter. Für die Richter am EGH ist nicht bestimmt, welche Pflichten ihnen im einzelnen nach Beendigung ihrer Amtstätigkeit obliegen. *Daß* ihnen aber gewisse Pflichten obliegen, ergibt sich aus Art. 4, Abs. 3, Satzung$_{2/3}$. Danach übernehmen die Richter bei Aufnahme ihrer Tätigkeit die feierliche Verpflichtung, während der Ausübung *und nach Ablauf ihrer Amtstätigkeit* die sich *aus ihrem Amt*[55] ergebenden Pflichten zu erfüllen. Eine entsprechende Bestimmung enthält die Satzung$_1$ nicht. Es unterliegt aber keinem Zweifel, daß *diese* Vorschrift auch für die Richter, die mit Angelegenheiten aus dem EGKS-Vertrag befaßt sind, gilt, da sich die Rechtsstellung insoweit nicht aufspalten läßt.

In erster Linie besteht die Pflicht zur Wahrung des Beratungsgeheimnisses weiter und erlischt nicht mit dem Ausscheiden aus dem Amt. Zwar ist das Beratungsgeheimnis, wie bereits ausgeführt wurde, eine der wichtigsten Stützen der richterlichen Unabhängigkeit, aber darin erschöpft sich die Funktion des Beratungsgeheimnisses nicht. Wenn dies der Fall wäre, hätte es keinen Sinn, von einem Richter das absolute Stillschweigen über Vorgänge bei der Beratung und Abstimmung zu verlangen, da dieser nach Beendigung seines Amtes der Unabhängigkeit nicht mehr bedarf, ja die Forderung nach der richterlichen Unabhängigkeit überhaupt keinen Sinn mehr hat. Das Beratungsgeheimnis ist auch im Interesse der Gemeinschaften, der Mitgliedstaaten und des Gerichtshofs selbst geschaffen. Es behält seine Berechtigung unabhängig davon, ob der Richter noch im Amt ist oder nicht. Andernfalls könnte die Autorität des Gerichtshofs empfindlich beeinträchtigt werden. Abgesehen davon würde man es als durchaus geschmacklos empfinden, wenn etwa ein Richter in seinen Memoiren Vor-

---

[55] Vom Verfasser gesperrt!

gänge, die sich bei der Beratung abgespielt haben, offenbaren würde. Freilich gibt es Dinge, von denen man nicht sagen kann, daß sie unter das Beratungsgeheimnis fallen, weil an ihrer Geheimhaltung kein Interesse besteht. *Was* offenbart werden kann und darf, soll man ohne Bedenken dem Takt des Richters überlassen.

Dasselbe gilt natürlich auch von der Pflicht zur Amtsverschwiegenheit, von der das Beratungsgeheimnis nur ein besonderer Ausschnitt ist. Die Materie der vom EGH zu entscheidenden Rechtsstreitigkeiten bringt es mit sich, daß auch noch lange nach Erlaß des Urteils insbesondere die Parteien ein berechtigtes Interesse daran haben, daß gewisse Tatsachen, die im Laufe des Rechtsstreits den Richtern bekannt geworden sind, nicht an die Öffentlichkeit dringen. Das gilt für die wirtschaftlichen Tatsachen, Patente, Geschäftsgeheimnisse usw. in gleicher Weise wie für Geheimnisse politischen Charakters. Für die Richter besteht ebenso wie für die Mitglieder und Bediensteten der Hohen Behörde die Pflicht zur Wahrung der Geschäftsgeheimnisse der Unternehmungen, die ihnen durch ihr Amt bekannt geworden sind[56].

Ferner ist es auch nicht zulässig, *für* die geleistete Tätigkeit oder Amtshandlung ein Geschenk oder eine Belohnung anzunehmen. Das wäre ebenso ein Dienstvergehen, wie wenn die Annahme während der Amtszeit erfolgen würde. Die Pflichten, die dem Richter außer Dienst obliegen, können hier nicht im einzelnen erörtert werden; von einer Verpflichtung, die sowohl während als auch noch eine Zeitlang nach Beendigung des Amtes weiterbesteht, soll wegen ihrer Besonderheit noch gesprochen werden.

b) Kohle- und Stahlgeschäfte

Nach Art. 4, Abs. 3, Satzung₁ dürfen sich die Richter während ihrer Amtszeit und drei Jahre nach deren Beendigung weder an Geschäften, die Kohle und Stahl betreffen, unmittelbar oder mittelbar beteiligen oder beteiligt bleiben. Wie häufig in den Vertragswerken und besonders beim EGKS-Vertrag ergaben die verschiedenen Fassungen ein und derselben Bestimmung einen unterschiedlichen Sinn. Dies ist besonders dann mißlich, wenn nur *eine* Fassung als amtlich angesehen wird[57]. Die französische Fassung lautet: „Ils ne peuvent acquérir ou conserver, directement ou indirectement, aucun intérêt dans les affaires relevant du charbon et de l'acier pendant l'exercice de leurs fonctions et pendant la durée de

---

[56] Vgl. dazu Art. 47, Abs. 2 und 4 EGKS-Vertrag.

[57] Allgemein wird die französische Fassung des EGKS-Vertrags als amtlich angesehen und als Begründung Art. 100, Abs. 1 EGKS-Vertrag angeführt. Demgegenüber sind bei den Verträgen von Rom alle vier Fassungen verbindlich (Art. 248, Abs. 1 EWG-Vertrag; Art. 225, Abs. 1 Euratom-Vertrag). Vgl. dazu *Daig*, AöR, Bd. 83/1958, S. 157. *Lagrange*, Sammlung der Rechtsprechung des Gerichtshofs, Bd. I, S. 178; *Catalano*, La Communità Economica Europea e l'Euratom, Milano 1957.

trois ans à partir de la cessation desdites fonctions". Wie leicht zu erkennen ist, reicht dem Wortlaut nach die Bestimmung in der französischen
Fassung weiter, zumindest ist sie klarer. Den Richtern ist nicht nur untersagt, eine Teilhaberschaft an einem Handelsgeschäft zu erwerben oder beizubehalten, sondern – und das kommt in der französischen Fassung deutlicher zum Ausdruck – sie dürfen auch an einem *Rechts*geschäft, das
Angelegenheiten der Montanindustrie zum Gegenstand hat, nicht in irgendeiner Weise interessiert sein.

Diese Bestimmung hat sehr weitreichende Folgen. Ähnliche Vorschriften bestehen weder bei den bekannten internationalen Gerichten noch –
soweit ersichtlich – in den Rechtsordnungen der Mitgliedstaaten. Die Bestimmung ist in ihrer Art und Strenge völlig neu. Ihr Zweck ist jedoch
eindeutig: sie soll der Unabhängigkeit der Richter dienen, indem sie ihnen
verbietet, Voraussetzungen zu schaffen oder beizubehalten, die ihre Unbefangenheit beeinträchtigen können. Dazu hat *Riese* in anderem Zusammenhang[58] mit Recht bemerkt, daß, wer in ein so hohes Amt berufen
würde, gegen den Vorwurf gefeit sein sollte, er ließe sich um persönlicher Vorteile willen in der Unabhängigkeit seines Amtes beeinflussen.
Die Folgen dieser Bestimmung sind so weitreichend, daß sie noch gar
nicht voll überschaut werden können. Ihrem Wortlaut nach gestattet sie
auch keinen Kompromiß zwischen den Interessen des einzelnen Richters
und denen der Gemeinschaften und Mitgliedstaaten. An dieser Stelle erscheint es besonders bedauerlich, daß die Materialien zu den Vertragswerken nicht veröffentlicht sind. Die amtlichen Begründungen sind so spär-
lich, und außerdem haben aller Wahrscheinlichkeit nach die Regierungen
der Mitgliedstaaten ihre amtlichen Verlautbarungen untereinander abgestimmt. Die deutsche amtliche Begründung zu Art. 4, Abs. 3, Satzung₁[59] be-
gnügt sich mit der lapidaren Feststellung, daß die in der Satzung vorgesehenen besonderen Unvereinbarkeiten dem Zweck dienten, die Unabhängigkeit der Richter in größtem Maße sicherzustellen.

c) Einzelfragen

Daß den Richtern eine aktive Teilnahme an Angelegenheiten, die Kohle
und Stahl betreffen, sei es als Vertragsparteien, Vertreter oder Makler,
verboten ist, ergibt sich schon aus dem allgemeinen Verbot der Nebentätigkeit. Sie kann jedoch im Gegensatz zu Art. 4, Abs. 2, Satzung₁ nicht durch
einen Beschluß des Ministerrats genehmigt werden. Das Verbot ist absolut.
In gleicher Weise kann ein Richter nicht Mitglied eines Aufsichtsrats
eines Montanunternehmens sein, auch darf er einem solchen Unternehmen
keinen Rat erteilen oder gar ein Gutachten abgeben. Jede stille Teilhaber-

---

[58] DRiZ 1958, S. 271.
[59] Bundestagsdrucksache Nr. 2401/51, Anlage 3, S. 27.

schaft – auch durch einen Treuhänder – ist untersagt. Gerade die Umgehung des Verbots durch eine Treuhänderschaft soll durch den Ausdruck „mittelbar" (indirecte) verhindert werden. Er darf auch nicht für einen anderen – auch wenn darin keine „berufliche' Tätigkeit im Sinne des Art. 4, Abs. 2, Satzung$_1$ gesehen werden kann – tätig werden. Er darf beispielsweise an keiner Hauptversammlung der Aktionäre eines Montan-Unternehmens teilnehmen; er darf nicht Mitglied einer Vereinigung sein, die die Förderung irgend einer Angelegenheit der Montan-Industrie zum Gegenstand hat. Es ist nicht nur untersagt, während der Amtszeit und drei Jahre danach eine Teilhaberschaft zu erwerben oder einen Aufsichtsratsposten anzunehmen, sondern auch beizubehalten. Die Folge ist, daß ein Richter verpflichtet ist, vom Tage seiner Ernennung ab alle Bindungen zur Montanindustrie zu lösen. Welcher Art eine Teilhaberschaft ist, spielt keine Rolle. Es zählen dazu sowohl Geschäftsanteile als auch Aktien[60]. Das führt insbesondere dann zu Schwierigkeiten, worauf für die allgemeine Gütergemeinschaft oder Errungenschaftsgemeinschaft nach französischem Recht de *Richmont* a.a.O. hinweist, wenn der betreffende Richter allein gar nicht verfügungsberechtigt ist. Das ist nicht nur bei Gesamthandsverhältnissen der Fall, sondern überall dort, wo für die Richter absolute oder relative Veräußerungsverbote bestehen. Wie schon bemerkt, ist das am häufigsten im Ehegüterrecht der Fall. Hat beispielsweise ein Richter sein ganzes Vermögen in Aktien der Montanindustrie angelegt, so kann er nach dem neuen deutschen Ehegüterrecht – sofern er im gesetzlichen Güterstande lebt – die Werte ohne Zustimmung seiner Ehefrau überhaupt nicht veräußern. Diesem Problem hier im einzelnen nachzugehen, würde zu weit führen; der Konflikt zwischen dem innerstaatlichen Recht und den Pflichten, die dem Richter auferlegt werden, ist jedoch offenbar. Für den Richter kann das Folgen haben, die er bei Übernahme des Richteramts noch gar nicht übersehen kann. Er kann plötzlich in die Lage kommen, eine Erbschaft oder ein Vermächtnis ausschlagen zu müssen, weil darin Vermögenswerte der Montanindustrie enthalten sind, oder er muß diese Werte sogleich veräußern. Zu den Gegenständen, an denen der Richter nicht mehr interessiert bleiben darf, gehören auch die sogenannten Immaterialgüterrechte, insbesondere Patente, Gebrauchsmuster und sonstige Urheberrechte. Er muß entweder auf sie verzichten oder sie veräußern[61].

Obwohl es in der französischen Fassung der Bestimmung „intérêt" heißt, sind damit nur Geldwerte, nicht aber rein ideelle Interessen gemeint. Von den ideellen Interessen nimmt die Rechtsordnung ohnehin kaum Notiz, sie sind auch durch ein derartiges Verbot gar nicht erfaßbar. Wenn z. B.

---

[60] de *Richmont*, La Cour de Justice, Paris 1954, § 14.
[61] Wobei eine Veräußerung an einen nahen Verwandten oder den Ehegatten selbstverständlich nicht im Sinne der Vorschrift liegen würde. Trotzdem könnte dem Wortlaut nach – im Gegensatz zum Treuhänder – nicht von einer „mittelbaren" Beteiligung gesprochen werden.

ein naher Verwandter eines Richters Inhaber eines Montan-Unternehmens ist oder sonst erhebliche Bindungen an die Montanindustrie hat, so kann dieser Tatbestand von dem Verbot nicht erfaßt werden. Trotzdem liegt es auf der Hand, daß die Unabhängigkeit eines Richters durch eine solche ideelle Bindung weit stärker beeinträchtigt werden kann als durch materielle Bindungen.

Man mag einwenden, daß der Fall, daß ein Richter infolge einer materiellen Bindung an dieses oder jenes Unternehmen in der Praxis so gut wie nie in seiner Unbefangenheit beeinträchtigt werden könnte. Diese Ansicht geht jedoch fehl. Man braucht sich lediglich die Sammlung der Rechtsprechung des Gerichtshofs anzusehen, um zu erkennen, wie oft tatsächlich Einzelunternehmen als Parteien vor dem Gerichtshof auftreten. Häufig wendet sich die Hohe Behörde mit Entscheidungen und Empfehlungen an *einzelne* Unternehmen oder Gruppen von Unternehmen. Als Beispiel sei der Fall der Stillegung einer Kohlengrube wegen mangelnder Rentabilität infolge des ungünstigen Standorts angeführt[62]; oder wenn einem bestimmten Unternehmen Geldbußen oder Zuschläge auferlegt worden sind und dieses Klage gegen die Hohe Behörde erhebt[63], oder wenn wegen einer offensichtlichen Krise („crise manifeste") der Montan-Industrie ein System von Erzeugerquoten eingeführt wird[64]. Die Hohe Behörde hat dabei weitreichende Möglichkeiten. *Sie* setzt die Quote auf Grund von Untersuchungen unter Beteiligung der Unternehmen und Unternehmensverbände fest[65].

Nachdem der Gerichtshof der EGKS in einen für alle drei Europäischen Gemeinschaften gemeinsamen Gerichtshof umgewandelt worden war, stellte sich die Frage, inwieweit für den Bereich der EWG und Euratom den Richtern wirtschaftliche Beschränkungen auferlegt werden können und sollen. Bezüglich der Euratom ist diese Frage aus naheliegenden Gründen (noch) von geringer Bedeutung. Ganz anders liegen die Dinge aber bezüglich der EWG, durch die nahezu die gesamte Wirtschaft — soweit sie nicht schon durch die beiden anderen Vertragswerke betroffen ist — erfaßt wird. Man konnte den Richtern schlechterdings nicht jegliche wirtschaftliche Betätigung untersagen, sondern begnügte sich mit einer allgemeinen, aber den Umständen voll gerecht werdenden Formel. Die Richter müssen sich bei Aufnahme ihrer Tätigkeit feierlich verpflichten, „während der Ausübung und nach Ablauf ihrer Amtstätigkeit die sich aus ihrem Amt ergebenden Pflichten zu erfül-

---

[62] Art. 5, Abs. 2, S. 3 EGKS-Vertrag.
[63] Vgl. Art. 36, Abs. 2 und 3; Art. 47, Abs. 3; Art. 50, § 3; Art. 54, Abs. 6; Art. 58, § 4; Art. 59, § 7 usw. EGKS-Vertrag.
[64] Vgl. Art. 58 EGKS-Vertrag.
[65] Art 58, § 2, Abs. 1 EGKS-Vertrag.

len, insbesondere die Pflicht, bei der Annahme[66] gewisser Tätigkeiten oder Vorteile nach Ablauf dieser Tätigkeit ehrenhaft und zurückhaltend zu sein". Gedacht ist hierbei vor allem an die Übernahme[66] von Posten in der Industrie oder in den Wirtschaftsministerien der Mitgliedsländer nach Beendigung der Tätigkeit als Richter am EGH. Die Bestimmung soll die Richter anhalten, von ihren beim EGH gewonnenen Erfahrungen und Kenntnissen nur taktvoll und zurückhaltend Gebrauch zu machen. „Wegen des sehr viel weiteren Aufgabenbereichs der EWG scheint es nicht angängig, die sehr einengende Bestimmung des Art. 4, Abs. 3 der Satzung des Gerichtshofs der Montanunion voll zu übernehmen"[67]. Diese Formel ist Art. 4, Abs. 3, Satzung₁ vorzuziehen. Auch nachdem der Gerichtshof der EGKS in einen allen Gemeinschaften gemeinsamen Gerichtshof umgewandelt worden ist, gilt Art. 4, Abs. 3, Satzung₁ weiter und ist nicht durch die entsprechende Bestimmung in Satzung₂/₃ aufgehoben worden. Trotzdem wäre es wünschenswert gewesen, diese „mildere" Formel auch auf den Kohle-Stahl-Bereich auszudehnen.

Es wurde oben — ohne einen Anspruch auf Vollständigkeit zu erheben — an wenigen Beispielen versucht aufzuzeigen, welche Folgen eine rigorose Bestimmung nach sich zieht. Gewiß dient sie der Wahrung der Unbefangenheit der Richter, aber eben ausschließlich auf Kosten ihrer selbst. Das ist umso bedauernswerter, als es genug andere Möglichkeiten gibt, die Unabhängigkeit der Richter auf herkömmliche Art und Weise, insbesondere auf Kosten der Mitgliedstaaten und der Gemeinschaften, ausreichend zu sichern, indem man die Richter z. B. auf Lebenszeit ernennt, so wäre auch eine Verpflichtung, wie sie Art. 4, Abs. 3, Satzung₁ den Richtern auferlegt, zumutbar; für eine Amtszeit von nur sechs (drei) Jahren ist sie es nicht[68]. Man sollte einen Richter nicht zwingen, wegen einer u. U. nur dreijährigen Amtsdauer wertvolle Vermögensstücke zu veräußern, ohne ihm dafür eine ausreichende Entschädigung zu gewähren[69]. Art. 4, Abs. 3, Satzung₂/₃ hat der Verfahrensordnung des Gerichtshofs Rechnung getragen. Art. 3, § 3 VerfO. schreibt den Richtern vor, daß sie unmittelbar nach der Eidesleistung eine Erklärung unterzeichnen, in der sie die (ihnen an sich schon durch die Satzung auferlegte) feierliche Verpflichtung übernehmen, während ihrer Amtszeit und nach deren Beendigung die sich aus ihrem Amt

---

[66] Die französische Fassung lautet: „. . . quant à l'acceptation . . ."; dem Sinne nach müßte es im deutschen Text wie in Art. 3, § 3 VerfO. „Übernahme" heißen. Im französischen Text heißt es in beiden Fällen „acceptation".
[67] Bundestagsdrucksache Nr. 3440/57, Anlage E, Amtliche Begründung S. 19; Bundesratsdrucksache Nr. 225/57.
[68] Die Vorschrift des Art. 4, Abs. 3, Satzung₁ billigt *Ule* (Verwaltungsgerichte überstaatlicher und internationaler Organisationen, DVBl. 1953, S. 493).
[69] Auch die großzügige Besoldung ist kein ausreichender Ersatz für die Vermögenseinbuße. Die Richter im IGH, deren Statut immer wieder zum Vergleich herangezogen werden muß, unterliegen derartigen Verpflichtungen nicht, dafür werden sie für neun Jahre gewählt und erhalten eine wesentlich höhere Besoldung.

ergebenden Pflichten zu erfüllen, insbesondere die Pflicht, bei der Übernahme gewisser Tätigkeiten und der Annahme von Vorteilen nach Beendigung ihrer Amtszeit ehrenhaft und zurückhaltend zu sein. Eine entsprechende Bestimmung fehlte in der Verfahrensordnung des Gerichtshofs der EGKS vom 4. März 1953 (ABl. 1953, S. 37). Es ist zu hoffen, daß Art. 4, Abs. 3, Satzung$_1$ bei passender Gelegenheit entweder aufgehoben oder Art. 4, Abs. 3, Satzung$_{2/3}$ angeglichen wird[70].

Eine Neuerung bringt Satzung$_{2/3}$ ferner insoweit, als „bei Zweifelsfällen" in der Auslegung des Art. 4, Satzung$_{2/3}$ der Gerichtshof entscheidet.

6. Nichtteilnahme eines Richters an einer Rechtssache

a) Ausschluß kraft Gesetzes

Von Bedeutung für die Rechtsstellung des Richters ist auch die Möglichkeit, ihn wegen Befangenheit abzulehnen. In gewissen Fällen vermuten die Gesetze die Befangenheit und verbieten den Richtern die Teilnahme an solchen Verhandlungen. An diesem Problem haben auch die Autoren der Vertragswerke über die Europäischen Gemeinschaften nicht vorbeigehen können.

Die Richter und Generalanwälte sind kraft ausdrücklicher Vorschrift von der Teilnahme an Sachen ausgeschlossen, bei denen sie vorher als Bevollmächtigte, Rechtsbeistände oder Anwälte einer der Parteien tätig gewesen sind oder über die zu befinden sie als Mitglied eines Gerichts, eines Untersuchungsausschusses oder in irgendeiner anderen Eigenschaft berufen waren[71]. Hier vermutet das Gesetz unwiderleglich, daß der betreffende Richter befangen sei[72]. Diese Bestimmung hat praktische Bedeutung, wenn auch bislang aus den veröffentlichten Urteilen nicht zu entnehmen war, ob dieser oder jener Richter an den Sitzungen wegen Befangenheit nicht teilgenommen hat. Wenn auch die Wahrscheinlichkeit, daß ein Richter im Instanzenzug mit ein und derselben Sache befaßt wird, sehr gering ist, so besteht immerhin die nicht zu fern liegende Möglichkeit, daß der Richter – sei es als Sachverständiger, Beamter einer nationalen, internationalen oder supranationalen Behörde[73] oder in irgendeiner anderen

---

[70]. Es sei noch darauf hingewiesen, daß das Personalstatut der Gemeinschaft (EGKS) vom Juli 1956 eine Art. 4, Abs. 3, Satzung$_1$ entsprechende Vorschrift enthält. Art. 10, Abs. 2 lautet: „Sie (d. h. die Bediensteten der Gemeinschaft) müssen sich verpflichten, sich weder unmittelbar noch mittelbar an Geschäften, Unternehmen oder Gesellschaften, die Kohle und Stahl betreffen, zu beteiligen oder hieran beteiligt zu bleiben".

[71] Art. 19, Abs. 1, Satzung$_1$; Art. 16, Abs. 1, Satzung$_{2/3}$.

[72] Vgl. dazu *Breitner*, Der Gerichtshof der Montangemeinschaft und seine Anrufung bei fehlerhaften Organakten, 2. Auflage, Hamburg 1954, S. 14.

[73] Einer der z. Zt. amtierenden Richter war vorher Rechtsberater der Hohen Behörde und hat in dieser Eigenschaft an Entscheidungen und Empfehlungen der Hohen Behörde mitgewirkt.

Eigenschaft – damit zu tun hatte. Das Statut des IGH enthält eine Bestimmung fast gleichen Wortlauts (Art. 17, Abs. 2). Diese Vorschrift geht ihrerseits auf das Haager Projekt zurück[74].

Vom StIGH und IGH ist bekannt, daß sich des öfteren die Frage stellte, ob ein Mitglied des Gerichtshofs an der Verhandlung einer Rechtssache teilnehmen durfte[75]. Darüber hinaus ist beim IGH (StIGH) noch ausdrücklich vorgeschrieben, daß die Mitglieder des Gerichtshofs nicht als Rechtsbeistand, Anwalt oder Rechtsberater in irgendeiner Sache teilnehmen dürfen. Eine ähnliche Bestimmung besteht für die Richter am EGH nicht, da eine solche Tätigkeit in aller Regel schon durch Art. 4, Satzung$_{1/2/3}$ verboten ist. Es sei aber darauf hingewiesen, daß wie bereits erwähnt jedem Richter selbst die Pflicht obliegt, seine Unabhängigkeit und Unbefangenheit zu wahren. Auch ohne daß die Tätigkeit beruflichen Charakter hat, ist es einem Richter untersagt, Rechtsauskünfte oder Gutachten abzugeben. Beim Verbot, Rechtsgutachten zu erstatten, kommt hinzu, daß ein Richter seine Kenntnisse und Erfahrungen nicht in dieser Art Dritten zur Verfügung stellen darf[76]. Auch eine nicht berufsmäßige Tätigkeit als Schiedsrichter oder Schlichter ist mit der Stellung der Richter nicht vereinbar[77].

b) Kein Ablehnungsrecht der Parteien

Glaubt ein Richter oder Generalanwalt bei der Entscheidung oder Untersuchung eines bestimmten Falles aus einem besonderen Grunde nicht mitwirken zu können, so teilt er dies dem Präsidenten mit. Hält der Präsident die Teilnahme eines Richters oder Generalanwalts nicht für angebracht, so setzt er ihn hiervon in Kenntnis[78]. Das deutsche Prozeßrecht kennt eine solche Bestimmung nicht. Auf der anderen Seite steht den Parteien *kein* Ablehnungsrecht zu[79]. Hätten die Vertragspartner den Parteien

---

[74] Vgl. Manley O. *Hudson*, The Permanent Court of International Justice, New York 1934, § 137.

[75] Rapport Annuel de la C.P.D.J.I., SérieE, No. 1, p. 242; No. 4, p. 262; No. 7, p. 265; No. 8, p. 242. (Der Fall ist insofern von Interesse, als der StIGH die Auffassung vertrat, daß ein Richter, der an der Ausarbeitung eines völkerrechtlichen Vertrages teilgenommen hat, nicht verpflichtet sei, sich für befangen zu erklären, wenn aus diesem Vertrag ein Rechtsstreit entsteht, der dem Gerichtshof zur Entscheidung vorgelegt wird). Annuaire de la Cour Internationale de Justice, 1951/52, p. 89; 1954/55, p. 82 (Beschluß vom 7. 2. 1955).

[76] Vgl. § 39 des Entwurfs eines Deutschen Richtergesetzes, BR-Drucksache 183/57; Amtliche Begründung des Entwurfs, BR-Drucksache 183/57, S. 12.

[77] Vgl. die Amtliche Begründung zum Entwurf eines Deutschen Richtergesetzes zu § 38, BR-Drucksache 183/57 mit weiteren rechtsvergleichenden Nachweisen; vgl. Art. 454, United States Code, 1952, Edition, Volume III, Supreme Court („Any Justice or judge appointed under the authority of the United States who engages in the practice of law is guilty of a high misdemeanor"). Vgl. auch § 455, a.a.O.

[78] Art. 19, Abs. 2, Satzung$_1$; Art. 16, Abs. 2, Satzung$_{2/3}$.

[79] Vgl. § 42, Abs. III ZPO.A.A. *Dederer*, Tübinger Diss. 1958, S. 60.

ein solches Recht einräumen wollen, dann hätten sie es bei der ausführlichen Regelung der Fälle der Selbstablehnung mit berücksichtigt. Aus Art. 19, Abs. 4, Satzung$_1$ (Art. 16, Abs. 4, Satzung$_{2/3}$) läßt sich auch im Wege des Umkehrschlusses ein solches Recht nicht herleiten[80]. Die Stellung des Richters wird dadurch auf Kosten der Parteien verstärkt. Dies ist jedoch bei einem Hohen Gericht, von dessen Mitgliedern man erwarten darf, daß sie von dem Ablehnungsrecht Gebrauch machen, wenn die Situation es erfordert, nicht nötig. Dies schließt jedoch nicht aus, daß die Parteien formlos eine Selbstablehnung anregen, denn wenn sich für die Anwendung dieser Vorschrift „eine Schwierigkeit" ergibt, dann entscheidet der Gerichtshof. Auch in der VerfO. ist ein Ablehnungsrecht der Parteien nicht vorgesehen. Mit der hohen Stellung der Richter wäre es schlecht verträglich, wenn sie von den Parteien abgelehnt werden könnten. Mit den nationalen Richtern läßt sich das nicht vergleichen. Sobald verschiedene Staaten vor dem Gerichtshof auftreten können, ist es geboten, den Richtern eine feste Stellung zu geben. Daß gerade den Staaten als Parteien ein Ablehnungsrecht *nicht* zusteht, ist ein ganz beachtlicher Fortschritt auf dem Gebiete der internationalen (supranationalen) Gerichtsbarkeit. Noch 1912 hat *Wehberg*[81] ausgeführt: „. . . aber die Ausschließung befangener Richter würde den Staaten keine hinreichende Garantie geben; es müßte auch jeder Staat, der sich an den Gerichtshof wendet, ein Ablehnungsrecht haben, indem er von fünf Richtern von vorneherein zwei Richter, von sieben drei usw. ablehnen dürfte. Für solche ausfallenden Richter müßten von vorneherein durch die Plenarversammlung Ersatzrichter des internationalen Gerichtshofs bestellt werden. Die Ablehnung brauchte durchaus nicht ein Mißtrauensvotum für den betreffenden Richter darstellen und müßte auch ohne Angabe von Gründen erfolgen . . ." Wie anders klingt dagegen Art. 19, Abs. 4, Satzung$_1$ (Art. 16, Abs. 4, Satzung$_{2/3}$)! Von Besonderheit ist die Befugnis des Präsidenten. Er hat das Recht, einen Richter, von dem er meint, daß in seiner Person ein Grund zur Ablehnung wegen Besorgnis der Befangenheit bestehe, darauf aufmerksam zu machen. Diese Bestimmung ist geeignet, als Ersatz für das mangelnde Ablehnungsrecht der Parteien zu dienen. Der Präsident hat — ohne daß dies ausdrücklich bestimmt wäre — das Recht, die Frage dem Gerichtshof zur Entscheidung vorzulegen, falls ein Richter nicht der Auffassung ist, daß ein Fall vorliegt, der eine Ablehnung erfordert. Das gleiche Recht steht allen übrigen Mitgliedern des Gerichtshofs einschließlich der Generalanwälte zu. Für den Fall, daß ein Richter sich für befangen erklären möchte, Präsident und Gerichtshof aber der Auffassung sind, daß ein Fall der Be-

---

[80] Ebenso StIGH, Beschluß vom 20. 2. 1922, Rapport Annuel de la C.P.D.J.I., Série E, No. 7, p. 242.

[81] Das Problem eines internationalen Staatengerichtshofs, Das Werk vom Haag, Bd. I,2, S. 86.

fangenheit nicht vorliege, hat der StIGH[82] ausgeführt, daß seine Entscheidung nicht als eine Grundsatzentscheidung anzusehen sei, und es wurde die Meinung geäußert, daß der Gerichtshof sich in einem solchen Falle dem Wunsch des Richters beugen müsse. Dieser Meinung kann nicht beigetreten werden. Wenn dem Gerichtshof im Zweifelsfalle die alleinige Entscheidungsbefugnis zusteht, so muß man von dem betreffenden Richter verlangen, daß er sich der Entscheidung des Gerichtshofs fügt und den eigenen Gewissenskonflikt überwindet.

Auch wenn ein Mitglied bloß Zweifel hat und weder eine Meinungsverschiedenheit mit dem Präsidenten oder den anderen Mitgliedern besteht, kann es den Gerichtshof um eine Entscheidung ersuchen[83].

c) Gutachtertätigkeit des EGH

aa) Regelung beim IGH (StIGH): Nach Art. 96, Abs. 1 der Charta der Vereinten Nationen, Art. 14 der Völkerbundssatzung (StIGH), Art. 65 ff. StatIGH übt der IGH nicht nur eine Rechtsprechungstätigkeit, sondern auch eine Gutachtertätigkeit aus. Allerdings kann nicht jeder, der als Partei vor dem IGH auftreten kann, von dem Gerichtshof auch die Abgabe eines Gutachtens verlangen. Diese Befugnis steht nur dem Sicherheitsrat oder der Generalversammlung der Vereinten Nationen zu. Möglich ist, daß ein Staat an den Rat oder die Versammlung mit der Bitte herantritt, diese Institutionen mögen von sich aus ein Gutachten über eine bestimmte Frage einholen[84]. Der StIGH hat sich jedoch vorbehalten, Ersuchen um Abgabe seines Gutachtens auch nicht zu entsprechen, obgleich angenommen wurde, daß er von seinem Recht nur dann Gebrauch mache, wenn er um seine Meinung über abstrakte Rechtsfragen angegangen wird, da unter solchen Umständen durch abstrakte Meinungsäußerungen abstrakte Gesetze geschaffen würden und es unmöglich wäre, alle praktischen Folgen solcher Äußerungen im Augenblick ihrer Abgabe vorauszusehen[85]; in der Folge könnte sich dies als ein Hindernis für die Entscheidungsfreiheit des Gerichtshofs herausstellen[86].

In der Folgezeit wurde die Befugnis des IGH (StIGH), Gutachten zu erstatten, teils mit Beifall aufgenommen, teils aber auch stark kritisiert. Von der einen Seite wurde im wesentlichen vorgebracht, daß es für die Betei-

---

[82] Rapport Annuel de la C.P.D.J.I., Série E, No. 8, p. 242.

[83] Rapport Annuel de la C.P.D.J.I., Série E, No. 7, p. 265.

[84] Manley O. *Hudson*, Les avis consultatifs de la Cour Permanente de Justice Internationale, in: Recueil des Cours de l'Académie de Droit International, Paris 1925, Tome III, pp. 368/369.

[85] Vgl. *Ripshagen*, The case law of the European Coal and Steel Community Court of Justice. Neederlandse Tijdschrift voor Internationales Recht, 2ᵉ Jaargang, 1955, p. 393.

[86] Informationen, herausgegeben von der Nachrichtenabteilung des Sekretariats des Völkerbundes, Genf, Juni 1922, S. 13.

ligten angenehm sei, eine zwischen ihnen streitige Frage durch ein Gutachten geklärt zu sehen, das nicht einem von ihnen das Odium des „Verurteilt-worden-seins" auflädt.

bb) Gegenargumente: Von der Gegenseite wurde vorgebracht, daß der Gerichtshof beim Gutachten seine Meinung über Punkte preisgebe, die er möglicherweise bei einem Urteil in derselben Sache hätte überhaupt nicht berühren brauchen[87]. Die Hauptgefahr bei der Gutachtertätigkeit liegt aber in der Gefahr der Präjudizierung. Dieselbe Sache, die schon Gegenstand eines Gutachtens war, kann später an den Gerichtshof mit dem Verlangen um ein Urteil oder um ein weiteres Gutachten gelangen. Wenn inzwischen ein Richterwechsel eingetreten ist und die neuen Richter die Meinung ihrer Vorgänger nicht teilen, so können sie doch praktisch nicht von der früher geäußerten Meinung abweichen, ohne einen empfindlichen Prestigeverlust zu erleiden. Aus dem gleichen Grunde können die Richter, die schon früher mit der Sache befaßt waren, ihre Meinung nicht ändern. Für befangen können sich die Richter aus zwei Gründen nicht erklären. Zum einen würde dann der Gerichtshof aller Wahrscheinlichkeit nach beschlußunfähig, zum anderen wäre eine Nichtteilnahme unzulässig, da Art. 17 StatIGH (Art. 19, Abs. 2, Satzung$_1$; Art. 16, Satzung$_{2/3}$) nur Richter ausscheidet, die als einzelne, nicht aber als Glieder des innerhalb seiner Zuständigkeit auftretenden Gerichtshofs an einem früheren Verfahren teilgenommen haben[88].

Es ist bezeichnend, daß es der Supreme Court der USA immer abgelehnt hat, Gutachten zu erstatten[89]. Nur der Staat Missouri hat 1865 das Gutachterverfahren durch die Verfassung eingeführt, aber schon zehn Jahre später ist die Bestimmung aufgehoben worden[90]. Die Richter am Supreme Court erklärten, daß sie keine Rechtsberater, Attorney Generals usw. seien, ihre Aufgabe sei es, Rechtsstreite zu *entscheiden*. Sie verwiesen auf die Verfassung, die die Richter nicht habe zwingen wollen, ein Gutachten über Fragen abzugeben, die später Gegenstand eines Urteils werden könnten[91].

---

[87] Vgl. *Ripshagen*, a.a.O.

[88] Hans *Kaufmann*, Die Gutachten des Ständigen Internationalen Gerichtshofs als Mittel zwischenstaatlicher Streitschlichtung, Basel 1939, S. 93.

[89] Etwas ganz anderes ist die Gutachtertätigkeit des Conseil d'Etat in Frankreich, Belgien oder Luxemburg (vgl. für Belgien: loi du 23 décembre 1946, Moniteur Belge du 9 janvier 1947, No. 9). Seit seinem Bestehen ist der Conseil d'Etat ein Gutachterorgan, dem allerdings im Laufe seiner Geschichte mehr Rechtsprechungsaufgaben zugewachsen sind. Daher rührt auch die Einteilung in verschiedene Sektionen (Section de Législation, Section d'Administration).

[90] Manley O. *Hudson*, zitiert bei Ch. de *Visscher*, Les avis consultatifs de la Cour Permanente de Justice Internationale in: Recueil des Cours de l'Académie de Droit International, Paris 1929, Tome I, p. 12.

[91] Ch. de *Visscher*, Les avis consultatifs de la Cour Permanente de Justice Internationale in: Recueil des Cours de l'Académie de Droit International, Paris 1929, Tome I, p. 12.

Ein weiterer wesentlicher Gesichtspunkt, der gegen die Gutachtertätigkeit spricht – wie auch *Wacke*[92] hervorhebt – ist, daß es sich bei der Erstattung der Gutachten in verfahrensmäßiger Beziehung um keine eigentliche prozeßentscheidende richterliche Tätigkeit handelt. Ein Rechtsstreit liegt gar nicht vor, es fehlen Kläger und Beklagter, es fehlt an der Erhebung einer Klage und in der Regel auch an Vorschriften für das Verfahren. Das Ergebnis des Gutachtens ist für keinen Teil verbindlich, legt aber das Gericht fest. Das Gutachten ist weder der formellen noch der materiellen Rechtskraft fähig. Danach muß man zu der Auffassung kommen, daß die Gutachtertätigkeit keine richterliche Tätigkeit ist, ja dieser wesensfremd ist[93]. Dazu führt das Bundesverfassungsgericht aus: „Nach dem Grundgesetz ist es Aufgabe der Gerichte, Recht zu sprechen (Art. 92 GG), also in einzelnen Rechtssachen mit verbindlicher Wirkung zu entscheiden, und zwar in Verfahren, in denen durch Gesetz die erforderlichen prozessualen Sicherungen gewährleistet sind und der verfassungsrechtlich geschützte Anspruch auf rechtliches Gehör besteht. Dagegen kann die dem Wesen der Rechtsprechung fremde Aufgabe, sich als Rechtsprechungsorgan gutachtlich zu äußern, einem Gericht nur ausdrücklich durch Gesetz übertragen werden"[94].

Es verwundert nicht, daß bei der Änderung des BVerfGG. der § 97, der die Erstattung der Gutachten durch das BVerfG. regelte, ersatzlos gestrichen wurde, nachdem man mit der Gutachtertätigkeit im Zusammenhang mit dem Streit um den Wehrbeitrag keine guten Erfahrungen gemacht hatte[95]. Auch für den geplanten Gerichtshof der Europäischen (Politischen) Gemeinschaft wurde die Einrichtung einer Gutachtertätigkeit als nicht wünschenswert bezeichnet[96].

cc) Lage nach dem EWG- und Euratom-Vertrag: Diese Argumente treffen für den EGH noch mehr zu als für den IGH, denn der EGH ist in der Ausgestaltung des Verfahrens viel mehr den nationalen als den internationalen Gerichten angenähert. Seine Entscheidungen sind verbindlich und vollstreckbar. Der Gerichtshof der EGKS hatte nicht die Befugnis, Gut-

---

[92] Die Erstattung von Gutachten durch den Bundesfinanzhof mit einer vergleichenden Betrachtung der Gutachtertätigkeit der anderen Gerichte. AöR, Band 83 (1958), S. 313.
[93] Das räumt auch der Bundesfinanzhof ein und bezeichnet die Gutachtertätigkeit neuerdings als Gerichtsverwaltungstätigkeit .(vgl. Gutachten vom 21. 1. 1954, BFHE, Band 58, S. 556, 558; Gutachten vom 6. 11. 1956, BFHE, Band 63, S. 409, 411 =J Z 1957, S. 274); Ch. d. *Visscher*, a.a.O., S. 13.
[94] BVerfGE, Band 4, S. 358 (363 ff.), ebenso schon BVerfGE, Band 2, S. 86; *Geiger*, Kommentar zum BVerfG., Berlin – Frankfurt 1952, S. 297/298.
[95] Vgl. den Beschluß des BVerfG vom 8. 12. 1952, BVerfGE, Band 2, S. 79 ff.; Gesetz zur Änderung des Gesetzes über das Bundesverfassungsgericht vom 21. Juli 1956, BGBl. I, S. 662.
[96] Paul A. *Freund* in: Probleme einer europäischen Staatengemeinschaft. Dokumente und Berichte des Europa-Archivs, Frankfurt 1954, S. 41.

achten zu erstatten. Dennoch hat es nicht an Stimmen gefehlt, die diese Regelung bedauern[97].

In den neuen Verträgen ist ein Gutachterverfahren in beschränktem Maße eingeführt worden. Nach Art. 228, Abs. 2 EWG-Vertrag kann der Rat, die Kommission oder ein Mitgliedstaat den Gerichtshof um ein Gutachten über die Frage bitten, ob ein bestimmtes Abkommen zwischen der EWG und einem oder mehreren Staaten oder einer internationalen Organisation mit dem EWG-Vertrag vereinbar ist. Der Gerichtshof hat für das Verfahren bei Gutachten eine Vorschrift geschaffen (Art. 106 VerfO.). Nach Art. 103, Abs. 3 Euratom-Vertrag kann ein Staat ein Abkommen gemäß Art. 101 ff. Euratom-Vertrag — falls die Kommission Bedenken hat und diese nicht beseitigt werden können — erst schließen, wenn er durch einen Antrag im Dringlichkeitsverfahren einen Beschluß des Gerichtshofs über die Vereinbarkeit der beabsichtigten Bestimmungen mit den Vorschriften des Euratom-Vertrags herbeigeführt und diesem Beschluß entsprochen hat. Auch dieser Beschluß dürfte weniger ein Sonderfall der Nichtigkeitsklage sein[98], sondern ein *Gutachten* des Gerichtshofs über die voraussichtliche Vereinbarkeit des geplanten Abkommens mit dem Euratom-Vertrag[99]. Nach Art. 95, Abs. 4 EGKS-Vertrag werden die im Rahmen der „kleinen Vertragsrevision" geplanten Änderungen dem Gerichtshof zur Stellungnahme unterbreitet. Dieses Verfahren kann man sowohl als Gutachtertätigkeit wie auch als Mitwirkung bei der Gesetzgebung ansehen. Letzteres dürfte wohl zutreffender sein.

Außer diesen eng begrenzten Fällen erstattet der EGH keine Gutachten; man mag bedauern, daß das Gutachterverfahren nunmehr auch Eingang beim EGH gefunden hat. Aus den oben genannten Gründen kann diese Regelung nicht gutgeheißen werden und es ist zu wünschen, daß der Gerichtshof wie bisher von Gesuchen um Gutachten verschont bleibt. Erfreulich ist, daß sich die Gutachten jeweils nur auf eine ganz bestimmte und fest umgrenzte Frage erstrecken. Trotzdem bleibt die Gutachtertätigkeit eine Gefahr für die Unbefangenheit der Gesamtheit der beteiligten Richter.

---

[97] *Riese,* NJW 1953, S. 521; R. *Prieur,* La Cour de Justice de la C.E.C.A., in: La vie Judiciaire, 31 janvier – 5 février 1955, p. 5; *Münch,* Die Gerichtsbarkeit im Schumanplan in: Gegenwartsprobleme des internationalen Rechts und der Rechtsphilosophie, Festschrift für Rudolf Laun, Hamburg 1953, S. 140. Dagegen *Mathijsen,* P.S.R.F., Le droit de la Communauté Européenne du Charbon et de l'Acier, La Haye 1958, p. 14.
[98] So *Berié-Miller,* Gemeinsamer Markt und Euratom, Herne – Berlin 1957, Anmerkung 4 zu Art. 103 Euratom-Vertrag.
[99] Ähnlich *Daig,* Die Gerichtsbarkeit in der Europäischen Wirtschaftsgemeinschaft und der Europäischen Atomgemeinschaft, AöR, Band 83, 1958, S. 201.

Viertes Kapitel

Besondere Vorrechte und Befreiungen der Richter

1. Immunität und Indemnität

a) Umfang und Herkunft

Den im vorhergehenden Kapitel erörterten besonderen Pflichten der Richter stehen Rechte gegenüber, die großenteils den Gerichtsverfassungsgesetzen der Mitgliedstaaten fremd sind. Was die Vorrechte und Befreiungen betrifft, so haben die Vertragspartner auch hierin an die Tradition der großen internationalen Gerichte angeknüpft und haben das internationale (supranationale) Gerichtsverfassungsrecht weiterentwickelt[1]. Andererseits macht sich hier ein starker Einfluß der allgemeinen Grundsätze des Völkerrechts bemerkbar, die aber zum Teil umgestaltet und den anders gelagerten Verhältnissen angepaßt wurden.

Die Vorrechte und Immunitäten der Richter sind in Art. 3, Satzung$_1$/$_2$/$_3$ geregelt. Danach genießen die Richter Immunität gegen gerichtliche Verfolgung[2]. Hinsichtlich ihrer in amtlicher Eigenschaft vorgenommenen Handlungen einschließlich ihrer mündlichen und schriftlichen Äußerungen genießen sie diese Immunität[3] auch nach Beendigung ihrer amtlichen Tätigkeit. Wir gehen mit der Annahme nicht fehl, daß auch diese Vorschriften in Anlehnung an das StatIGH entstanden sind[4]. Art. 19 StatIGH verweist aber im Gegensatz zu den Satzungen über den Gerichtshof der Europäischen Gemeinschaften auf die allgemeinen Regeln des Völkerrechts, indem er bestimmt: „Les membres de la Cour jouissent dans l'exercice de leurs fonctions des privilèges et immunités diplomatiques". Der Unterschied in der Tragweite dieser Vorschriften ist aber in Wirklichkeit größer als man zunächst annehmen möchte. In bezug auf die Vorrechte und Befreiungen sind die Richter am IGH den Diplomaten gleich-

---

[1] Vgl. *Menzel,* Die Privilegien und Immunitäten der internationalen Funktionäre, in: Verfassung und Verwaltung in Theorie und Wirklichkeit, Festschrift für W. *Laforet,* München 1952.

[2] Art. 3, Abs. 1, Satzung$_1$; dagegen heißt es in Satzung$_2$/$_3$: „Die Richter sind keiner Gerichtsbarkeit unterworfen".

[3] Nach der neueren deutschen Terminologie würde man hier von „Indemnität" sprechen.

[4] Auch diese gehen auf ältere, insbesondere auf die Haager Konventionen von 1899 und 1907 zurück. Vgl. Manley O. *Hudson,* International Tribunals, Washington 1944, S. 50 ff.; vgl. zum englischen Recht *Hood-Phillips,* A first book of English Law, 3. Aufl., London 1955, S. 20; Heinrich *Gerland,* Die englische Gerichtsverfassung, Band II, Leipzig 1910.

gestellt. Aus diesem Grunde sei die Tragweite und Bedeutung der diplomatischen Privilegien und Immunitäten kurz skizziert.

Diese Rechte haben ihren Ursprung in der sogenannten Exterritorialität. Daneben steht das Recht auf die Unverletzbarkeit des Gesandten. Während die Exterritorialität ein Unterlassen des Empfangsstaates zum Gegenstand hat, geht das Recht der Unverletzlichkeit des Gesandten weiter, indem es den Empfangsstaat darüber hinaus zu einem Tun verpflichtet, nämlich dem Gesandten einen besonderen Schutz gegen unerlaubte Angriffe zu gewähren. Die Exterritorialität schützt den Diplomaten gegen rechtmäßiges Handeln von Staatsorganen, während die Unverletzlichkeit gegen unrechtmäßiges Handeln Dritter schützt[5]. Generell sind jedoch die Gesandten der Rechtsordnung des Empfangsstaates unterworfen, es kann nur nicht zwangsweise gegen sie vorgegangen werden, weder auf dem Gebiete des öffentlichen Rechts, des Strafrechts noch des Zivilrechts. Sie können weder verurteilt, noch zwangsweise vor Gericht oder eine Verwaltungsbehörde geladen werden, sei es als Beteiligte oder Zeugen oder in irgend einer anderen Eigenschaft. Die diplomatische Exterritorialität erstreckt sich herkömmlicherweise nicht nur auf die Gesandten selbst, sondern auch auf die mit ihnen im gemeinsamen Haushalt lebenden Familienangehörigen und Hausangestellten, sofern sie – und das ist bemerkenswert – nicht die Staatsangehörigkeit des Empfangsstaates besitzen[6] Die Rechte erstrecken sich aber nicht nur auf die Personen, sondern auch auf die Dienstgebäude, Wohnungen und das Mobilar, soweit sie von den exterritorialen Personen tatsächlich benutzt werden; dabei spielen die Eigentumsverhältnisse keine Rolle, nur die tatsächliche Widmung ist entscheidend.

Schon früher wurden diese Rechte auf Personen ausgedehnt, die zwar nicht Gesandte waren, aber einer internationalen Behörde oder Organisation angehören. Diese Institutionen sollten in keinem Fall durch irgendwelche staatlichen Organe in der Erfüllung ihrer Aufgaben gehindert werden können. Darüber hinaus sind die staatlichen Organe des Landes, in dem die Institution ihren Sitz hat, verpflichtet, rechtswidrige Angriffe Dritter auf die Institution, ihre Gebäude, Wohnungen, Bediensteten usw. abzuwehren. Es verwundert bei dieser Entwicklung nicht, daß die Vorrechte und Befreiungen den internationalen Richtern, insbesondere den Richtern am IGH, zuerkannt wurden. Diese Rechte wurden ihnen im Interesse ihrer Unabhängigkeit und Ungestörtheit der Amtstätigkeit verliehen. Es wäre unerträglich, wenn die Richter sich in entsprechenden Situationen unsicherer fühlen müßten als die Diplomaten oder die Bediensteten anderer internationaler Organisationen. Die Stellung der Richter am

---

[5] Vgl. Alfred *Verdroß*, Völkerrecht, 4. Auflage, Wien 1959, S. 258 ff.

[6] *Verdroß*, a.a.O., S. 260.

IGH und ihre Unabhängigkeit entbehrt jedoch, was die Vorrechte und Befreiungen betrifft, einer ausreichenden Wirksamkeit. Diese Rechte haben
die Richter nur während ihrer richterlichen Tätigkeit (Art. 19 StatIGH).
Diese Regelung muß so aufgefaßt werden, daß der Immunitätsschutz nur
während der Sitzungsperioden besteht, nicht aber schon mit der Reise des
betreffenden Richters aus seinem Heimat- oder Aufenthaltsstaat[7] an den
Sitz des Gerichtshofs. Ferner bestehen diese Rechte nicht gegenüber dem
Heimatstaat des Richters, dies im Gegensatz etwa zum Generalsekretär
der Vereinten Nationen und der in den Vereinten Nationen tätigen Personen auf Grund des UN-Immunitätsabkommens[8]. Die Frage, ob die Privilegien und Immunitäten der Richter am IGH (StIGH) auf die Heimatstaaten auszudehnen seien, ist 1945 und 1920 bei der Beratung des Statuts erörtert worden[9]. Schließlich wollte man aber den einzelnen Staaten
nicht vorgreifen und wählte eine Fassung, die jedem Mitgliedstaat freie
Hand ließ. Diese Regelung hat jedoch in der Praxis nicht zu Unträglich-
keiten geführt. Welche Rechte den Richtern und ihren Angehörigen im
einzelnen zustehen sollten, wurde in einer Reihe von Vereinbarungen zwischen dem Gerichtshof und der Niederländischen Regierung festgelegt[10].
Gewisse, wenn auch geringere Rechte wurden den Richtern niederländischer Staatsangehörigkeit zugestanden: „Les membres et le Greffier de la
Cour n'ont pas à répondre, devant la juridiction locale, des actes qu'ils
accomplissent en leur qualité officielle et dans la limite de leurs attri-
butions. Les traitements qui leur sont alloués sur le budget de la Cour
sont exonérés des impôts directes"[10]. Gewiß ergeben sich schon aus der
im Statut festgelegten Unabhängigkeit der Richter implicite gewisse Verpflichtungen der Signatarstaaten des Statuts, nämlich die Unabhängigkeit
der Richter zu achten und sich jeden Einflusses auf sie zu enthalten, es

---

[7] Vgl. dazu *Jaenicke*, Die Sicherung des übernationalen Charakters der Organe internationaler Organisationen, Zeitschrift für ausländisches und öffentliches Recht und Völkerrecht, Bd. 14 (1951/52), S. 67 ff.

[8] Vgl. wegen der Privilegien das Abkommen über die Vorrechte und Befreiungen der Sonderorganisationen der Vereinten Nationen vom 21. 11. 1947 und
über die Gewährung von Vorrechten und Befreiungen an andere zwischenstaatliche Organisationen – Deutsches Bundesgesetz vom 22. 6. 1954 (BGBl. II, S. 639),
weiter das Abkommen vom 2. 9. 1949 über die Vorrechte und Befreiungen des
Europarats (BGBl. II, S. 493).

[9] Die Juristenkommission des Völkerbundes hat zunächst sogar eine Fassung
vorgeschlagen, die eine Immunität gegenüber dem Heimatstaat ausdrücklich aus-
schloß: „En dehors de leur propre pays les membres de la Cour jouissent de
mêmes privilèges et immunités que les agents diplomatiques" (S.d.N., Cour Permanente de Justice Internationale, Comité consultatif de Juristes, 1920, procès
verbaux, p. 479), zitiert nach *Jaenicke*, a.a.O., S. 68, Anmerkung 75; vgl. Rapport
Annuel de la C.P.D.J.I., SérieE, No. 3, 1926/27, p. 178/179.

[10] Teilweise veröffentlicht in: Statut et Règlement et autres textes constitution-
nels ou réglementaires, – actes et documents relatifs à l'organisation de la
Cour – Série D, No. 1, troisième Edition – 1936, p. 69, herausgegeben vom
StIGH.

ist jedoch *Jaenicke* a.a.O. zuzustimmen, daß es dennoch an einer klaren Rechtsnorm fehle, auf die sich der betreffende Richter gegenüber seinem Heimatstaat berufen könne[11].

b) Bedeutung

Demgegenüber hat man bei der Ausarbeitung des Statuts des Gerichtshofs der Europäischen Gemeinschaften die Mängel des StatIGH erfreulicherweise nicht mitübernommen. „Die Richter genießen Immunität gegen gerichtliche Verfolgung", heißt die entsprechende Bestimmung in Satzung$_{2/3}$. Mit keinem Wort ist auf die diplomatischen Vorrechte und Befreiungen, die herkömmlicherweise dem Heimatstaat nicht entgegengesetzt werden können, Bezug genommen. *Alle* Richter, auch die Angehörigen des Staates, in dem der Gerichtshof seinen Sitz hat, sind der Gerichtsbarkeit nicht unterworfen. Darüber hinaus genießen alle Richter in ihrem Heimatstaat, auch wenn der Gerichtshof seinen Sitz in einem anderen Land hat, die Exemtion von der Gerichtsbarkeit. Die Formulierung der Bestimmung in Satzung$_1$ unterscheidet sich wesentlich von der in Satzung$_{2/3}$. Immunität gegen gerichtliche Verfolgung bedeutet weniger als Exemtion von (jeglicher) Gerichtsbarkeit. „Verfolgung" ist nur im Rahmen eines Straf- oder sonstigen Zwangsverfahrens, das sich gegen die Person des Richters richtet, denkbar. Vergleicht man aber den französischen Text, so stellt sich heraus, daß diese Überlegungen nicht zutreffen, sondern ein Übersetzungsfehler vorliegt. In der französischen Fassung heißt es in allen drei Satzungen: „Les juges jouissent de l'immunité de juridiction". Von „gerichtlicher Verfolgung" ist nirgends die Rede. Es findet sich auch nirgendwo ein Anhaltspunkt dafür, daß die Vertragspartner die Immunität auf die „gerichtliche Verfolgung" beschränkt wissen wollten. Die Richter sind nicht verpflichtet, irgend einer gerichtlichen Ladung Folge zu leisten, außer einer Ladung vor den Gerichtshof der Europäischen Gemeinschaften[12]. Damit erschöpft sich die Vorschrift jedoch nicht. Der Begriff „Gerichtsbarkeit" („jurisdiction") ist im weiten Sinne zu verstehen. Der Richter unterliegt nicht nur keinen gerichtlichen Maßnahmen, sondern auch keinen behördlichen. Das bedeutet jedoch nicht, daß die Richter der Rechtsordnung nicht unterworfen seien. Die Rechtsnormen können den Richtern gegenüber nur nicht vollzogen werden[13].

---

[11] Ebenso Manley O. *Hudson*, International Tribunals, Washington 1944, S. 46.

[12] Vgl. Art. 5 VerfO.

[13] Diese Auffassung kommt ganz besonders deutlich in § 7 des Personalstatuts der EGKS vom Juli 1956 zum Ausdruck: „Die Vorrechte und Befreiungen, welche bestimmte Bedienstete auf Grund des Zusatzprotokolls zum Vertrag über die Gründung der Gemeinschaft genießen, werden im Interesse der Institution gewährt; sie befreien diese Bediensteten weder von der Erfüllung ihrer privatrechtlichen Verpflichtungen noch von der Beachtung der geltenden Gesetze und polizeilichen Vorschriften".

c) Indemnität

Hinsichtlich ihrer in amtlicher Eigenschaft vorgenommenen Handlungen einschließlich ihrer mündlichen und schriftlichen Äußerungen besteht die Befreiung noch nach Beendigung ihrer Amtstätigkeit[14] Daraus folgt im Umkehrschluß, daß die allgemeine Exemtion nur während ihrer Amtstätigkeit besteht. Sie besteht nicht nur während der unmittelbaren dienstlichen Tätigkeit, sondern z. B. auch während der Gerichtsferien, eben so lange, als der Richter das Amt innehat. Die Vorschrift, daß die Richter wegen ihrer in amtlicher Eigenschaft vorgenommenen Handlungen usw. nicht zur Rechenschaft gezogen werden können, erinnert an die herkömmliche Indemnität der Parlamentarier[15]. Ebenso wie diesen sind auch den Mitgliedern des EGH die Vorrechte und Befreiungen nur im Interesse der Institution gewährt. Auf sie kann nicht verzichtet werden Die Bestimmung soll dazu dienen, daß ein Richter nicht befürchten muß, wegen einer gewagten Äußerung oder Handlung nach Beendigung seiner Amtszeit zur Verantwortung gezogen zu werden. Die Befreiung der Richter von der Gerichtsbarkeit ist zwar gelegentlich kritisiert worden[16], sie dient aber unmittelbar der Sicherung der Unabhängigkeit und Unbefangenheit der Richter[17] und verdient daher uneingeschränkte Zustimmung.

2. Aufhebung der Befreiung

Um einem Mißbrauch der den Richtern gewährten Vorrechte und Befreiungen vorzubeugen und um ein Ventil für besonders krasse Fälle zu schaffen, sehen die Satzungen übereinstimmend vor, daß der Gerichtshof die Befreiung durch Plenarentscheidung aufheben kann[18]. Das ist eine Neuigkeit gegenüber sämtlichen herkömmlichen Bestimmungen für internationale Gerichtshöfe. Auf der einen Seite räumt man den Richtern weitergehende Befreiungen und Vorrechte als je zuvor ein, auf der anderen Seite werden sie relativiert, indem man sie für aufhebbar erklärt. Die Regelung mag zunächst widersprüchlich scheinen, sie verdient aber Zustimmung. Sie erinnert an die traditionellen Bestimmungen über die Indemnität und Immunität der Parlamentarier[19]. Auch dort ist die Aufhebung der Vorrechte möglich. Die Vorrechte und Befreiungen der Richter sind nicht im Interesse ihrer eigenen Person gewährt, sondern ausschließlich

---

[14] Art. 3, Abs. 1, S. 2, Satzung₁/₂/₃.

[15] Vgl. dazu *Anschütz-Thoma-Graf zu Dohna*, Handbuch des Deutschen Staatsrechts, Bd. 1, 1930, § 39, S. 43 ff.

[16] Paul *Reuter*, La Communauté du Charbon et de l'Acier, Paris 1953, p. 79/80.

[17] Vgl. Gaudemet in: *Kordt-Gaudemet-Kern*, Der europäische Beamte, München – Berlin 1955, S. 47.

[18] Art. 3, Abs. 2, Satzung₁/₂/₃.

[19] Nach italienischem Recht genießen die Verfassungsrichter dieselben Immunitäten wie die Mitglieder des Parlaments (Art. 3, L. cost. 1948; vgl. Pietro *Virga*, Diritto Costituzionale, 3. Aufl., Palermo 1955, S. 309).

8*

im Interesse der Gemeinschaften. Dies ist für die Mitglieder der Hohen
Behörde, die Beamten der EGKS und die in den anderen Gemeinschaften
tätigen Personen ausdrücklich festgelegt[20]. Bei der EGKS gilt diese Bestimmung für die Richter nicht ausdrücklich, wohl aber nach den neuen Verträgen. Nach Art. 20 ProtImmEWG/Euratom findet auch Art. 17 auf die
Richter Anwendung.

In den Satzungen ist in der deutschen Fassung bei Art. 3, Abs. 2 eine
Divergenz im Wortlaut festzustellen, der zu Zweifeln Anlaß gibt. In Art. 3,
Abs. 2, Satzung$_1$ heißt es: „Der Gerichtshof kann in Plenar*sitzung* diese
Immunität aufheben", in Art. 3, Abs. 2, Satzung$_{2/3}$ jedoch: „Der Gerichtshof kann die Befreiung durch Plenar*entscheidung*[21] aufheben". Wiederum
legt sich die Annahme nahe, daß es sich um eine Unklarheit in der Übersetzung des ursprünglichen französischen Textes handelt. Die französische
Fassung ist in Satzung$_1$, Satzung$_2$ und Satzung$_3$ im Gegensatz zum deutschen Text die gleiche: „La Cour, siègeant en séance plénière, peut lever
l'immunité". Von einer „Plenarentscheidung" ist nicht die Rede. Zieht
man den deutschen Text heran, so kann zweifelhaft sein, ob eine Entscheidung durch das Plenum des Gerichtshofs oder aber eine einstimmige Entscheidung des Plenums wie im Falle der Amtsenthebung eines Richters
gemeint ist. Vergleicht man die französische Fassung der Bestimmung, so
wird deutlich, daß das Plenum des Gerichtshofs beschließen muß und
einfache Mehrheit genügt[22]. Es ist also ausgeschlossen, daß über die Aufhebung der Immunität eine der Kammern entscheidet. Anders als im Falle
der Absetzung eines Richters ist nicht ausdrücklich vorgeschrieben, daß
der betreffende Richter bei der Beschlußfassung nicht mitwirkt. Sinn und
Zweck der Bestimmung gebieten jedoch, daß der betreffende Richter bei
der Beschlußfassung ausgeschlossen ist. Die Interessenlage ist ähnlich wie
bei der Amtsenthebung. Allerdings muß der Richter in entsprechender
Anwendung des Art. 5 VerfO. vorher gehört werden. Mangels entgegen-
stehender Vorschrift ist die Sitzung des Plenums öffentlich. Da eine einstimmige Entscheidung nicht erforderlich ist, genügt nach der allgemeinen
Regel die einfache Mehrheit. Aus diesem Grunde wird die Vorschrift des
Art. 18, Abs. 2, S. 1, Satzung$_1$ (Art. 15, Abs. 1, Satzung$_{2/3}$) praktisch, wonach
der Gerichtshof nur in der Besetzung mit einer ungeraden Zahl von Richtern rechtswirksam tätig werden kann. Diese Bestimmung soll eine Stimmengleichheit verhindern. Bei der Entscheidung über die Amtsenthebung

---

[20] Art. 13 des Protokolls über die Vorrechte und Immunitäten der Gemeinschaft (ProtImmEGKS) BGBl. 1952 II, S. 479; Art. 17 des Protokolls über die Vorrechte und Befreiungen der Europäischen Wirtschaftsgemeinschaft (BGBl.
1957 II, S. 1182) und Europäischen Atomgemeinschaft (BGBl. 1957 II, S. 1212)
(ProtImmEWG/Euratom).
[21] Vom Verfasser gesperrt.
[22] Ebenso D. G. *Valentine*, The Court of Justice of the European Coal and
Steel Community, Den Haag 1955, S. 44; a.A. de *Richmont*, La Cour de Justice,
Paris 1954, § 12, p. 23/24.

spielt sie jedoch keine Rolle, da diese Entscheidung in jedem Falle einstimmig getroffen werden muß. Im Falle der Aufhebung der Immunität eines Richters nimmt bei der gegenwärtigen Besetzung des Gerichtshofs mit sieben Richtern der Richter, der das niedrigste Dienstalter hat, an den Beratungen nicht teil[23]. Es entscheiden daher z. Zt. über die Aufhebung der Immunität fünf Richter[24]. Die Aufhebung der Immunität berührt aber nicht die Indemnität. Die Verantwortungsfreiheit in Ausübung ihres Amtes kann auch durch den Gerichtshof selbst nicht geschmälert werden. Es läßt sich jedoch nur von Fall zu Fall entscheiden, ob eine Handlung in „amtlicher Eigenschaft" vorgenommen wurde oder ob sie außerhalb des Amtsbereichs liegt. Würde sich etwa ein Richter der Bestechung oder der Rechtsbeugung schuldig machen, so wird man annehmen müssen, daß der Gerichtshof in einem solchen Fall die Immunität aufheben kann.

Andererseits kann der Gerichtshof die Immunität nur bei Strafsachen u. ä. aufheben, nicht dagegen um einem Dritten die Erhebung einer Zivilklage gegen einen Richter zu ermöglichen. Dies ergibt sich aus dem Zusammenhang mit Art. 3, Abs. 3, Satzung$_{1/2/3}$: „Wird nach Aufhebung der Immunität gegen einen Richter ein Strafverfahren eingeleitet . . .". Aus dem engen räumlichen Zusammenhang der beiden Vorschriften darf man schließen, daß die Vertragspartner bezüglich der Aufhebung der Immunität nur Straftaten der Richter im Auge hatten.

Der Gerichtshof hat die Immunität seiner Mitglieder in allen Fällen aufzuheben, in denen dies nach seiner Auffassung den Interessen der Gemeinschaft nicht zuwiderläuft[25]. Mit Rücksicht auf die Gefahr der Funktionsunfähigkeit des Gerichtshofs wird dieser die Immunität seiner Mitglieder nur in besonders schwerwiegenden Fällen aufheben.

3. Amtshaftung

a) Regelung in den Mitgliedstaaten

Durch die Vorschriften über die Vorrechte und Befreiungen der Richter ist noch nichts darüber gesagt, ob ein Richter zivilrechtlich für fehlerhafte Amtshandlungen in Anspruch genommen werden kann. Sowohl in Deutschland als auch in Frankreich ist die Haftung der Richter gegenüber der Haftung der Beamten stark eingeschränkt. Nach deutschem Recht tritt die Amtshaftung nur ein, wenn dieselbe Handlung mit öffentlicher Strafe bedroht ist und der Betroffene ein Rechtsmittel eingelegt hat (vgl. § 839 BGB). Im französischen Recht ist das Problem der Amtshaftung der Richter unter dem Begriff der „prise à partie" (Art. 505 ff. Code de Procédure Ci-

---

[23] Art. 26, § 1 VerfO.
[24] Ebenso D. G. *Valentine*, The Court of Justice of the European Coal and Steel Community, Den Haag 1955, S. 44.
[25] Art. 20, 17 ProtImmEWG/Euratom.

vile) bekannt. Diese Vorschrift ist aber nur auf die Richter der ordentlichen Gerichtsbarkeit anwendbar. Die Richter der Verwaltungsgerichte fallen nicht darunter[26]. Der Grund für die eingeschränkte Möglichkeit, die Richter wegen eines Amtsfehlers in Anspruch zu nehmen, ist die Erwägung, daß durch eine schrankenlose Zulassung von Amtshaftungsklagen die Unabhängigkeit der Richter gefährdet werden könnte, indem sie in die Händel der Parteien hineingezogen werden würden. Der Rechtsweg steht den Betroffenen nur im Falle des Vorsatzes, des Betrugs und der Veruntreuung (concussion) offen oder im Falle der Justizverweigerung oder im Falle eines sonstigen schweren Fehlers (faute lourde). Nach belgischem Recht entscheidet über Amtshaftungsfragen gegen Richter ausschließlich der Kassationshof, da man die Würde der ganzen Richterschaft als angegriffen ansieht[27]. Eine bloße Nachlässigkeit genügt in keinem Falle[28].

b) Regelung in den Gemeinschaften

Das Problem der Amtshaftung ist in allen drei Verträgen geregelt worden[29]. Im EGKS-Vertrag heißt es in Art. 40: „. . . ist der Gerichtshof zuständig, der geschädigten Partei auf ihren Antrag eine Entschädigung in Geld zu Lasten der Gemeinschaft zuzuerkennen, falls in Durchführung dieses Vertrags durch einen Amtsfehler (faute de service) der Gemeinschaft ein Schaden verursacht worden ist. Der Gerichtshof ist ferner zuständig, eine Entschädigung zu Lasten eines Bediensteten der Gemeinschaft zuzuerkennen, falls ein Schaden durch persönliches Verschulden (faute personelle) dieses Bediensteten in Ausübung seiner dienstlichen Obliegenheiten verursacht worden ist". In den beiden neuen Verträgen hat man an der dem französischen Recht geläufigen Unterscheidung zwischen „faute personelle" und „faute de service" nicht festgehalten. „Im Bereich der außervertraglichen Haftung ersetzt die Gemeinschaft den durch ihre Organe oder Bediensteten in Ausübung ihrer Amtstätigkeit verursachten Schaden nach den allgemeinen Rechtsgrundsätzen, die den Rechtsordnungen der Mitgliedstaaten gemeinsam sind"[30]. Beide Male ist nicht von den Richtern, sondern nur allgemein von „Bediensteten" die Rede. Zwar sind auch die Richter „Bedienstete" der Gemeinschaften im weiteren Sinne, sie sind aber weder Angestellte noch Beamte. Es ist zweifelhaft, ob mit den zitierten Vorschriften auch die Richter einer Amtshaftung unterworfen worden

---

[26] *Dalloz*, Répertoire de Procédure Civile et Commerciale, Tome II, Paris 1956, p. 533; Henry *Vivioz*, Etudes de procédure, Bordeaux 1956, p. 302; *Braas*, le chevallier, Précis de procédure civile, 3. Aufl., Bruxelles 1944, p. 324; *Laborde-Lacoste*, Exposé Méthodique de procédure civile, 3. Bd., Paris 1951; René *Morel*, Traité élémentaire de Procédure Civile, Paris 1949, p. 143 suiv.

[27] *Braas*, le chevallier, a.a.O., p. 326.

[28] *Braas*, le chevallier, a.a.O., p. 327, Anmerkung 1.

[29] Siehe dazu im einzelnen *Much*, Die Amtshaftung im Recht der Europäischen Gemeinschaft für Kohle und Stahl, Frankfurt 1952.

[30] Art. 215, Abs. 2 EWG-Vertrag; Art. 188, Abs. 2 Euratom-Vertrag.

sind. In den Satzungen über das Statut der Richter ist von einer Amtshaftung der Richter nicht die Rede. Antoine *Anik*[31] und *Valentine*[32] meinen, daß es nach dem Wortlaut von Art. 40 EGKS-Vertrag den Anschein habe – obschon nicht ausdrücklich ausgesprochen –, daß auch Fehler des Gerichtshofs selbst, der ja auch ein Organ der Gemeinschaft sei, zu Amtshaftungsansprüchen führen würden. Die Systematik bleibt aber dunkel. Sollen Fehler von Mitgliedern des Gerichtshofs zu Fehlern des Gerichtshofs als Organ der Gemeinschaft deklariert werden, wie das bei der Hohen Behörde der Fall ist (Art. 34, 35 EGKS-Vertrag)? Dann sollte wohl der Gerichtshof über seine eigenen Fehler zu Gericht sitzen? Ein etwas merkwürdiger Gedanke! Wäre dies die Absicht der Vertragsstaaten gewesen, hätte dies in den Verträgen, wenigstens aber in den Satzungen über das Statut der Richter zum Ausdruck gebracht werden müssen. Die Verpflichtung, Schadensersatz wegen einer Amtspflichtverletzung zu leisten, folgt nicht schon aus den allgemeinen Normen über die unerlaubte Handlung, sondern muß in einer Bestimmung des Gemeinschaftsrechts besonders angeordnet sein. Ist dies der Fall, so ist schwerlich anzunehmen, daß der Anspruch auf der anderen Seite wegen der Indemnität nicht realisiert werden kann. Die Vertragsparteien werden bei der Schaffung der einschlägigen Bestimmungen schwerlich mit der einen Hand genommen haben, was sie mit der anderen gaben. Deshalb scheint uns das Problem nicht darin zu liegen, ob die Amtshaftung durch die Vorschriften über die Indemnität und Immunität ausgeschlossen ist, sondern darin, ob sie positiv begründet ist; das ist sie, wie wir oben festgestellt haben, weder in den Verträgen über die Europäischen Gemeinschaften noch in den Satzungen über das Statut der Richter, noch in der Verfahrensordnung.

c) Ausschluß

Es gibt jedoch Stellen in den Vertragswerken, die den Schluß zuzulassen scheinen, daß Amtshaftungsansprüche gegen Mitglieder des Gerichtshofs ausdrücklich nicht sollten erhoben werden können. Art. 11 a ProtImmEGKS macht hinsichtlich der Amtspflichtverletzungen der Mitglieder der Hohen Behörde und Bediensteten der Gemeinschaft einen ausdrücklichen Vorbehalt. Dagegen enthält Art. 3, Satzung$_{1/2/3}$ einen solchen Vorbehalt nicht. Ferner verweist Art. 3, Abs. 4, Satzung$_1$ auf Art. 11, Buchstaben b, c und d des ProtImmEGKS, nicht aber auf den Buchstaben a, der den Vorbehalt für Schadensersatzansprüche wegen Amtspflichtverletzungen enthält[33]. Den Ausschluß von Schadensersatzansprüchen wegen

---

[31] La Cour de Justice de la C.E.C.A. et la Cour Internationale de Justice, Révue Générale de Droit International Public, avril-juin 1953, No. 2, p. 240.

[32] The Court of Justice of the European Coal and Steel Community, Den Haag 1955, S. 144.

[33] Darauf weist auch *Valentine* a.a.O. hin.

Rechtsbeugung oder Richterbestechung mag man bedauern oder nicht, de lege lata sind solche Ansprüche nach dem Gemeinschaftsrecht nicht begründet.

Was den EWG- und Euratom-Vertrag betrifft, so ist die Regelung dort noch verwickelter. Art. 20 ProtImmEWG/Euratom verweist wegen der Vorrechte und Befreiungen der Richter u. a. auf Art. 11 ProtImmEWG/Euratom. In Art. 11 ist aber gerade auch der Amtshaftungsvorbehalt gemacht. Im Gegensatz zum vorher Gesagten sind die Richter anscheinend nicht ausgenommen. Zwei Argumente sprechen m. E. auch hier gegen die Annahme einer Haftung wegen Amtspflichtverletzungen. Nach Art. 232 EWG-Vertrag wird am EGKS-Vertrag nichts geändert. Wir haben zwar schon gezeigt, daß in gewissen Fällen dem Grundsatz: lex posteriori . . . der Vorrang gebührt, weil man sonst zu kaum sinnvollen Ergebnissen gelangen würde. Aus der Tatsache, daß Art. 20 ProtImmEWG/Euratom auf den ganzen Art. 11 Bezug nimmt, kann man bei der teilweise recht unklaren Fassung der Vertragstexte nicht schließen, daß mit Inkrafttreten der neuen Verträge Amtshaftungsklagen gegen Richter zugelassen werden sollten. Wesentlicher scheint mir aber noch zu sein, daß Art. 20 ProtImmEWG/Euratom, 2. Halbsatz, selbst sagt: „Die Bestimmungen des Art. 3 des Protokolls über die Satzung des Gerichtshofs betreffend die Befreiung der Richter und der Generalanwälte von der Gerichtsbarkeit bleiben unberührt"; in Art. 3 Satzung₁/₂/₃ ist aber kein Vorbehalt hinsichtlich der Amtshaftung gemacht.

4. Strafrechtliche Verantwortlichkeit

Art. 3, Abs. 3, Satzung₁/₂/₃ bestimmt: „Wird nach Aufhebung der Immunität gegen einen Richter ein Strafverfahren eingeleitet, so entscheidet in jedem Mitgliedstaat das Gericht, das für Verfahren gegen Richter der obersten nationalen Gerichte zuständig ist". Für den deutschen Juristen ist diese Bestimmung zunächst unklar. Sie geht auch nicht auf die deutschen Rechtsverhältnisse zurück. In den übrigen Mitgliedstaaten der Gemeinschaften gilt die Regel, daß sich die Mitglieder der einzelnen Gerichte strafrechtlich nur entweder vor dem höchsten nationalen Gericht oder aber vor dem ihrem Range entsprechend nächst höheren zu verantworten brauchen. In den Niederlanden ist für die Straftaten sämtlicher Richter der „Hooge Raad"[34] zuständig. Auch in Frankreich genießen die Richter ein „privilège de jurisdiction"[35]. Für die höchsten Richter ist in Frank-

---

[34] Art. 11 ff. Wet van 18 April 1827 (Stb. No. 20) op de Zammenstelling der Regterlijke Magt en het Beleid de Justitie.

[35] Art. 479 Code d'instruction criminelle bestimmt: „Lorsqu'un juge de paix, un membre d'un tribunal de premier instance, un officier chargé du ministère public près d'un des tribunaux, un préfet ou sous-préfet sera prévenu d'avoir commis hors de ses fonctions un délit, le premier président de la Cour d'appel, sur requisitions du procureur général désigne, pour connaître des poursuites, un

reich der Kassationshof zuständig. Die Regelung des Code d'instruction criminelle finden wir in Belgien und in Luxemburg im Wortlaut wieder[36]. Diese Vorschrift will hohen Richtern die Aburteilung durch das höchste nationale Gericht sichern — ein vielen Ländern bekanntes Privileg der Richter; in Deutschland ist es jedoch unbekannt. Die Richter müssen sich vor den gleichen Gerichten verantworten wie die anderen Bürger. Das Verfahren der Richteranklage (Art. 98, Abs. 2 GG) kann hiermit nicht verglichen werden, weil es kein eigentliches Strafverfahren ist und nur für Bundesrichter gilt. Art. 3, Abs. 3, Satzung$_{1/2/3}$ verweist auf die Zuständigkeitsvorschriften des innerstaatlichen Rechts. Im deutschen Recht fehlen ähnliche Vorschriften wie in den Niederlanden, Frankreich, Belgien oder Luxemburg. Ein deutscher Richter am Gerichtshof der Europäischen Gemeinschaften müßte sich demnach nicht etwa ausschließlich vor dem Bundesgerichtshof oder dem Bundesverfassungsgericht verantworten, sondern vor dem Gericht, das für das begangene Delikt allgemein zuständig ist. Der Hinweis *Gaedtkes*[37] auf Art. 98 GG ist daher nicht zutreffend.

Interessehalber sei noch bemerkt, daß nach deutschem Recht ein Richter, der sich am EGH einer Rechtsbeugung oder Richterbestechung schuldig machen würde, nicht bestraft werden könnte. Ebenso wie die Bestimmungen des StGB über die Beamtendelikte voraussetzen, daß der Beamte im inländischen Staatsdienst angestellt ist[38], gilt dasselbe auch für die Richter. Angesichts der Zunahme der internationalen und supranationalen Organisationen wäre die Schließung dieser Gesetzeslücke zu wünschen.

5. Das Steuerprivileg

a) Herkunft

Es kann im Rahmen dieser Arbeit nicht auf alle Vorrechte und Befreiungen, die den Richtern am Gerichtshof der Europäischen Gemeinschaften gewährt sind, eingegangen werden. Es sei insoweit auf die Protokolle über die Vorrechte und Befreiungen der Gemeinschaften verwiesen[39]. Das den Bediensteten der Gemeinschaften und den Mitgliedern des Gerichts-

---

tribunal du ressort de la Cour autre que celui dans le ressort duquel le prévenu exerce ses fonctions"; Art. 499: „La section de la Cour de cassation, saisi de l'affaire, délibérera sur la mise en accusation, en séance non publique; les juges devront être en nombre impair".

[36] Code d'instruction criminelle luxembourgois du 17 novembre 1808; vgl. dazu Braas, le chevallier, Précis de procédure pénale, 3. Aufl., Bd. 2, Bruxelles-Liège 1951, p. 950.

[37] Das Recht der Europäischen Gemeinschaft für Kohle und Stahl, Anmerkung 2 zu Art. 3 des Protokolls über die Satzung des Gerichtshofs. Dagegen auch *Dederer*, Tübinger Dissertation 1958, S. 49/50.

[38] *Schönke-Schröder*, Kommentar zum Strafgesetzbuch, 9. Aufl., München—Berlin 1959, Anmerkung zu § 359 StGB; Hans *Welzel*, Das Deutsche Strafrecht, 6. Aufl., 1958, S. 439.

[39] Vgl. auch de *Richmont*, La Cour de Justice, Paris 1954, § 12, p. 22.

hofs gewährte Steuerprivileg verdient jedoch eine kurze Erörterung. Die Steuerbefreiung ist ein herkömmliches Privileg der internationalen Angestellten, Beamten und Richter[40]. Die Richter am IGH sind ohne Rücksicht auf ihre Staatsangehörigkeit von den direkten Steuern befreit, d. h. auch die Richter niederländischer Staatsangehörigkeit. Letztere allerdings nur von der Einkommensteuer hinsichtlich der Bezüge, die sie von der internationalen Organisation erhalten sowie von der sogenannten nationalen Verteidigungsabgabe. Die Richter, die die niederländische Staatsangehörigkeit nicht besitzen, sind außerdem von allen besonderen örtlichen Steuern sowie von der Fahrrad- und Kraftfahrzeugsteuer befreit[41]. Welchem Staat sollte auch das Besteuerungsrecht zustehen? Dem Staat, in dem die Organisation ihren Sitz hat, wollte man es nicht zuerkennen. So kam es, daß auch den Mitgliedern des Gerichtshofs der EGKS Befreiung von allen Steuern hinsichtlich der von der Gemeinschaft gezahlten Gehälter und Bezüge sowie die zollfreie Einfuhr von Wohnungseinrichtungs- und persönlichen Gebrauchsgegenständen beim ersten Dienstantritt in dem betreffenden Lande und die zollfreie Ausfuhr in ihr Wohnsitzland bei Beendigung ihrer Amtstätigkeit gewährt wurde[42].

Diese Regelung ist jedoch auf Widerspruch gestoßen: Michel *Debré*, damals Mitglied der Gemeinsamen Versammlung, wünschte in einer zweimaligen offiziellen schriftlichen Anfrage[43] an die Hohe Behörde die Erhebung einer Steuer auf die Gehälter, Löhne und Vergütungen der Mitglieder und Bediensteten der Gemeinschaft. Auf Grund der damaligen Rechtslage gab die Hohe Behörde durchaus zutreffend zur Antwort, daß eine Besteuerung im Vertrag keine Stütze finden würde, außerdem sei bei der Festsetzung der Gehälter die Steuerfreiheit berücksichtigt worden[44]. Wenn *Kern*[45] meint, daß mit der Ausdehnung der Zahl der internationalen Organisationen das Privileg der Steuerbefreiung in zunehmender Weise fragwürdig würde, weil nicht einzusehen sei, warum gerade der internationale Beamte eine Erhöhung seiner Besoldung durch Steuerbefreiung erfahren soll, während in allen Kulturstaaten die Beamtenschaft nahezu ausnahmslos der vollen Steuerpflicht aller Staatsbürger unterworfen werde, so überzeugt dieses Argument nicht. In der Regel wird nämlich die Steuerfreiheit schon bei der Festsetzung der Gehälter berücksichtigt. Wem sollte

---

[40] Manley O. *Hudson*, International Tribunals, Washington 1944, S. 51; vgl. die Hague Convention for the Pacific Settlement of International Disputes vom 18. Oktober 1907, Art. 46, Abs. 4; Manley O. *Hudson*, The Permanent Court of International Justice, New York 1934, § 7, § 140, Art. 19.

[41] Rapport Annuel de la C.P.D.J.I., Série E, No. 3, 1926–1927, p. 179; Annuaire de la Cour Internationale de Justice 1946/47, p. 84/95.

[42] Art. 11, Buchstaben b, d ProtImmEGKS in Verbindung mit Art. 3, Abs. 4, Satzung$_1$.

[43] Veröffentlicht im ABl. 1953, S. 7, S. 178.

[44] Veröffentlicht im ABl. 1953, S. 179.

[45] *Kordt-Gaudemet-Kern*, Der europäische Beamte, München – Berlin 1955, S. 81.

auch das Besteuerungsrecht zustehen? Etwa dem Heimatstaat? Dieser kann jedoch im Ausland in der Regel keine hoheitlichen Befugnisse ausüben. Dem Staat, in dessen Gebiet die Organisation ihren Sitz hat, das Besteuerungsrecht zuzugestehen, besteht jedenfalls kein Grund; er soll nicht weitere Vorteile daraus ziehen, daß eine internationale oder supranationale Organisation ihren Sitz in seinem Gebiet hat[46].

b) Umfang

In den neuen Verträgen ist nun eine Änderung eingetreten. Nach Art. 12 ProtImmEWG/Euratom wird von den Gehältern, Löhnen und anderen Bezügen, welche die Gemeinschaft ihren Beamten und sonstigen Bediensteten zahlt, zugunsten der Gemeinschaft eine Steuer gemäß den Bestimmungen und dem Verfahren erhoben, die vom Rat auf Grund der Vorschläge festgelegt werden, welche die Kommission ihm binnen einem Jahr nach Inkrafttreten dieses Vertrages unterbreitet. Diese Ausführungsbestimmungen sind noch nicht ergangen, und es hat den Anschein, als ob der Entwurf noch einige Zeit in Anspruch nehmen werde. Es ist aber zweifelhaft, ob diese Bestimmung überhaupt auf die Richter angewendet werden kann. Die Richter werden ja nicht von *einer* Gemeinschaft besoldet. Welcher Gemeinschaft bezüglich ihrer Bezüge das Besteuerungsrecht zustehen soll, bleibt unklar. Im ganzen gesehen verdient die neue Vorschrift über die Besteuerung keinen Beifall. Es ist zu befürchten, daß der Entwurf einer Ausführungsverordnung und die Einrichtung einer besonderen Steuerbehörde in jeder Gemeinschaft mehr Mittel verschlingen wird, als aus dem Steueraufkommen fließen werden.

Wegen der Regelung der steuerlichen Behandlung für Personen, die ihren Wohnsitz in einem Mitgliedstaat haben, kann auf Art. 13 ProtImmEWG/Euratom verwiesen werden. Es ist jedoch zu bemerken, daß die notwendigen Ausführungsbestimmungen hierzu noch nicht ergangen sind. Luxemburg, das vorläufiger Sitz des Gerichtshofs ist, erhebt z. Zt. von den Bediensteten der Gemeinschaft keine Steuern.

---

[46] *Basdevant*, Les fonctionnaires internationaux, Paris 1931, p. 298.

Fünftes Kapitel

Weitere Garantien der richterlichen Unabhängigkeit

1. Unabsetzbarkeit und Unversetzbarkeit

a) Relativität der Garantie

Die Frage der Unabhängigkeit der Richter wurde bereits früher im I. Kapitel, 2. Abschnitt, erörtert. Es soll hier deswegen nur noch kurz auf die beiden Elemente der persönlichen Unabhängigkeit eingegangen werden, weil sich in jüngster Zeit gezeigt hat, daß die Stellung der Richter doch nicht so fest ist, wie es nach den Verträgen den Anschein hatte.

Weder die Unversetzbarkeit noch die Unabsetzbarkeit sind in den Verträgen ausdrücklich garantiert. Jedoch darf man daraus nicht schließen, die Richter seien versetzbar und unabsetzbar. Das Gegenteil ergibt sich aus der Gesamtstruktur des Richterstatuts, das zahlreiche andere Vorschriften enthält, die darauf abzielen, die Unabhängigkeit der Richter zu sichern, insbesondere die Vorschrift, daß ein Richter nur durch einstimmigen Beschluß der anderen Richter und Generalanwälte unter bestimmten Voraussetzungen des Amtes enthoben werden kann. Der Grundsatz der richterlichen Unabhängigkeit ist in den Mitgliedstaaten so sehr Allgemeingut, daß angenommen werden kann, daß diese Grundsätze bei der Abfassung der Vertragswerke als selbstverständlich vorausgesetzt und daher nicht ausdrücklich verankert wurden. Bei der gegenwärtigen Lage scheidet der Gesichtspunkt der Versetzbarkeit ohnehin aus. Es gibt kein ungefähr gleichrangiges Gericht, an das ein Richter der EGH möglicherweise versetzt werden könnte. Anläßlich der Umwandlung des Gerichtshofs der EGKS in den jetzigen Gerichtshof der Europäischen Gemeinschaften haben sich Vorgänge abgespielt, die mit der Garantie der Unabsetzbarkeit kaum vereinbart werden können und deswegen einer kurzen Erörterung wert sind. Teilweise waren die Mandate der Richter des Gerichtshofs der EGKS noch lange nicht abgelaufen. Trotzdem wurden sie ohne Rücksicht auf diese Tatsache entlassen bzw. nicht wieder ernannt. Mit Recht spricht *Riese*[1] von einem bedenklichen Kunstgriff in den Römischen Verträgen, einen neuen Gerichtshof an Stelle des bisherigen vor Ablauf der Mandate treten zu lassen. Diejenigen Richter, die nicht in den neuen Gerichtshof übernommen wurden, verloren somit ihr Amt vor Ablauf ihrer Amtszeit. „Das bedeutet im Endergebnis, auch wenn ihnen eine

---

[1] DRiZ 1958, S. 270.

angemessene finanzielle Entschädigung gewährt wird, eine Mißachtung des Grundsatzes der Unabsetzbarkeit der Richter, die besser hätte unterbleiben sollen". Durch diesen Vorgang wird aber wiederum die Richtigkeit der These bewiesen, daß kaum ein einzelner Staat, wie dies noch beim Mittelamerikanischen Gerichtshof möglich gewesen ist[2], die Unabhängigkeit und Unabsetzbarkeit eines Richters mißachtet, sondern daß die Stellung des internationalen und supranationalen Richters heute besonders dann gefährdet ist, wenn die Staaten, die gleichzeitig die Vertragspartner sind, sich in ihrem Vorgehen einig sind. Ihnen steht das Recht zu, die Verträge aufzuheben, zu ändern oder „autoritativ" auszulegen. Der Vorgang zeigt aber zugleich, worauf auch *Riese* hinweist, wie unsicher trotz allen Zusicherungen in den Verträgen und von der jeweiligen politischen Entwicklung abhängig die Stellung der inter- oder supranationalen Richter stets ist, selbst wenn sie eine feierliche Urkunde in Händen haben, welche die Unterschrift von sechs Ministern trägt und ihre Ernennung auf fest bestimmte Zeit ausspricht[3].

Der Vorgang läßt sich nicht damit rechtfertigen, daß die Entlassung etwa wegen „Veränderung der Einrichtungen der Gerichte oder ihrer Bezirke" (Art. 97, Abs. 3 GG) unumgänglich gewesen sei. Eine Änderung der Einrichtung der Gerichte kann nur dann anerkannt werden, wenn die Verfassung der Gerichte dem bisherigen Rechtszustand gegenüber wesentliche Abweichungen erfährt, die Umbildung sich also nicht auf bloße Verfahrensänderungen beschränkt[4]. In Wirklichkeit handelte es sich gar nicht um eine Umwandlung des Gerichtshofs, sondern um eine Erweiterung seiner Zuständigkeit, wenn auch gewisse dadurch bedingte Änderungen eintreten.

b) Erworbene Rechte

Inwieweit einem inter- oder supranationalen Richter oder Beamten „erworbene Rechte" zustehen können, ist schon früher bezüglich der Stellung der ehemaligen Hilfsrichter am StIGH erörtert worden[5]. *Basdevant* (a.a.O.) kommt zu dem Ergebnis, daß die Richter gewisse Rechte erworben hätten,

---

[2] Manley O. *Hudson*, International Tribunals, Washington 1944, S. 25.

[3] „. . . elle interrompait prématurément le mandat des juges et avocats généraux par la seule volonté des Gouvernements; elle semblait enfin admettre que l'ordre juridique de la C.E.C.A. pouvait être modifié en gré de la conjoncture politique" (Pierre *Pinay*, La Cour de Justice des Communautés Européennes, Revue du Marché Commun 1959, p. 139).

[4] Vgl. *Holtkotten*, im Bonner Kommentar zum Grundgesetz, Anmerkung 3 f. zu Art. 97 GG. Der Gerichtshof hat übrigens selbst entschieden (Urteil in der Rechtssache Nr. 1/55 Kergall, Sammlung der Rechtsprechung des Gerichtshofs, Band II, S. 24), daß der Wegfall eines bestimmten Amtes nicht für sich allein die Entlassung des Bediensteten nach sich ziehen kann, der Stellenwegfall habe vielmehr zur Folge, daß der Bedienstete frei wird, um ein anderes Amt zu bekleiden.

[5] *Basdevant*, Les fonctionnaires internationaux, Paris 1931, p. 60, 100 suiv.

deren sie nicht ohne weiteres beraubt werden könnten und ihre Stellung zum Völkerbund nicht mit einem Vertragsverhältnis verglichen werden könne. Die Völkerbundsversammlung hat am 20. September 1930 folgenden Beschluß gefaßt: „Néanmoins, tout amendement qui aura été ainsi introduit ne sera pas applicable, sauf leur consentement, aux personnes dont l'élection est antérieure à l'adoption dudit amendement"[6]. Aus diesem Beschluß spricht deutlich die Bejahung erworbener Rechte. Dennoch kann man kaum annehmen, daß es ein erwerbbares Recht auf ein durch eine internationale Vereinbarung geschaffenes *Amt* gibt[7]. Es kann sich also nur darum handeln, in welchem Umfang eine finanzielle Entschädigung für den Amtsverlust zu gewähren ist. Man kann auf dem Gebiete des Völkerrechts kaum annehmen, daß die Vertragspartner an eine bestimmte, einmal getroffene Regelung für immer oder jedenfalls für einen gewissen Zeitraum gebunden sein sollen, weil sie im Verlauf dieser Regelung dem Einzelnen einen gewissen Status garantiert haben. Wird jedoch ein Richter von seinem Amte verdrängt, so wird darin in der Regel ein Verstoß gegen den Grundsatz der Unabsetzbarkeit der Richter liegen, es sei denn, daß die ganze Institution, die das Richteramt trägt, aufgehoben wird. So lag aber der Fall nicht bei der Umwandlung des Gerichtshofs der EGKS in den allen drei Gemeinschaften gemeinsamen Gerichtshof.

2. Die Amtszeit

Die Amtszeit der Richter am Gerichtshof der Europäischen Gemeinschaften ist ein Punkt, der erhebliche Kritik verdient und auch bereits erfahren hat. Gerade was die Amtszeit betrifft, hat man die Regelung beim IGH nicht fortentwickelt und verbessert, sondern im Gegenteil verschlechtert. Die drei Verträge sehen übereinstimmend eine Amtszeit von nur sechs Jahren vor; alle drei Jahre findet eine teilweise Umbesetzung statt, die abwechselnd drei und vier Richter betrifft. Die drei Mitglieder, deren Stellen nach Ablauf der ersten dreijährigen Periode umzubesetzen sind, werden durch das Los bestimmt[8]. Sowohl beim StIGH als auch heute beim IGH war und ist die Amtszeit auf neun Jahre festgesetzt[9]. Früher gab es indessen internationale Gerichte mit geringerer Amtsdauer ihrer Mitglieder. Die Richter des Mittelamerikanischen Gerichtshofs waren auf fünf Jahre ernannt, doch bestand der Gerichtshof im ganzen nur zehn Jahre. Der Entwurf des Vertrags über einen Internationalen Prisengerichtshof sah für die ordentlichen Mitglieder und die Hilfsrichter eine Amtszeit von sechs Jahren vor. Grund für die Bestimmung der kurzen Amtszeit war der Gesichtspunkt, daß den Staaten, die bei der Konstituierung des Gerichts-

---

[6] *Basdevant*, a.a.O., p. 103.
[7] Ebenso *Basdevant*, a.a.O., p. 105/106.
[8] Art. 32 b EGKS-Vertrag; Art. 167 EWG-Vertrag; Art. 139 Euratom-Vertrag.
[9] Art. 13 StatIGH (StIGH).

hofs keinen Richter ihrer Staatsangehörigkeit im Kollegium hatten, die Möglichkeit gegeben war, nach kurzer Zeit ebenfalls „an die Reihe" zu kommen. Die größeren seefahrenden Nationen sollten nach dem Entwurf jedoch immer einen Richter stellen[10]. Die Mitglieder des Internationalen Schiedshofs im Haag sind ebenfalls auf nur sechs Jahre gewählt[11], während die Richter des Schiedsgerichtshofs, den das Haager Projekt von 1907 vorsah, für zwölf Jahre im Amt bleiben sollten. So ist die neunjährige Amtszeit der Richter am IGH (StIGH) als ein Kompromiß zwischen dem Entwurf von 1907 und der Amtszeit der Richter beim Internationalen Schiedshof im Haag anzusehen[12]. Als Begründung führte die Juristenkommission aus, die Amtszeit von neun Jahren sichere die Kontinuität in der Rechtsprechung des Gerichtshofs, erlaube aber gleichzeitig die Ausscheidung von Richtern, die das Vertrauen der maßgebenden Stellen verloren hätten[12]. Auffallend ist, daß nach dem Haager Projekt von 1907 der Nachfolger nicht die Amtszeit seines Vorgängers beenden sollte, wie dies beim IGH und EGH der Fall ist, sondern der neue Richter sollte wiederum auf zwölf Jahre ernannt werden[13]. Neuerdings wurde wieder, und zwar in Anlehnung an die Regelung beim IGH, eine Amtszeit von neun Jahren vorgeschlagen[14]. Um so unverständlicher ist es, wenn man sich schließlich in den Europäischen Verträgen für eine Amtszeit von nur sechs Jahren entschied. Nur von ganz wenigen wird die kurze Amtszeit der Richter am EGH gutgeheißen. *Riese*[15] ist der Auffassung, daß die Bedenken, die geltend machten, die recht kurz bemessene Amtszeit mit der Möglichkeit der Wiederbestätigung im Amt gefährde die innere Unabhängigkeit, sich als unbegründet erwiesen hätten; wer in ein so hohes Amt berufen werde, sollte gegen den Verdacht gefeit sein, er ließe sich um etwaiger persönlicher Vorteile willen in der Unabhängigkeit seines Urteils beeinflussen. Dem ist entgegenzuhalten, daß das Ansehen des EGH, das dieser bereits nach wenigen Jahren seiner Tätigkeit genießt, weniger den institutionellen Sicherungen als vielmehr der personellen Zusammensetzung und der Haltung seiner Mitglieder zu verdanken ist. Ein anderer Richter am EGH spricht ebenso klar aus, daß die getroffene Regelung nicht den herkömmlichen Bedingungen der Unabsetzbarkeit der Richter entspreche[16]. Besonders in der französisch-sprachigen Literatur wird immer wieder bemerkt,

---

[10] Manley O. *Hudson*, The Permanent Court of International Justice, New York 1934, § 65.

[11] Hague Convention for the Pacific Settlement of International Disputes vom 18. Oktober 1907.

[12] Manley O. *Hudson*, a.a.O., § 132.

[13] *Wehberg*, Das Problem eines internationalen Staatengerichtshofs. Das Werk vom Haag, Band I, 2; herausgegeben von Walter *Schücking*, München 1912.

[14] Entwurf eines Vertrags über die Satzung der Europäischen Gemeinschaft, Art. 39, § 2 (EA 1953, S. 5669).

[15] DRiZ 1958, S. 270 (271).

[16] Ch. L. *Hammes*, Congresso Internazionale dei Magistrati, Roma, 13 Ottobre 1958, S. 145.

daß die Ernennung für eine Zeit von nur sechs Jahren dem Grundsatz der Unabsetzbarkeit (inamovibilité) widerspreche[17]. Gerade wegen der kurzen Amtszeit ist auch die Art der Ernennung der Richter durch einen gemeinsamen Beschluß aller Regierungen der Mitgliedstaaten zu beanstanden, die sonst unbedenklich wäre. So ist der Richter zu sehr dem Wohlwollen der Regierungen ausgesetzt. Als Gegenbeispiel führt *Hammes* das Projekt einer' „Cour consultative pour Benelux" an, dessen Mitglieder auf Lebenszeit ernannt werden sollen; „es wäre ärgerlich", meint er, „wenn dieses schlechte Beispiel auf die nationale Gesetzgebung zurückwirken würde". Die kurze Amtszeit hat auch den Nachteil, daß ein Richter, der sein bisheriges Tätigkeitsfeld verläßt und in den Dienst der Europäischen Gemeinschaften tritt, seine frühere Tätigkeit möglicherweise nicht wieder aufnehmen kann. Schon aus diesem Grunde wird mancher hervorragende Richter zögern, sein bisheriges Amt aufzugeben, es sei denn, sein Heimatstaat würde sich verpflichten, ihn nach Beendigung seiner Tätigkeit am EGH wieder zu übernehmen[18]. Man nimmt aber damit in Kauf, daß die Richter

---

[17] Vgl. André *Philip*, Rapport présenté au nom du Conseil Economique, in: Conseil Economique – Etudes et Travaux, No. 21, p. 67; Paul *Reuter*, Le Plan Schuman, Recueil des Cours de l'Académie de Droit international, Bd. 81 – 1952, p. 559; derselbe, La Communauté Européenne du Charbon et de l'Acier, Paris 1953, p. 66; Jean de *Richmont*, La Cour de Justice, Paris 1954, § 6; *Richmont* kann aber nicht zugestimmt werden, wenn er meint, die kurze Amtszeit habe den Vorteil, daß der Gerichtshof gegenüber der Hohen Behörde nicht zu mächtig würde. La Communauté du Charbon et de l'Acier par un groupe d'étude de l'Institut des Relations Internationales, Bruxelles 1953, p. 221 note 5; van der *Meersch*, Le Plan Schuman et la Constitution Belge, Revue de l'Université de Bruxelles, Nouvelle Série, 4ième année, Bruxelles 1951/1952, p. 45; hierzu ist zu bemerken, daß nach Art. 100 der belgischen Verfassung vom 7. Februar 1931 die Richter auf Lebenszeit ernannt werden, während im deutschen Recht ein verfassungsmäßiger Grundsatz, daß zur persönlichen Unabhängigkeit eines Richters seine Anstellung auf Lebenszeit erforderlich sei, nicht besteht (BVerfG Urteil vom 17. Dezember 1953, BVerfGE 3, 214). *Delvaux*, La Cour de Justice de la C.E.C.A., Paris 1956, p. 15; Sénat de Belgique, Session de 1951 – 1952, Réunion du 9 janvier 1952, Rapport des Commissions Réunies des Affaires Etrangères et des Affaires Economiques No. 84, Document du Sénat 369, p. 58; Henri *Rolin*, La Cour du Charbon et de l'Acier, Journal des Tribunaux 66e année 1951, p. 345; Le Grand-Duché de Luxembourg et la Communauté Européenne du Charbon et de l'Acier, herausgegeben vom Ministère d'Etat, Luxembourg 1952, p. 42; vgl. ferner: Henry *Mason*, The European Coal und Steel Community, The Hague 1955, S. 40; Probleme einer Europäischen Staatengemeinschaft, Dokumente und Berichte des Europa-Archivs, Frankfurt 1954, S. 44. Es sei an dieser Stelle daran erinnert, daß ein Teil der Richter am Bundesverfassungsgericht auf acht Jahre ernannt ist (§ 4, Abs. 2 BVerfGG).

Nach Lechner, (Kommentar zum BVerfGG., München – Berlin 1954, Anmerkung zu § 4, Abs. 2) „soll die Wahl des überwiegenden Teils der Richter auf Zeit nicht nur die Auswechslung weniger bewährter Richter gestatten, sondern vor allem auch gewährleisten, daß die Zusammensetzung des Gerichts der Veränderung der allgemeinen Zeitlage und den politischen und rechtlichen Tendenzen folgt und nicht in einen gefährlichen Gegensatz zur Wirklichkeit des politischen Lebens gerät".

[18] Antonio de *Bustamante y Sirven*, La Cour Permanente de Justice Internationale, 1925, p. 26/27.

bis zu einem gewissen Grade den nationalen Bindungen verhaftet bleiben, während es im Interesse der richterlichen Unabhängigkeit wünschenswert ist, sie aus den rechtlichen und wirtschaftlichen Bindungen an ihre Heimatstaaten soweit als irgend möglich zu lösen. Das würde am gründlichsten geschehen, wenn sie aus dem bisherigen staatlichen Amt, das sie etwa bekleiden, ganz ausscheiden und *auf Lebenszeit* in den Dienst der überstaatlichen Organisation treten. Dann und nur dann haben sie in der überstaatlichen Organisation einen neuen und den einzigen Dienstherren und können in ihrer richterlichen Tätigkeit ganz und ausschließlich dem Recht der überstaatlichen Organisation dienen[19]. Die Ernennung auf sechs Jahre bindet die Richter nicht fest genug an ihr neues Amt und läßt sie zu sehr den nationalen Bindungen verhaftet bleiben, sodaß ihr Zusammenwachsen in einem wirklich überstaatlichen Gerichtshof weniger das Ergebnis organisatorischer Gestaltung als die Folge glücklicher persönlicher Umstände sein würde. Sollte man sich nicht dazu entschließen können, die Richter auf Lebenszeit zu berufen, so sollte man die Amtsdauer wenigstens der des IGH (neun Jahre) anpassen[20], zumal diese Amtsdauer am Gerichtshof der Europäischen (Politischen) Gemeinschaft vorgesehen war[21].

Die Ernennung der Richter auf Zeit wäre noch nicht einmal so bedenklich, wenn sie nicht nach Ablauf der Amtszeit wiederernannt werden könnten. Das ist aber in Anlehnung an Art. 13, Abs. 1, S. 1 StatIGH möglich[22]. Wäre dies nicht der Fall, so wüßten die Richter von vorneherein, daß ihre Tätigkeit nach sechs Jahren beendet sein würde. Bei der jetzigen Regelung besteht für sie die Unsicherheit, ob sie nach Ablauf ihrer Amtszeit wieder ernannt werden oder nicht. Derjenige Richter, der einer Regierung mißfallen hat, wird eben nicht mehr ernannt. In dieser Regelung wird besonders deutlich, daß die Vertragsstaaten, die dem Richter den Ausgleich von supranationalen und internationalen Spannungen im Rahmen der neuen Europäischen Gemeinschaften anvertrauen, auf der anderen Seite unverkennbar danach streben, den Richter in der Hand zu behalten. „An sich eine groteske Erscheinung, will man doch den Richter, den man soeben wegen seiner Unabhängigkeit gerufen hatte, auf einem Umweg wieder an die Kette bekommen!"[23]. Sie, von denen man verlangt, daß sie Persönlichkeiten seien, die jede Gewähr für Unabhängigkeit und Befähigung bieten und die man mit ausreichenden Privilegien und Immunitäten ausstattet, will man nach sechs bzw. drei Jahren wieder in der Hand haben,

---

[19] *Ule*, Verwaltungsgerichte überstaatlicher und internationaler Organisationen, DVBl. 1953, S. 492.

[20] *Ule*, a.a.O., S. 494.

[21] Vgl. dazu *Genzer*, EA 1953, S. 5662, der auch noch in der Amtszeit von neun Jahren eine Lücke für die in Art. 39, § 5 der Satzung deklarierte richterliche Unabhängigkeit sieht.

[22] Art. 32.b, Abs. 4 EGKS-Vertrag; Art. 167, Abs. 4 EWG-Vertrag; Art. 139, Abs. 4 Euratom-Vertrag.

[23] *Baur*, Sozialer Ausgleich durch Richterspruch, JZ 1957, S. 193, Anmerkung 26.

und wie die Geschichte der Europa-Verträge gezeigt hat, sind den Richtern nicht einmal sechs Jahre Amtszeit sicher. Auch wenn keinem der Richter zuzutrauen ist, daß er sich in seinen Entscheidungen von dem Wunsche, wiederernannt zu werden, leiten läßt, so wird doch der Richter selten sein, der nicht den mehr oder weniger geheimen Wunsch trägt, wiederernannt zu werden. Das ist aber der richterlichen Unabhängigkeit nicht zuträglich.

3. Wirtschaftliche Sicherungen

Nicht nur Weisungsfreiheit, Unabsetzbarkeit, Unversetzbarkeit und lebenslange Amtsstellung sind für die richterliche Unabhängigkeit von Bedeutung, sondern auch die Besoldung des Richteramtes[24]. Das hat man in den Ländern des Common Law schon lange erkannt. Das Gehalt des Richters muß so hoch sein, daß er jeglicher materieller Sorgen enthoben ist. Nicht nur, daß damit verhindert werden sollte, daß der Richter in Versuchung kommen könnte, sich bestechen zu lassen; diese Gefahr ist, wie die Geschichte gelehrt hat, sehr gering. Wichtiger ist aber, daß dem Richter eine wirtschaftliche Bewegungsfreiheit gewährt wird. Der Richter soll großzügig im Geist *sein* und soll im Materiellen großzügig *sein können*. Den Richtern am Supreme Court der Vereinigten Staaten steht ein jährliches Gehalt von 25 000 Dollars, dem Präsidenten ein solches von 25 500 Dollars zu[25]. Daneben ist zwingend vorgeschrieben, daß das Gehalt während ihrer Amtszeit nicht herabgesetzt werden kann[26]. Dieselbe Vorschrift wurde zum Teil auch für den Europäischen Gerichtshof vorgeschlagen[27]. Die Gehälter der Richter am IGH bewegen sich in ähnlichem Rahmen. Der Präsident des Gerichtshofs, der Vizepräsident und die Richter erhalten jährlich 20 000 Dollars, der Präsident eine Aufwandsentschädigung von 4800 Dollars jährlich, der Vizepräsident 30 Dollars für jeden Tag, an dem er als Präsident tätig ist[28].

Die Regelung der Gehälter am EGH ist zwar nicht so großzügig wie die beim Supreme Court oder dem IGH. Trotzdem heben sie sich merklich aus dem kontinentalen Rahmen heraus. Der Präsident des Gerichtshofs erhält 15 000 Dollars, die Richter 12 000 Dollars. Dazu kommt eine Residenzzulage von 15 % des Gehalts sowie eine Aufwandsentschädigung, die für

---

[24] Vgl. Eduard *Kern*, Gerichtsverfassungsrecht, 2. Aufl., München – Berlin 1954, S. 75; *Riese*, DRiZ 1958, S. 271; Carl *Kade*, Der deutsche Richter, 2. Auflage, Berlin 1910, S. 86.
[25] United States Code 1952 Edition, Volume III, United States Government Printing Office, Washington 1953, Title 28, § 5.
[26] Art. III, Section 1 der Verfassung der Vereinigten Staaten von Amerika (The Constitution of the USA – Analysis and interpretation – Prepared by the Legislative Reference Service, Library of Congress, Washington 1953, S. 511).
[27] *Freund* in: Probleme einer europäischen Staatengemeinschaft; Dokumente und Berichte des Europa-Archivs, Frankfurt 1954, S. 49.
[28] Annuaire de la Cour Internationale de Justice 1950/51, p. 126.

den Präsidenten 20%, für die Richter 10% des Gehalts ausmacht. Die Kammerpräsidenten erhalten während ihrer Amtszeit als Entschädigung für besondere Verpflichtungen 2000 Dollars. Dazu kommen noch besondere Umzugsentschädigungen, die ebenfalls großzügig gehalten sind. Gegen Dienstunfälle sind die Richter ebenfalls versichert. Die ehemaligen Mitglieder des Gerichtshofs erhalten vom Beginn des auf die Beendigung ihrer Amtszeit folgenden Monats an für die Dauer von drei Jahren ein jährliches Übergangsgeld von 50% des Jahresgehalts, das sie bei Beendigung ihrer Amtstätigkeit bezogen haben. Durch diese Regelung wird dem Richter, der nach Beendigung seiner Amtszeit nicht wiedergewählt wird, die Rückkehr zu seinem früheren Beruf erleichtert. Sie verdient volle Zustimmung. Wie für die Richter am IGH[29] ist auch für die Richter am EGH ein Ruhegehalt vorgesehen. Es beträgt für jedes volle Jahr der Amtstätigkeit 5% des zuletzt bezogenen Gehaltes und ein Zwölftel dieses Betrags für jeden Monat der Amtstätigkeit. Das Ruhegehalt darf 50% des zuletzt bezogenen Gehalts nicht übersteigen. Hinzu kommt im Falle des Todes ein Witwen- und Waisengeld. Ein Anspruch auf Zahlung des Ruhegehalts oder der Hinterbliebenenbezüge besteht nicht, wenn das Mitglied des Gerichtshofs wegen einer schweren Verfehlung seines Amtes enthoben worden ist[30]. Wie leicht zu erkennen ist, ist der wirtschaftlichen Sicherung der Richter am EGH eine erfreulich große Aufmerksamkeit gewidmet worden. Die Besoldung ist ansehnlich, aber nicht außergewöhnlich. Sie mag mancherorts Anstoß und gelegentlich wohl auch Neid erregen, ist aber aus guten Gründen vom Ministerrat so bestimmt worden[31]. Ein weiterer Vorteil ist, daß nicht die einzelnen Staaten die Richter ihrer Staatsangehörigkeit besolden, wie es in der Regel bei den internationalen Schiedsgerichten und beim Mittelamerikanischen Gerichtshof der Fall gewesen ist, sondern daß die drei Gemeinschaften zu gleichen Teilen die Verwaltungskosten des Gerichtshofs tragen[32]. Etwas bedenklicher erscheint die Tatsache, daß über die Regelung der Gehälter allein die Ministerräte und damit die Regierungen der Mitgliedstaaten entscheiden. Es wäre besser gewesen, hier noch eine neutrale Institution einzuschalten und der Kommission der Präsidenten der Organe der Gemeinschaften ein Mitwirkungs-recht, nicht nur ein Vorschlagsrecht einzuräumen[33]. Nach den Verträgen von Rom scheint dem Ausschuß nicht einmal mehr ein Vorschlagsrecht zuzustehen[34].

---

[29] Vgl. Annuaire de la Cour Internationale de Justice, 1946/47, p. 126/127.

[30] Beschluß des Ministerrates über die Gehälter und Bezüge der Mitglieder des Gerichtshofs, ABl. 1954, S. 437.

[31] *Riese*, DRiZ 1958, S. 271.

[32] Art. 6, Abs. 1 des Abkommens über die gemeinsamen Organe für die europäischen Gemeinschaften, BGBl. 1957 II, S. 1165.

[33] Vgl. Art. 5, Satzung₁ (Art. 78, § 3, Abs. 2 EGKS-Vertrag).

[34] Vgl. Art. 154 EWG-Vertrag; Art. 123 Euratom-Vertrag.

Sechstes Kapitel

Die Stellung der Richter innerhalb des Gerichtshofs

1. Die Rangfolge

Herkömmlicherweise wird jedem Richter bei den internationalen Gerichtshöfen jeweils ein bestimmter Rang zugelegt. Im Gegensatz zum innerstaatlichen Recht spielen die Rangfragen eine gewisse Rolle, sodaß man die Aufnahme einer einschlägigen Bestimmung in die VerfO. für erforderlich gehalten hat.

Art. 2, Abs. 1 der Verfahrensordnung des IGH (StIGH) bestimmt: „Les membres de la Cour élus au cours d'une session antérieure de l'assemblée générale . . . prennent place avant les membres élus au cours des sessions ultérieures. Les membres élus au cours de la même session prennent place d'après leur ancienneté d'âge . . .". Abs. 2: „Le Vice-Président siège à la droite du Président. Les autres juges siègent à la gauche et à la droite du Président, selon l'ordre ci-dessus établi". Entsprechend wurde die Rangordnung in der Verfahrensordnung des Gerichtshofs vom 3. März 1959 (ABl. S. 349) in Art. 4 festgelegt; die Vorschrift des Art. 2, Abs. 2, S. 1 der VerfO. des IGH wurde jedoch nicht übernommen. Danach bestimmt sich die Rangordnung der Richter nach ihrem Dienstalter, bei gleichem Dienstalter nach dem Lebensalter. Ausscheidende Richter, die wiederernannt werden, behalten ihren bisherigen Rang. Beim StIGH wurde der Frage des Rangs größere Aufmerksamkeit geschenkt als beim EGH. Durch Beschluß vom 15. Januar 1925 wurde Art. 2 der VerfO. des StIGH dahingehend geändert, daß ohne Rücksicht auf das Alter der ausscheidende Präsident, der Mitglied des Richterkollegiums bleibt, seinen Sitz zur Rechten des Präsidenten, der Vizepräsident seinen Sitz zur Linken haben soll. Im übrigen sollten aber die Befugnisse des Vizepräsidenten nicht berührt werden[1]. Große Bedeutung hat die Rangordnung beim EGH nicht. Nach der Rangordnung bestimmt sich die Sitzordnung bei den Verhandlungen vor dem Gerichtshof. Der Präsident des Gerichtshofs wird vom Vorsitzenden der 1. Kammer vertreten; ist dieser verhindert, so tritt an dessen Stelle der Vorsitzende der 2. Kammer; sind Präsident des Gerichtshofs und die Vorsitzenden der Kammern gleichzeitig verhindert oder ihre Ämter unbesetzt, so werden die Aufgaben des Präsidenten von einem der übrigen Richter gemäß der in Art. 4 VerfO. festgesetzten Rangordnung wahrgenommen (Art. 7, § 2, Abs. 2 VerfO.).

---

[1] Rapport Annuel de la C.P.D.J.I., Série E, No. 1, p. 241.

Die Generalanwälte folgen den Richtern im Range nach (Art. 9 VerfO.).
Ergibt sich bei der Verhandlung, daß der Gerichtshof wegen der Verhin-
derung eines Richters nicht aus einer ungeraden Zahl von Richtern besteht, so nimmt derjenige Richter, der das niedrigste Dienstalter im Sinne
von Art. 4 VerfO. hat, an den Beratungen nicht teil[2]. Schließlich ist die
Rangordnung maßgebend für die Reihenfolge der Abstimmung. Die Richter stimmen in der umgekehrten Reihenfolge des in Art. 4 VerfO. festgelegten Rangordnung ab (Art. 27, § 5 VerfO.).

Nur wenn ein Richter unmittelbar im Anschluß an eine durch Zeitab-
lauf beendete Amtszeit wiederernannt wird, wird die vorhergehende
Dienstzeit als Richter bei der Festlegung des Ranges berücksichtigt[3].

2. Der Präsident des Gerichtshofs

Eine herausragende Stellung hat der Präsident des Gerichtshofs, obwohl
im Gegensatz zur Regelung beim IGH sich sein Rang im übrigen auch
nach Art. 4 VerfO. richtet. Der Präsident des Gerichtshofs wird von den
Richtern selbst gewählt, und zwar auf die Dauer von drei Jahren; Wiederwahl ist zulässig[4]. Die Wahl findet unmittelbar im Anschluß an die
Ernennung der Richter statt. Die Wahl ist geheim; gewählt ist der Richter,
der die absolute Mehrheit der Stimmen erhält. Erreicht kein Kandidat die
absolute Mehrheit, dann findet ein zweiter Wahlgang statt, in dem gewählt
ist, wer die meisten Stimmen auf sich vereinigt. Bei Stimmengleichheit gilt
der an Lebensjahren Älteste als gewählt (Art. 6, § 4 VerfO.). Daß die Wahl
geheim ist, folgt nicht schon aus der Pflicht zur Wahrung des Beratungsgeheimnisses, denn diese besteht nicht zwischen den Richtern, sondern
aus der allgemeinen Pflicht zur Amtsverschwiegenheit. Mit der Pflicht
zur Wahrung des Beratungsgeheimnisses ist jedoch die Bekanntgabe der
Stimmenverhältnisse schlecht vereinbar, auch wenn nach außen die Einmütigkeit des Gerichtshofs dokumentiert werden soll[5]. Bei der erstmaligen
Wahl des Präsidenten wählten nicht die Richter, sondern die Regierungen, da sich die Richter untereinander naturgemäß noch nicht kannten[6].
Es ist zu begrüßen, daß dem Gerichtshof die Befugnis zugestanden worden ist, nach Ablauf von drei Jahren seinen Präsidenten selbst zu wählen.

---

[2] Art. 26, § 1 VerfO; Art. 18, Abs. 2, S. 1, Satzung$_1$; Art. 15, S. 1, Satzung$_{2/3}$.
[3] Vgl. Jean de *Richmont*, La Cour de Justice, Paris 1954, § 10.
[4] Art. 32, Abs. 5 EGKS-Vertrag; Art. 167, Abs. 5 EWG-Vertrag; Art. 139, Abs. 5
Euratom-Vertrag.
[5] „Vgl. den Beschluß des Gerichtshofs der EGKS vom 1. 12. 1955, ABl., S. 935:
„Die Richter haben für dieses hohe Amt einstimmig den ausscheidenden Präsidenten, Herrn Massimo *Pilotti*, der von den Regierungen der Mitgliedstaaten
für eine Dauer von drei Jahren ernannt worden war, für eine weitere Dauer von
drei Jahren mit Wirkung vom 4. Dezember 1955 gewählt".
[6] § 5, Abs. 1, S. 2 des Abkommens über die Übergangsbestimmungen (BGBl.
1952 II, S. 491) in Verbindung mit Art. 11, 10 EGKS-Vertrag; Art. 244, Abs. 1, S. 1
EWG-Vertrag; Art. 212, Abs. 1, S. 1 Euratom-Vertrag.

Diese Regelung entspricht der Forderung nach weitgehender Selbstverwaltung; sie wäre in Deutschland mindestens für das Bundesverfassungsgericht und die Oberen Bundesgerichte gleichfalls angebracht.

Der Präsident leitet die rechtsprechende Tätigkeit und die Verwaltung des Gerichtshofs; er führt den Vorsitz in den Sitzungen und in den Beratungen (§ 7, § 1 VerfO.). Daraus ergibt sich, daß der Präsident nicht nur rechtsprechende Tätigkeit, sondern auch Gerichtsverwaltungtätigkeit ausübt. In seiner Eigenschaft als oberster Verwaltungsbeamter des Gerichtshofs übt der Präsident die Aufsicht über den Kanzler und die Beamten und Angestellten des Gerichtshofs aus[7]. Der Präsident des Gerichtshofs ist Vorsitzender des in Art. 78 EGKS-Vertrag genannten Ausschusses der Präsidenten der vier Organe der EGKS. Beim Gerichtshof der EGKS bestimmte er die Gruppe von Beamten, auf welche die Bestimmungen des Protokolls über die Vorrechte und Immunitäten der Gemeinschaft ganz oder zum Teil Anwendung finden und legte dem Rat eine Aufstellung hierüber vor und gab sodann den Regierungen aller Mitgliedstaaten hiervon, sowie von allen Änderungen Kenntnis[8]. Nach den neuen Verträgen von Rom ist hierin eine Änderung eingetreten. Nach Art. 15 ProtImmEWG/Euratom bestimmen die Räte auf Vorschlag der Kommissionen und nach Anhörung der betroffenen Organe die Gruppen von Beamten und sonstigen Bediensteten der Gemeinschaft, auf welche die Bestimmungen des ProtImmEWG/Euratom ganz oder teilweise Anwendung finden. Da nach der Neuregelung der Gerichtshof auch ein Organ der EWG und Euratom ist, findet Art. 15 ProtImmEWG/Euratom auch auf ihn Anwendung. Dadurch wird gemäß dem Grundsatz lex posterior ... die frühere Regelung (Art. 12 ProtImmEGKS in Verbindung mit Art. 16, Abs. 3, S. 2, Satzung₁) aufgehoben. Daher ist der Präsident nunmehr nicht mehr befugt, die Gruppen von Beamten und sonstigen Bediensteten allein zu bestimmen, die in den Genuß der Vorrechte und Befreiungen kommen sollen. Diese Befugnis ist auf die Räte der EWG und Euratom übergegangen. Sinnvollerweise muß man auch die Mitwirkung des Rates der EGKS für erforderlich halten.

Diese Regelung kann um so weniger gutgeheißen werden, als dem Präsidenten des Gerichtshofs wesentliche Selbstverwaltungsbefugnis genommen worden sind, während sie dem Präsidenten der Hohen Behörde ohne Einschränkung verblieben sind.

Weitere Befugnisse bzw. Pflichten hat der Präsident im Falle des Rücktritts eines Richters. Das Rücktrittsschreiben des Richters ist an den Präsidenten des Gerichtshofs zur Weiterleitung an die Präsidenten der Räte zu richten; erst mit der Benachrichtigung der Präsidenten der Räte wird

---

[7] Art. 14, Abs. 2, S. 2, Satzung₁; Art. 16, Abs. 1, S. 2, Abs. 3, S. 2, Satzung₁; Art. 11, Satzung₂/₃; Art. 14 VerfO.
[8] Art. 12 ProtImmEGKS; Art. 16, Abs. 3, S. 2, Satzung₁.

der Rücktritt wirksam[9]. Der Präsident des Gerichtshofs ist gewissermaßen als Kontrollorgan vorgeschaltet. Dieses Verfahren ermöglicht es, daß
der Präsident auf den betreffenden Richter einwirken und ihn möglicherweise zur Zurücknahme seines Rücktrittschreibens bewegen kann. Auf
diese Weise wird sichergestellt, daß ein Rücktritt nur in begründeten Fällen erklärt wird.

Im Falle der Amtsenthebung eines Richters hat der Präsident des Gerichtshofs die Aufgabe, den Betroffenen aufzufordern, sich zur Sache vor
dem Gerichtshof zu äußern[10].

Eine wichtige Rolle spielt der Präsident bei der Frage, ob ein Richter
oder Generalanwalt an der Verhandlung einer Sache im Falle der Besorgnis der Befangenheit nicht teilnehmen kann. Glaubt ein Richter oder Generalanwalt selbst, an der Verhandlung nicht teilnehmen zu können, dann
ist er verpflichtet, dem Präsidenten hiervon Mitteilung zu machen. Ist
der Präsident anderer Ansicht, so kann er einen Beschluß des Gerichtshofs herbeiführen[11]. Andererseits kann auch der Präsident einen Richter
oder Generalanwalt darauf hinweisen, daß er seine Mitwirkung an einer
Sache aus besonderen Gründen nicht für angebracht halte. Läßt sich der
Betreffende nicht überzeugen, so kann der Präsident die Entscheidung des
Gerichtshofs herbeiführen[11]. Diese Regelung, die dem Art. 24 StatIGH
nachgebildet ist, ist zu begrüßen, denn sie entspricht der hohen Stellung
des Gerichtshofs und der Richter[12]. Es kann nicht als ein Mangel emp-
funden werden, daß den Parteien ein Ablehnungsrecht nicht zusteht. Aus
Art. 19, Abs. 4, Satzung$_1$ (Art. 16, Abs. 4, Satzung$_{2/3}$) kann im Wege des
Umkehrschlusses kein Ablehnungsrecht entnommen werden[13]. Vorläufige
Entscheidungen (gerichtliche Verfügungen, einstweilige Verfügungen, Voll-
zugsaufschub nach Art. 39, Abs. 2 EGKS-Vertrag, Aussetzung der Zwangsvollstreckung nach Art. 92, Abs. 3 EGKS-Vertrag) kann der Präsident in
einem abgekürzten Verfahren, das von den Bestimmungen der Satzungen
abweichen kann, allein treffen. Diese Entscheidung greift der Entscheidung des Gerichtshofs in der Hauptsache nicht vor[14]. Nach Art. 85, Abs. 1

---

[9] Art. 6, Satzung$_1$; Art. 5, Satzung$_{2/3}$.
[10] Art. 5 VerfO.
[11] Art. 19, Abs. 2, S. 1, Abs. 3, Satzung$_1$; Art. 16, Abs. 2, S.1 , Abs. 3, Satzung$_{2/3}$.
[12] Ähnlich Art. 17 StatIGH.
[13] Vgl. oben Kapitel III, 6. Abschnitt, b).
[14] Art. 33, Satzung$_1$; Art. 37, Satzung$_{2/3}$. In der Rechtssache Nr. 18/57, Firma
J. Nold KG gegen Hohe Behörde, Sammlung der Rechtsprechung des Gerichtshofs, Band III, S. 247 ff. hat nicht der Präsident, sondern der Gerichtshof durch
Beschluß über den Erlaß einer einstweiligen Verfügung entschieden. Gemäß
Art. 66 der alten VerfO. vom 7. 3. 1953 (ABl., S. 37) hat der Präsident, an den
der Antrag auf Erlaß einer einstweiligen Anordnung gerichtet war, diesen dem
Gerichtshof zur Entscheidung unterbreitet. Der Gerichtshof hat mündliche Ver-
handlung über den Antrag angeordnet . . .
(Schlußanträge des Generalanwalts K. Roemer, Sammlung der Rechtsprechung
des Gerichtshofs, Band III, S. 262).

VerfO. kann der Präsident die Entscheidung über den Antrag dem Gerichtshof übertragen.

Gemäß Art. 55, Abs. 2 StatIGH (StIGH) hat der Präsident des IGH bei Stimmengleichheit in der Abstimmung den Stichentscheid[15]. Nach dem Gerichtsverfassungsrecht des EGH hat der Präsident einen Stichentscheid nicht. Im Gegensatz zum IGH ist Vorsorge getroffen, daß der Fall einer Stimmengleichheit nicht eintreten kann, indem der Gerichtshof nur mit einer ungeraden Anzahl von Richtern – nämlich mit fünf oder sieben Richtern – tätig werden kann[16] und eine Stimmenthaltung unzulässig ist.

Eine für die nationalen Rechte ungewöhnliche Entscheidung hat die VerfO. in Art. 24, § 2 getroffen. Danach bestimmt nicht ein im voraus feststehender Geschäftsverteilungsplan, welche Rechtssache der 1. oder 2. Kammer zuzuleiten ist. Vielmehr weist der Präsident allein unmittelbar nach Eingang der Klagschrift die Rechtssache einer Kammer zu und bestimmt außerdem aus ihrer Mitte den Berichterstatter. Falls der Präsident nichts anderes bestimmt, bleibt der Berichterstatter in dieser Eigenschaft tätig, auch wenn er im Laufe des Verfahrens Mitglied einer anderen Kammer wird. Diese Regelung, die wohl nach deutschem Recht Art. 101, Abs. 1, S. 2 GG, also der Garantie des gesetzlichen Richters widersprechen würde, kann trotzdem nicht beanstandet werden. Die Persönlichkeit und Integrität sowie die hohe Stellung des Präsidenten und der Richter geben eine hinreichende Gewähr dafür, daß der Präsident von seiner Geschäftsverteilungsbefugnis keinen unsachlichen Gebrauch macht. Auf der anderen Seite bietet diese Regelung den beachtlichen Vorteil, daß keine ungleiche Belastung der beiden Kammern eintritt. Außerdem ist die Möglichkeit gegeben, daß der Präsident einen Berichterstatter bestimmt, der auf Grund seiner besonderen Kenntnisse auf dem betreffenden Rechtsgebiet am besten zur Bearbeitung dieser Rechtssache geeignet ist.

Der Präsident bestimmt den Termin für die Sitzungen des Gerichtshofs (Art. 25, § 1 VerfO.); er kann in dringenden Fällen die Richter und Generalanwälte während der Gerichtsferien einberufen (Art. 28, § 2 VerfO.). Falls bei einer Kammer die für die Beschlußfähigkeit erforderliche Zahl von drei Richtern nicht erreicht wird, so benachrichtigt der Kammerpräsident den Präsidenten des Gerichtshofs, der einen anderen Richter zur Vertretung des verhinderten Richters bestellt (Art. 26, § 3 VerfO.).

Bei der Leitung der Verhandlungen haben der Präsident und die Kammerpräsidenten sowie in bestimmten Fällen auch die Berichterstatter ein

---

[15] Im Haager Entwurf von 1907 war dagegen vorgesehen, daß bei Stimmengleichheit die Stimme des jüngsten Richters nicht mitgezählt wird (Manley O. Hudson, The Permanent Court of International Justice, New York 1934, § 174, Art. 55).

[16] Art. 18, Abs. 2, S. 1, Satzung$_1$; Art. 15, S. 1, Satzung$_{2/3}$.

Sprachenprivileg. Sie können sich nämlich einer anderen Amtssprache als der Verfahrenssprache in dem anhängigen Prozeß bedienen (Art.29, § 5 VerfO.).

Dem Präsidenten des EGH stehen sonach eine Reihe von Befugnissen zu, die die Präsidenten der nationalen Gerichte nicht haben und die ihn merklich über die anderen Richter herausheben. Er ist den anderen Richtern gegenüber – soweit ihre Stellung *als Richter* berührt ist – primus inter pares. Dagegen behält er im Bereich der Justizverwaltung (vgl. unten Abschnitt 3) auch ihnen gegenüber Verwaltungszuständigkeiten[17]. Ein Teil dieser Befugnisse ist in der Besonderheit des Gerichtshofs begründet, sodaß eine Übertragung der Regelung ins nationale Recht nicht gerechtfertigt wäre.

3. Dienstaufsicht

Vergeblich sucht man in den Verträgen eine Bestimmung, die die Dienstaufsicht über die Richter regelt. Bereits aus der Stellung des EGH als eines (gemeinsamen) Verfassungsorgans der drei Europäischen Gemeinschaften folgt, daß die Mitglieder dieses Verfassungsorgans einer Dienstaufsicht ebensowenig unterliegen können wie die Mitglieder der Hohen Behörde oder der Ministerräte. Sie haben keinen Dienstherrn außer den Gemeinschaften; sie sind nur den Gemeinschaften selbst unmittelbar verpflichtet. Deutlich unterscheiden daher die Verträge zwischen ,,Beamten und Bediensteten'' der Gemeinschaften und den Richtern. Auf die Richter können auch nicht ,,subsidiär'' beamtenrechtliche Vorschriften angewandt werden. Ihr Status ist von dem des Beamten im Gegensatz zum geltenden deutschen Recht gänzlich gelöst. Die in den Verträgen getroffene Funktionsteilung wäre empfindlich gestört, wenn ein Organ der Gemeinschaften über ein anderes eine Aufsichts- oder gar Weisungsbefugnis ausüben könnte. Die Stellung der Richter ist weder von einem Organ der Gemeinschaften noch von einer Regierung eines Mitgliedstaats oder von der Gesamtheit der Regierungen der Mitgliedstaaten abgeleitet, sondern beruht unmittelbar auf den Bestimmungen der Verträge. Daran ändert auch die Tatsache nichts, daß die Richter ,,von den Regierungen der Mitgliedstaaten in gemeinsamem Einvernehmen'' ernannt werden. Die Stellung der Richter ähnelt daher der Stellung der Richter am Bundesverfassungsgericht[18] oder am Supreme Court der USA. Gibt es keinen Dienstvorgesetzten, so gibt es aber auch keine Gehorsamspflicht, wie sie für die Beamten besteht[19].

---

[17] Vgl. *Geiger* in: Die Stellung des BVerfG. Gutachten, Denkschriften und Stellungnahmen mit einer Einleitung von Gerhard *Leibholz*, Jahrbuch des öffentlichen Rechts der Gegenwart n. F., Band 6, Tübingen 1957, S. 139.

[18] Vgl. dazu: Die Stellung des Bundesverfassungsgerichts. Gutachten, Denkschriften und Stellungnahmen mit einer Einleitung von Gerhard *Leibholz*, Jahrbuch des öffentlichen Rechts der Gegenwart, n. F., Bd. 6, Tübingen 1957.

[19] Vgl. das Personalstatut der EGKS vom Juli 1956, Art. 1 ff.

Niemand, weder ein Organ der Gemeinschaften noch eine Regierung ieines Mitgliedstaats, noch die Regierungen in ihrer Gesamtheit können den Richtern Weisungen erteilen. Das gilt nicht nur für den engeren richterlichen Bereich, sondern darüber hinaus auch für die Tätigkeit außerhalb des eigentlichen Amtsbereichs. Das alles steht im Einklang mit den in den vorhergehenden Kapiteln erörterten Privilegien, Immunitäten und Pflichten der Richter. Die Richter sind ausschließlich Gesetz und Recht unterworfen, obwohl dies in den Verträgen nirgends ausdrücklich festgelegt ist. Diese Tatsache ergibt sich aber aus der Gesamtheit der Vorschriften, die die Rechtsstellung der Richter regeln.

Mit Recht sind die Vertragspartner in der Ausgestaltung der Rechtsstellung weitergegangen als im nationalen Gerichtsverfassungsrecht. Es gilt nicht nur die sachliche und persönliche Unabhängigkeit zu sichern, sondern auch die „psychische Unabhängigkeit"[20]. Man muß dem Richter auch das Gefühl geben, daß ihm wegen seiner Rechtsprechungstätigkeit keine Nachteile erwachsen können. Daher ist die Umschreibung der richterlichen Unabhängigkeit mit „Weisungsfreiheit" und „Inamovibilität" zu eng[21]. Aus der mangelnden Aufsichtsbefugnis irgend einer anderen Stelle haben die Vertragspartner die Folgerung gezogen und bestimmt, daß ein Richter nur durch einstimmigen Beschluß seines Amtes enthoben werden kann. Per argumentum a maiore ad minus muß es aber als zulässig angesehen werden, daß das Richterkollegium bei weniger schweren Verstößen nur eine Ermahnung, Rüge usw. ausspricht, wie es das Bundesverfassungsgericht bereits getan hat[22].

Die Justizverwaltung des Gerichtshofs liegt beim Gerichtshof selbst bzw. beim Präsidenten und Kanzler. Kein Außenstehender kann dem Gerichtshof Beamte, wissenschaftliche Hilfsarbeiter usw. zuteilen oder ihm vorschreiben, wie die Akten zu verwalten sind und wie der Geschäftsbetrieb abläuft. Das ergibt sich schon daraus, daß dem Gerichtshof in Anlehnung an die Regelung beim IGH die Befugnis verliehen worden ist, sich nicht nur seine eigene Geschäftsordnung, sondern eine eigene Verfahrensordnung und Kostenordnung zu geben[23]. Die Forderung nach Frei-

---

[20] *Baur*, Justizaufsicht und richterliche Unabhängigkeit, Tübingen 1954, S. 4.
[21] *Baur*, a.a.O.
[22] *Lechner*, Kommentar zum BVerfGG, Anmerkung zu § 105, München – Berlin 1954.
[23] Vgl. zu diesem Problem: van *Husen*, Die Entfesselung der Dritten Gewalt. AöR, Bd. 78, S. 49 (55) ff.
Sehr drastisch kritisiert van *Husen* das im nationalen (deutschen) Recht bestehende System der Richterernennung: „Die richterliche Unabhängigkeit ist eine verlogene Angelegenheit, solange dieses System besteht. Die Exekutive kann Richter ernennen, ohne auch nur den Gerichtspräsidenten vorher anzuhören . . .".
„Ein ganz böses Kapitel ist die sogenannte Dienstaufsicht der Exekutive, die tausend Hände hat, um den Richter abhängig zu machen und die Rechtsprechung zu beeinflussen. Was soll man dazu sagen, daß eine fremde Gewalt Vor-

heit von der Dienstaufsicht richtet sich nicht so sehr gegen jegliche Aufsicht überhaupt, als vielmehr gegen eine Aufsicht einer fremden Gewalt, insbesondere der Exekutive[24]. So ist auch ein Richter am EGH nicht völlig frei, sondern unterliegt bis zu einem gewissen Grade der Kontrolle seiner Kollegen und des Präsidenten. Gerade dem Präsidenten kommen, wie im vorhergehenden Abschnitt gezeigt worden ist, eine Reihe von Befugnissen zu, die eine gewisse Dienstaufsicht einschließen. Besonders die Generalklausel in Art. 7, § 1 VerfO., wonach der Präsident die rechtsprechende Tätigkeit und die Verwaltung des Gerichtshofs leitet, deckt diese Befugnisse. Daraus ergibt sich z. B., daß der Präsident allein die Termine bestimmt[25]. Im Bereich der Gerichtsverwaltung ist der Präsident „Vorgesetzter" der Richter. In welcher Form er von den Befugnissen Gebrauch macht, ist keine Frage der rechtlichen Zuständigkeit, sondern der Rücksicht auf den Rang der übrigen Richter, der Kollegialität und des Taktes. Es ist nicht zweifelhaft, daß ihm Änderungen des Personenstandes, Krankheiten, Nebenbeschäftigungen von den Richtern angezeigt werden, daß er die Genehmigung für Dienstreisen erteilt oder daß er die Benutzung der Dienstkraftwagen durch die Richter regelt usw.[26].

---

haltungen über die ihr artfremde Abfassung von Urteilen im Einzelfall macht, Unterlassungen oder Fehler oder gar einen falschen Spruch vorwirft und sich so zur Oberrevisionsinstanz erhebt?"

[24] Vgl. das Schreiben des Präsidenten des BVerfG. an den Bundesjustizminister vom 4. Januar 1955, Jahrbuch des öffentlichen Rechts, n. F., Bd. 6, S. 210 (211/12).

[25] Art. 25, § 1 VerfO.

[26] Vgl. *Geiger*, a.a.O.

Schluß

Die Untersuchung der Rechtsstellung der Richter am Gerichtshof der Europäischen Gemeinschaften hat ergeben, daß gegenüber den Regelungen bei den bekannten internationalen Gerichten wesentliche Fortschritte erzielt worden sind. Die Hoffnung ist daher berechtigt, daß mit der Gründung der Europäischen Gemeinschaften auch ein Grundstein zum Bau einer supranationalen Gerichtsbarkeit gelegt ist. Trotz der vielfach starken, Anlehnung an das Gerichtsverfassungsrecht des Internationalen Gerichts-, hofs im Haag darf man nicht die wesentlichen Unterschiede, die zwischen dem EGH und dem IGH bestehen, übersehen oder gering achten. Noch nie sind in der internationalen Gerichtsbarkeit Urteile in den einzelnen Staaten vollstreckbar gewesen. Zwar können auch die Erkenntnisse des EGH, soweit sie einen Mitgliedstaat verpflichten, nicht zwangsweise vollstreckt werden, weil es den Gemeinschaften an der nötigen Vollstreckungsgewalt fehlt. Auf dem Gebiet des Montanrechts hat aber gerade die Hohe Behörde doch gewisse Druckmittel gegenüber den Mitgliedstaaten. Vor dem EGH treten jedoch häufiger Unternehmen, Verbände und Einzelpersonen auf. Ihnen gegenüber sind die Urteile nach Maßgabe der innerstaatlichen Rechtsordnungen vollstreckbar.

Besonders deutlich tritt der Unterschied zur Rechtsstellung der internationalen Richter bei den Vorrechten und Befreiungen zutage. In jahrzehntelanger Tradition wurde den Richtern die gleiche Rechtsstellung wie den Diplomaten eingeräumt. Das bedeutet, daß sie die Rechte allen Staaten gegenüber genießen, nur ihrem Heimatstaat gegenüber nicht. Dabei ist oft der Schutz vor dem Heimatstaat wichtiger als vor den anderen. Noch 1945/46 hat man sich beim IGH nicht von diesem Erbe trennen können.

Die Europäischen Gemeinschaften haben diese Tradition in anerkennenswerter Weise nicht übernommen, sondern die Vertragsstaaten haben ein eigenes System von Vorrechten und Befreiungen geschaffen. Sie lehnen sich zwar an die traditionellen Regelungen inhaltlich an, in das herkömmliche Schema des Gesandtschaftsrechts passen sie jedoch nicht mehr.

Selbst gegenüber innerstaatlichem Gerichtsverfassungsrecht weist das Verfassungsrecht des EGH wesentliche Vorteile auf. Dies gilt besonders dem deutschen Gerichtsverfassungsrecht gegenüber. Die Richter haben neben den Beamten und sonstigen Bediensteten der Gemeinschaften einen völlig selbständigen Status. Von einer Ableitung aus dem Beamtenrecht kann keine Rede sein. Demgegenüber kann sich selbst der Entwurf eines

Deutschen Richtergesetzes nicht völlig von den Schalen des Beamtenrechts befreien. Im Gegensatz zum nationalen Recht gibt es beim EGH weder eine Dienstaufsicht im herkömmlichen Sinne, noch unterliegen die Richter in irgendeiner Weise der Weisungsgewalt einer anderen Stelle. Die Richter sind nicht nur bloße Mitglieder eines supranationalen Gerichtshofs, sondern sie sind Träger eines supranationalen Verfassungsorgans. Sie können nicht befördert werden, und ihre Bezüge entsprechen ihren Aufgaben und ihrer Stellung.

Im Interesse der Weiterentwicklung der supranationalen Gerichtsbarkeit ist zu hoffen, daß die Mängel, auf die in dieser Abhandlung hingewiesen werden mußte, bei nächster Gelegenheit behoben werden. Eine Ernennung für einen längeren Zeitraum als sechs Jahre ist wünschenswert. Wenn sich die Mitgliedstaaten nicht zu einer Ernennung auf Lebenszeit entschließen können, so wäre mindestens eine Angleichung an die Amtsdauer der Richter am IGH am Platze.

Bei der Durcharbeitung des Stoffes fällt immer wieder auf, daß die Vertragsstaaten der Redaktion der Texte nicht die Aufmerksamkeit geschenkt haben, die sie ihrer Bedeutung gemäß verdient hätten. Die Folge ist eine Fülle ungeklärter Probleme, deren Lösung der Wissenschaft obliegt. Es ist zu wünschen, daß ihre Bemühungen bei einer Änderung oder Neufassung der Europäischen Verträge berücksichtigt werden können.

Schrifttumsverzeichnis*

Actes Officiels du Congrès international d'études sur la C.E.C.A., Milano 1957.*

Adickes: Stellung und Tätigkeit des Richters, Dresden 1906.*

Ago, Roberto: Die internationalen Organisationen und ihre Funktion im inneren Tätigkeitsgebiet der Staaten (Festschrift Hans Wehberg, S. 20 – 38).**

Anik, Antoine: La Cour de Justice de la C.E.C.A. et La Cour Internationale de Justice. Edition Pedone, Paris, Revue Générale de Droit Internat. Public, avril – juin 1953, No. 2, S. 210 – 261.*

Annuaire 1946 – 1958. Cour Internationale de Justice.*

Anschütz-Thoma: Handbuch des Deutschen Staatsrechts, Tübingen 1930.*

Bader, O.: Die deutschen Juristen (1947).**

Barzel, Rainer: Die ersten Schritte der Europäischen Gemeinschaft für Kohle und Stahl (EA, 8. Jg. 1953, S. 5639).**

Basdevant, Suzanne: Les fonctionnaires internationaux, Paris 1931.*

Baur, Fritz: Justizaufsicht und richterliche Unabhängigkeit, 1954, S. 72.*

– Sozialer Ausgleich durch Richterspruch, JZ 1957, S. 193.*

Bayer, Wilhelm F.: Das Privatrecht der Montanunion (RabelsZ, Band 7 (1952).**

Bebr, Gerhard: The European Coal and Steel Community: A political and legal innovation (The Yale Law Journal), Vol. 63, Nr. 1, Nov. 1953, S. 1 – 43.**

Berié-Miller: Gemeinsamer Markt und Euratom, Herne – Berlin 1957.*

Bettermann, K. A.: Die Unabhängigkeit der Gerichte und der gesetzliche Richter, in: Die Grundrechte, 3. Band, 2. Halbband, S. 525 ff., Berlin 1959.*

Bindschedler, R. L.: Rechtsfragen der Europäischen Einigung, Basel 1954.*

Bochalli, Alfred: Bundesbeamtengesetz, Kommentar, 2. Aufl., München – Berlin 1958.*

Bohn, G.: Les Communautés Européennes et la Cour de Justice. Travail et Méthodes, No. 130, Janvier 1959.*

Boulouis, Jean: Cour de Justice de la C.E.C.A. (Annuaire Français de Droit International, Paris, T. I, 1955, p. 312 – 324; T. II, 1956, p. 441 – 452; T. III, 1957, p. 221 – 238 (7887).**

Braas, le chevalier: Précis de Procédure Civile, 3. Aufl. 1944, Bruxelles;* Précis de Procédure Pénale, 3. Aufl., Bd. II, 1951, Bruxelles – Liège.*

Breitner, Franz: Der Gerichtshof der Montangemeinschaft und seine Anrufung bei fehlerhaften Organakten, 1./2. Aufl., Hamburg 1953/54 (Forschungsstelle für Völkerrecht und ausländisches öffentliches Recht der Universität Hamburg).*

– Die Chronik des Montangerichtshofs, EA 4 – 5/57, S. 9639 ff.**

---

* Es bedeuten:

    * = gelesenes und verwendetes Schrifttum,

    ** = für die Arbeit gelesenes, aber nicht zitiertes Schrifttum.

Breitner, Franz: Einige Aspekte der überstaatlichen europäischen Gerichtsbarkeit, MDR 1958, 472.**

- Europäische Gerichtsbarkeit, Frankfurt – Berlin 1954.*
- Supranationaler Rechtsschutz (EA, 9. Jg. 1954, S. 6263 ff.).**
- Zwei Jahre Montangerichtsbarkeit (EA, S. 7243 ff.).*

Brüel, Erik: Some observations on two of the Statements concerning the Legal Position of International Straits, in: Gegenwartsprobleme des Internationalen Rechts und der Rechtsphilosophie, Festschrift für Rudolf Laun, Hamburg 1953.*

de Bustamante y Sirven, Antonio: La Cour Permanente de Justice Internationale, 1925, p. 168 s.*

Calamandrei, Piero: Lob der Richter (gesungen von einem Anwalt), München 1956.*

Capitant, René: La Constitutionalité des Traités Européens. L'Année politique et économique 1957, S. 274 ff.*

Catalano, Nicolà: La Communità Economica Europea e l'Euratom, Milano 1957.*

von Coelln, Carl G.: Das Beratungsgeheimnis. Sein Gegenstand und seine Wirkungen mit Berücksichtigung der Abstimmungsmethode, Berlin 1913.*

La Communauté Européenne du Charbon et de l'Acier (C.E.C.A.) par un groupe d'étude de l'Institut des Relations Internationales, Bruxelles 1953.*

Congresso Internazionale dei Magistrati Roma, I, 11 – 13 Ottobre 1958: I tribunali internazionali e sopranazionali nei loro caratteri e nei loro scopi fondamentali quali risultano dai trattati e dalle convenzioni internazionali vigenti e quali appaiono dal loro funzionamento e dal loro audito verso l'avvenire. Relazioni Nazionali, Milano 1958.

Constantinesco, Leontin: Contribution au problème des rapports entre l'ordre juridique de la Communauté et l'ordre juridique interne des Etats membres, in: Actes officiels du Congrès international d'études sur la C.E.C.A., S. 213 ff., Bd. II.*

Constitution of the USA, The: Analysis and interpretation – Prepared by the Legislative Reference Service, Library of Congress, Washington 1953.*

Cornu, Gérard et *Foyer*, Jean: Procédure civile, Paris 1958.*

Cour Internationale de Justice: Memoires, Plaidoiries et Documents – Série C – 1949, Affaire du Détroit de Corfu, T. II.*

Daig, Hans-Wolfram: Buchbesprechung zu *Breitner*, Der Gerichtshof der Montangemeinschaft und seine Anrufung bei fehlerhaften Organakten (RabelsZ, 19. Jg., 1954, S. 383 – 385).*

- Die Gerichtsbarkeit in der Europäischen Wirtschaftsgemeinschaft und der Europäischen Atomgemeinschaft. Archiv des öffentlichen Rechts (AöR) Bd. 83, 1958, S. 132 – 208.*
- Rechtsprechungsbericht JZ 1958, S. 240 f.**
- Actes officiels du Congrès International d'études sur la C.E.C.A. Bd. IV (Mailand 1958), S. 51 ff.**
- Die vier ersten Urteile des Gerichtshofs der Europäischen Gemeinschaft für Kohle und Stahl (JZ 1955, S. 361 – 371).*

Dalloz: Répertoire de Droit Public et Administratif, Publié sous la direction de MM. Raymond Odet; Marcel Waline, Tome I, Paris 1958.*

- Répertoire de Procédure civile et Commerciale. Publié sous la direction de M. Lemaire, Tome II, Paris 1956.*

Dederer, Siegfried: Der Gerichtshof der Europäischen Gemeinschaft für Kohle und Stahl, Tübinger Dissertation 1958.*

Delmar: Richterliche Unabhängigkeit und politische Justiz. Justiz, Bd. 4, 1928/29, S. 458.*

Delvaux, Louis: La Cour de Justice de la C.E.C.A., Paris 1956.*

Der Ständige Internationale Gerichtshof, herausgegeben von der Nachrichten-Abteilung, Sekretariat des Völkerbundes, Genf 1923.*

Der Status des BVerfG. Gutachten, Denkschriften und Stellungnahmen mit einer Einleitung von Gerhard *Leibholz.* Jahrbuch des öffentlichen Rechts der Gegenwart, Neue Folge Band 6, Tübingen 1957.*

Diebold, William jr.: The Schuman Plan, New York – Oxford 1959.*

Dumon, F.: La Cour de Justice des Communautés et la juridiction des Etats membres. Annales de droit et des sciences politiques, T. 18, No. 4, 1958.**

Eichler, Wolfgang: Die Gerichtsbarkeit der EVG (EA 9, 1954, S. 6786 – 6790).**

 – Zur Stellung der Richter in überstaatlichen Gemeinschaften (NJW 1953, S. 1043 – 1047).*

Entwurf eines Vertrages über die Satzung der Europäischen Gemeinschaft, angenommen von der ad-hoc-Versammlung in Straßburg am 10. 3. 1953 (EA 1953, S. 5669 ff.).*

Errera, J., *Symon*, E., *Meulen*, J. van der und *Vernaeve*, L.: EURATOM. Analyse et Commentaires du Traité, Bruxelles 1958.*

Eschenburg, Theodor: Herrschaft der Verbände? Stuttgart 1956.*

Eysinga, von, *Jonkheer*, Willem I. M.: Festschrift Hans Wehberg, S. 130 – 132.**

Fundstellenverzeichnis für Materialien und Stellungnahmen in Schrifttum und Rechtsprechung, herausgegeben vom Dokumentationsdienst des Gerichtshofes der Europäischen Gemeinschaft für Kohle und Stahl 1950 – 1957 (Verzeichnis Nr. 16 016) Bd. I und Bd. II mit Nachträgen bis 1959.*

Gaedke, Jürgen: Das Recht der Europäischen Gemeinschaft für Kohle und Stahl, München und Berlin 1954.*

Geiger: Gesetz über das Bundesverfassungsgericht vom 12. 3. 1591. Kommentar von Prof. Dr. Willi Geiger, Bundesrichter am BGH und am BVerfG, Berlin und Frankfurt 1952.*

Genzer, Walter: Die Satzung der Europäischen Gemeinschaft (EA 1953, S. 5653 ff.).*

Gerland, Heinrich: Die englische Gerichtsverfassung, Bd. II, Leipzig 1910.*

Gülland, Paul: Die Dienstaufsicht über Richter und die Unabhängigkeit der Gerichte, Berlin 1932.**

Hallstein: Der Schumanplan, Frankfurt 1951 (Frankfurter Universitätsreden, Heft 5).*

Hallstein-Predöhl-Baade: Probleme des Schumanplans. Kieler Vorträge, gehalten im Institut für Weltwirtschaft an der Universität Kiel, herausgegeben von Prof. Dr. F. Baade, Neue Folge 2, Kiel 1951.*

Hambro, E.: Dissenting and individual opinions in the International Court of Justice. Zeitschrift für ausländisches öffentliches Recht und Völkerrecht 1956, S. 229 – 248.

 – La jurisprudence de la Cour Internationale, Leyden 1952.*

 – Should the mebership of the International Court of Justice be enlarged? Zeitschrift für ausländisches öffentliches Recht und Völkerrecht 1958, S. 141 – 152.

Handbuch der Montanunion (A. 165), herausgegeben von Armbruster-Engel, Frankfurt 1953.*

Hausmann, Frederik: Der Schumanplan im europäischen Zwielicht, München und Berlin 1952.*

van Hecke, Georges: La structure institutionelle de la Communauté du Charbon et de l'Acier, in: Journal des Tribunaux 1951, p. 277 – 279.*

Heinsheimer, Karl: Von der Unabhängigkeit der Gerichte, Heidelberg 1929.*

van Houtte, Albert: La Cour de Justice de la C.E.C.A., with a summary in English, in: Annuaire Européen, Vol. 2, p.1 83 – 222.*

– Die EGKS, eine überstaatliche Gemeinschaft, Februar 195 (ohne Ortsangabe).*

Huber, E. R.: Wirtschaftsverwaltungsrecht. Tübingen 1954, S. 265.**

Hudson, Manley O.: International Tribunals, Washington 1944.*

– Les avis consultatifs de la Cour Permanente de Justice Internationale, in: Recueil des Cours de l'Académie de Droit International, 1925, T. III p. 345 – 411.*

– The Permanent Court of International Justice, New York 1934.*

van Husen: Die Entfesselung der Dritten Gewalt. AöR, Bd. 78, S. 49 ff.*

Jaenicke, Günther: Die Europäische Gemeinschaft für Kohle und Stahl. Zeitschrift für ausländisches öffentliches Recht und Völkerrecht, Bd. 14 (1951/52), S. 727 – 788.*

– Die Sicherung des übernationalen Charakters der Organe internationaler Organisationen. Zeitschrift für ausländisches öffentliches Recht und Völkerrecht, (1951/52, S. 46 – 117).*

Jerusalem, Franz W.: Die ersten Urteile des Gerichtshofs der Montanunion, (NJW 1955, S. 370).**

– Das Recht der Montanunion (1954).*

Jescheck, H. H.: Die Strafgewalt übernationaler Gemeinschaften, (ZStrW., Bd. LXV – 1953, S. 498 – 518).**

Kade, Carl: Der deutsche Richter, 2. Aufl., Berlin 1910.*

Kaufmann, Erich: Probleme der internationalen Gerichtsbarkeit, Leipzig und Berlin 1932.*

Kaufmann, Hans: Die Gutachten des StIGH als Mittel zwischenstaatlicher Streitschlichtung, Basel 1939.*

Kern, Eduard: Gerichtsverfassungsrecht, 2. Aufl., München und Berlin 1954.*

– Der Aufgabenkreis des Richters, Tübingen 1939.*

– Der gesetzliche Richter, Berlin 1927.*

Kern, Ernst: Aufgaben und Möglichkeiten eines supranationalen Beamtenrechts, DVBl. 1952, S. 741f f.

Klein, Karl Heinz: Die Übertragung von Hoheitsrechten auf zwischenstaatliche Einrichtungen, Berlin 1951.**

Kordt, Erich: Der Funktionär amtlicher internationaler Organisationen (Erörterungen des politischen und rechtlichen Standorts), in: Recht und Gerechtigkeit, Festgabe für E. Kaufmann, Stuttgart 1950.**

– Überstaatliche Bildungen im Rahmen des Deutschen Zollvereins (Festschrift für Laun, S. 19 – 110).**

Kordt-Gaudemet-Kern: Der europäische Beamte, München und Berlin 1955.*

Laborde-Lacoste, Marcel: Exposé Methodique de Procédure Civile, 3. Edition, Paris 1921.*

Lagrange, M.: La Cour de Justice de la C.E.C.A., Revue de Droit Public et de la Science Politique en France et à l'Etranger, avril – juin 1954.**
– L'ordre juridique de la C.E.C.A. vu à travers la jurisprudence de sa Cour de Justice; Revue du Droit Public et de la Science Politique en France et à l'Etranger, 1958, pp. 842 – 865.*
– Une réalité européenne: La Cour de Justice de la C.E.C.A., in: Cahiers Chrétiens de la Fonction Publique, No. 28, avril 1955, p.1 6 – 25.*

Lalive, J. F.: L'immunité de juridiction des Etats et des Organisations Internationales, Recueil des Cours de l'Académie de Droit International, T. III – 1953, pp. 379, 382.**

Langrod, Georges et *Zipey,* André: Formation des fonctionnaires européens (ohne nale, in: Revue Internationale des Sciences Administratives, 1953, No. 1.*

Langrod, Georges et *Zipey,* André: Formation des fonctionnaires européens (ohne Orts- und Jahresangabe).*

Lechner, Hans: Die Besetzung des BVerfG, NJW 1952, S. 853 (854).*
– Kommentar zum BVerfGG., München – Berlin 1954.*

Leibholz: Der Status des Bundesverfassungsgerichts, in: Jahrbuch des öffentlichen Rechts der Gegenwart, Neue Folge Bd. 6, 1957.*

v. Mangoldt-Klein: Das Bonner Grundgesetz, Bd. I, Berlin und Frankfurt 1957.*

Mason, Henry L.: The European Coal and Steel Community, The Hague 1955.*

Materialien: *Belgien:* Travaux préparatoires du traité instituant la C.E.C.A., 1952. Sénat de Belgique, Session de 1951 – 1952, Réunion du 9 janvier 1952. Rapport des Commissions Réunies des Affaires Etrangères et des Affaires Economiques, No. 84; Document du Sénat: 369 p. 58.* – *Frankreich:* Rapport de la délégation française sur le Traité instituant la C.E.C.A. et la Convention relative aux disposition transitoires, signées à Paris le 18 avril 1951; Paris: Ministère des Affaires Etrangères, 1951, p. 31.* – Assemblée Nationale, France, Débats et Documents 1957; Traités Marché Commun et l'Euratom. – *Luxemburg:* Le Grand-Duché de Luxembourg et la Communauté Européenne de Charbon et de l'Acier; Ministère d'Etat, Luxembourg 1952.*
The Constitution of the USA – Analysis and interpretation – Prepared by the Legislative Reference Service, Library of Congress, Washington 1953.*
EWG, Euratom, Entwurf mit Begründung und Anhang, Bundestag 2. Wahlperiode, Drucksachen Nr. 3440 Anl. C,* Nr. 3615,* Bad Godesberg 1957.
Bundestags-Sitzungsberichte Nr. 208 vom 9. 5. 1957; Nr. 215 vom 26. 6. 1957; Nr. 224 vom 5. 7. 1957.
Bundesrats-Sitzungsberichte Nr. AA 23-1-19/57 v. 24. 4. 1957; Nr. AA 23-1-25/57 v. 31. 5. 1957, Sonderausschuß Gemeinsamer Markt und Euratom.*
Bundesrats-Sitzungsberichte Nr. 176, 7. 5. 1957; Nr. 178, 12. 6. 1957; Nr. 181, 22. 7. 1957; (Bonn, Universitäts-Druckerei 1957).*
Amtliche Begründung zu dem Vertragswerk
a) Bundesratsdrucksache Nr. 470/51, Bundestagsdrucksache 2401/2484;
b) Bundestagsdrucksache 3440, Anlage C.*
c) Anlage 3 zu Bundestagsdrucksache Nr. 2401, S. 15.*
Bundesratsdrucksache Nr. 225/57, Protokoll über die Satzung des Gerichtshofs der Europäischen Wirtschaftsgemeinschaft usw.*
Hahn, Die gesamten Materialien zu dem GVG, insbesondere S. 384 ff., 748 ff., 1128 ff., 1132 ff. Protokolle des 8. Ausschusses der National-Versammlung, Aktenstück Nr. 391, S. 355 ff.*

Stenographische Berichte über die Verhandlungen des Reichstags des Norddeutschen Bundes, Band 6 – 9 (1 – 3), Berlin 1869.*

Materialien zum Schumanplan: Die Entstehung der Europäischen Gemeinschaft für Kohle und Stahl; zusammengestellt und herausgegeben vom Auswärtigen Amt – Sekretariat für Fragen des Schumanplans, Heft 1 und 2.*

Matthies, Heinrich: Das Recht der Europäischen Gemeinschaft für Kohle und Stahl und die nationalen Gerichte der Mitgliedstaaten, (JZ 1954, S. 305 – 309).**

– Der Gerichtshof der Montanunion und dritte Länder, Österr.J Z 1955, S. 75 (76).*

– Zur Nachprüfungsbefugnis des Gerichtshofes der Montanunion, (Zeitschrift für öffentliches Recht und Völkerrecht, Bd. 16, 1956, S. 427 – 450).**

Mathijsen, (P.S.R.F.): Le droit de la Communauté Européenne de Charbon et de l'Acier, La Haye 1958; Het Hof van Justitie van de Europese Gemeenschap voor Kolen en Staal als international hof. Overdruck nit „Volkenrechtelijke Opstellen", 1957.**

Meersch, van der: Le Plan Schuman et la Constitution Belge, Revue de l'Université de Bruxelles Nouvelle Série, 4ième année, Bruxelles 1951 – 1952.*

Menzel: Die Privilegien und Immunitäten der internationalen Funktionäre, in: Verfassung und Verwaltung in Theorie und Wirklichkeit, Festschrift für W. Laforet, München 1952.**

– Staats- und völkerrechtliches Gutachten zum Schumanplan, (Hamburger Denkschriften zum Schumanplan; ohne Orts- und Jahresangabe).*

Morel, René: Traité élémentaire de Procédure civile, 2. Aufl., Paris 1949.*

Moser, Berthold: Der Gerichtshof der Montanunion und seine Bedeutung für Österreich, Österr. JZ, 9. Jg., 1954, S. 413 – 418.*

– Die überstaatliche Gerichtsbarkeit der Montanunion, Wien 1955.*

Mosler, Hermann: Der Vertrag über die Europäische Gemeinschaft für Kohle und Stahl, (Zeitschrift für ausländisches öffentliches Recht und Völkerrecht, Bd. 14, 1951/52, S.1 – 45).*

Much, Walter: Die Amtshaftung im Recht der Europäischen Gemeinschaft für Kohle und Stahl, Frankfurt 1952.*

Münch, Fritz: Die Gerichtsbarkeit im Schumanplan, Festschrift für Rudolf Laun, S. 123 – 144, Hamburg 1953.*

Ophüls, C. F.: Juristische Grundgedanken des Schumanplans, NJW 1951, S. 289 ff.*

– Gerichtsbarkeit und Rechtsprechung im Schumanplan, NJW 1951, S. 693 ff.*

– Schumanplan, Ruhrabkommen, Besatzungsrecht, NJW 1952, S. 161 – 163.**

Osterheld, Horst: Die Vollstreckung von Entscheidungen der Europäischen Gemeinschaft für Kohle und Stahl in der Bundesrepublik Deutschland, 1954.*

Philip, André: Rapport présenté au nom du Conseil Economique, in: Conseil Economique – Etudes et Travaux – No. 21.*

Philipp, Gerhard: Zum Urteil des Gerichtshofs der Montanunion vom 18. 3. 1955 zu Höchstpreisentscheidungen der Hohen Behörde vom 20. 3. 1954, (NJW 55, S. 1059 – 1060).**

Phillipps, O. Hood: A first book of English Law, 3. Aufl., London 1955 (1957).*

Pinay, Pierre: La Cour de Justice des Communautés Européennes, Revue du Marché Commun 1959, pp. 138 – 148.*

Plathner, Günter: Der Kampf um die richterliche Unabhängigkeit bis zum Jahre 1848, Breslau 1935.**

Prieur, R.: La Cour de Justice de la C.E.C.A., La Vie Judiciaire, 31 janvier – 5 février, 1955, pp. 1, 5.*

Probleme einer europäischen Staatengemeinschaft. Dokumente und Berichte des Europa-Archivs, Frankfurt 1954.*

Puget, Henry: Le Conseil d'Appel de l'UNESCO et sa jurisprudence.*

– Le Tribunal Administratif des Nations Unies;* Juris Classeur Périodique 1952, S. 1035, 994; – La Semaine Juridique – .

Rapport Annuel de la Cour Permanente de Justice Internationale, Série E, herausgegeben von StIGH.*

Regierungsvorlage zum Richtergesetz vom 4. 4. 1957, Bundesratsdrucksache 183/57.*

Reichel, Hans: Gesetz und Richterspruch, Zürich 1915.*

Reuter, Paul: La Communauté Européenne du Charbon et de l'Acier, Paris 1953.*

– Le Plan Schuman, Recueil des Cours de l'Académie de Droit International, Bd. 81/1952, S. 523 – 640.*

Richmont, Jean de: La Cour de Justice, Paris 1954.*

Kidder: Der Entwurf einer Satzung der Europäischen Gemeinschaft, (JZ 1953, S. 289, 332).*

Riese, Otto: Die Verfahrensordnung des Gerichtshofs der Europäischen Gemeinschaft für Kohle und Stahl, (NJW 1953, S. 521 ff.).*

– Erfahrungen aus der Praxis des Gerichtshofs der Europäischen Gemeinschaft für Kohle und Stahl, (DRiZ 1958, S. 270 ff.).**

Kiphagen, W.: The case law of the European Coal and Steel Community Court of Justice, Nederlandse Tijdschrift voor Internationales Recht, 2e Jaarg. 1955, p. 396.*

Rivero, Jean: Cours de droit administratif comparé, 1957 – 1958, „Les Cours de droit", 159, rue Saint Jacques, Paris, p. 50 et suiv.**

Robertson, A. H.: European Institutions, London 1959.*

Rolin, H.: La Cour du Charbon et de l'Acier, Journal des Tribunaux 66ᵉ année, 1951, p. 345.*

Sahm, M.: Die Verfassung der EGKS, EA, 6. Jg., 1951, pp. 3977 – 3985.**

Sammlung der Rechtsprechung des Gerichtshofs, herausgegeben vom Gerichtshof der Europäischen Gemeinschaften, (vorher: der Europäischen Gemeinschaft für Kohle und Stahl), Bd. I (1954/55); Bd. II (1955/56); Bd. III (1957); Bd.IV .*

Süsterhenn: Die europäischen Konvention zum Schutze der Menschenrechte und Grundfreiheiten, (DVBl. 55, 753).**

Sympher: Internationale Gerichte in den Verträgen der Bundesrepublik, DRiZ 1958, S. 266 ff.*

Schlochauer, Hans-Jürgen: Der Rechtsschutz gegenüber der Tätigkeit internationaler und übernationaler Behörden, Frankfurt 1952.*

– Der übernationale Charakter der Europäischen Gemeinschaft für Kohle und Stahl, (JZ 1951, S. 289 ff.).**

– Die Europäische Gemeinschaft für Kohle und Stahl, (AdV., 3. Bd., 1951/52, S. 181 ff.).**

– Die Gerichtsbarkeit der Europäischen Gemeinschaft für Kohle und Stahl, (AdV., 3. Bd., 1951/52, S. 385 – 414).*

Schlochauer, Hans-Jürgen: Zur Frage der Rechtsnatur der Europäischen Gemeinschaft für Kohle und Stahl, (Festschrift Hans Wehberg, S. 361 – 373).**

Schmidt, Eb.: Richtertum, Justiz und Staat, (JZ 1953, S. 321) (322/323).*

Schönke-Schröder: Kommentar zum Strafgesetzbuch, 9. Aufl. 1959.*

Schüle, Adolf: Grenzen der Klagbefugnis vor dem Gerichtshof der Montanunion. Zeitschrift für ausländisches öffentliches Recht und Völkerrecht, Bd. 16, 1955, S. 227 ff.**

Schwarzenberger, G.: International Law, The International Tribunals, 3. Aufl., London 1957.*

Schwartz, Bernard: American Constitutional Law, Cambridge 1955.*

Schweizer, Jacques: La Cour de Justice du Pool Charbon-Acier, in: Echo des mines et de la métallurgie, 1953, S. 315 ff.**

Statut et Règlement de la Cour Permanente de Justice Internationale, herausgegeben vom Institut für ausländisches öffentliches Recht und Völkerrecht, Berlin 1934.*

Steindorff, Ernst: Die Nichtigkeitsklage im Recht der Europäischen Gemeinschaft für Kohle und Stahl, Frankfurt 1952.*

Streithaupt: Wie steht es um das Dienstrecht der Montan-Union? Zeitschrift für Beamtenrecht, Nr. 5, S. 105.**

Tigges, Hans: Die Stellung des Richters im modernen Staat, Berlin 1935.*

Ule, C. H.: Der Gerichtshof der Montangemeinschaft als europäisches Verwaltungsgericht (DVBl. 1952, S. 65 ff.).*

– Gerichtlicher Rechtsschutz in der Montangemeinschaft („Betrieb", Nr. 5/1952, S. 244 – 246).*

– Verwaltungsgerichte überstaatlicher und internationaler Organisationen (DVBl. 1953, S. 491 – 497).*

United States Code: 1952 Edition, Volume III, United States Government Printing Office, Washington 1953.*

Valentine, D. G.: The Court of Justice of the European Coal and Steel Community, Den Haag 1955.*

Verdroß, Alfred: Völkerrecht, 4. Aufl. 1959, S. 258 ff.*

Vignes, Daniel: La C.E.C.A., Paris 1956.*

Virga, Pietro: Diritto Costituzionale, 3. Aufl., Palermo 1955.*

Visscher, Ch. de: Les avis consultatifs de la Cour Permanente de Justice Internationale, in: Recueil des Cours de l'Académie de Droit International, 1929, T. I.*

Vizioz, Henry: Etudes de Procédure, Bordeaux 1956.*

Wacke, Gerhard: Die Erstattung von Gutachten durch den Bundesfinanzhof. Mit einer vergleichenden Betrachtung der Gutachtertätigkeit der anderen Gerichte, AöR, Bd. 83/1950, S. 309 ff.*

Waline, Marcel: Manuel élémentaire de Droit administratif, 8. Aufl., Paris 1959.*

Weber, Werner: Spannungen und Kräfte im westdeutschen Verfassungssystem, Stuttgart 1958.*

Wehberg: Das Problem eines internationalen Staatengerichtshofs, Das Werk vom Haag, Bd. I.2, herausgegeben von Walter Schücking, München 1912.*

Welzel, Hans Das Deutsche Strafrecht, 6. Aufl. 1958.*

Wiebringhaus, Hans: Ein Europäischer Gerichtshof zum Schutz der Menschenrechte. Friedenswarte 1959, S. 1 ff.**

Printed by Libri Plureos GmbH
in Hamburg, Germany